JN271309

新装版

ピュア・グローバルへの着地
―― もの作りの深化プロセス探求 ――

流通科学大学教授
向 山 雅 夫 著

千 倉 書 房

は　し　が　き

　小売企業は，国内市場の狭隘化に直面することで新たな有望市場を探求する必要に迫られるゆえに，海外市場に進出を始める。あるいは，国内の法的規制による成長制約から逃れるために，自由な活動の保証される海外に新天地を求める。これらに代表されるような環境決定論的なグローバル化論の主張には満足できないところが多すぎた。この主張を受け入れるとするならば，すべての小売企業は等しく海外に進出するはずであるし，できるはずである。しかし現実はいうまでもなくこれとは異なっている。海外に進出している小売企業の数は圧倒的に少ないのである。このような説明は，海外に進出する契機あるいは動機を語ってはいるが，それ以上のものではない。

　海外に進出している小売企業を取り上げて，それらがどの国へ，どのような進出形態で，どの程度進出しているのかといった実態を詳細に分析したグローバル化論も存在する。ところが，急速に進展する現実の動きを追求しようとしているだけに，相当の努力の投入を必要としたであろうこうした研究も，結局はなるほどと感心はしたものの何もそこから得ることはできなかった。なぜならこうした研究には，強烈な問題意識が欠如していたからである。何のためにそのデータを収集し整理したのか，それで何を言いたかったのかを窺い知ることはできなかった。もちろん実態把握の重要性を否定するものではないが，しかし単に新しいトピックスに飛びついただけの顔のない研究にしか思えなかった。

　既存の「理論的」研究に対して抱いたこうした不満の一方で，現実はますます動きを加速化させていた。連日，小売企業のグローバル化に関すると「思われる」報道が新聞・雑誌をにぎわし，スクラップする記事の数は膨大になり，お手上げの状態であった。なぜなら「海外に出店する」，「ある国で

日系小売企業間の競争が激化している」,「現地従業員のジョブ・ポッピングに悩まされている」,「海外金融市場で資金調達する」,「海外企業と業務提携する」等々,およそすべての出来事がグローバル化であり,すべてが重要に思われたからであった。押し寄せる大軍を前になすすべもなく立ちつくす兵士にも似ていた。

しかしながら取り組むべき課題は,理論的には単純明快であった。それは(1)グローバル化という概念でどんな現象をとらえるのかを明確にし,(2)その現象を引き起こすメカニズムを解明すること,であった。換言すると,「グローバル化とは何なのだろうか。小売企業はそういったグローバル化を実現することができるのだろうか。できるとするならばそれはなぜなのだろうか」,これである。

小売企業のグローバル化については,研究対象となるグローバル化なる現象が極めて速いスピードで発生しては変化し,消滅していく。決して安定的ではないのである。単に目先の現象の変化にとらわれていては,その変化を生み出す根元的要因を捕まえることはできない。一見まるで無秩序に見えるグローバル化の現実の動きの根底にうねる大きな流れを見つけ出したい。本書は,その試みのささやかな結果である。しかしながら,少なくとも次の2点において,ユニークであると思われる。

第1は,これが小売企業のグローバル化に関する初の本格的な研究書だという点である。小売企業のグローバル化が活発化したのが比較的最近であることや既に述べたように変化が激しいことなどのため,理論的研究は現実のはるか後を追いかけている。既存研究の中には,国内で活動する外国小売企業の動向を国別にまとめただけの「グローバル化論」もあれば,製造企業を対象にしたグローバル化研究の成果を借用しただけのものも散見される。そのような中,本書は一貫した問題意識のもとにグローバル小売企業の主体的行動を分析した初の本格的研究成果である。もちろん,それだけでは研究として何の理論的価値もないことは言うまでもないが,ある種の成果は提示で

きていると考えている。それについては読者諸氏のご判断を待つのみである。

　第2は，分析手法としてケーススタディを用いている点である。既存の研究蓄積が乏しいこと，現実の動きが極めて活発であることがケーススタディを採用したことの主たる理由である（詳しくは第2章参照）。また特定の小売企業のみがグローバル化に取り組み成功している現実を前にして，その小売企業のどこが他企業と異なっているのかの詳細な追求が不可欠であることも，その理由である。ただしここでいうケーススタディとは，ハーバード流の教育用ケーススタディでもなければ，成功物語集としてのミニケーススタディでもない。理論仮説抽出のための比較ケーススタディである。おそらくマーケティング研究，少なくとも小売研究の分野においてこうした分析手法を採用した研究は稀であろう。

　この成果をまとめることができたのは多くの方々のお教えのお陰であるが，とりわけ3人の先生からのご指導あってこそである。

　荒川祐吉先生（神戸大学名誉教授）には，神戸大学大学院時代から今日に至るまで，まさしく文字通り公私ともにお世話になってきた。研究のすすめ方から始まり，研究姿勢，文章のチェックに至るまで研究者としての初歩から手取り足取り教えていただき，また本書の草稿に対しても貴重なコメントを頂戴した。かつて博士後期課程に進学した際，新たなテーマを選択するにあたって先生にアドバイスしていただいた。アメリカのチェーンストア成長論を研究してきたのを受けて，PB戦略や多角化戦略・国際化戦略を研究してみたいという私に，「そんな個別の戦略を研究する前に，日本のスーパーの発展プロセスをしっかり把握しておけ。そのうちに君がいう個別の戦略に自然に結び付いてくるから」と。なんとそれらはやがて「自然に」結び付き始めた。もしあのときすぐに個別に走っていたら，それっきりそこから抜け出せなくなっていたかもしれない。ここに曲がりなりにも著書を上梓するところまでたどり着くことができたのは，まさに我が師匠の学恩ゆえである。

田村正紀先生（神戸大学教授）には，師に匹敵するほどかねてから暖かく導いていただいてきた。本書のもとになった学位論文を作成するため昨年大学院に再入学した私にとって，先生は正式に第2の師となった。荒川・田村両先生を正式の師とするごくわずかのうちの一人であることを誇りに思っている。先生に与えていただいた研究上の刺激は，忘れかけていた闘争心に火をつけてくれた。それなくして本書を書き上げることは到底できなかった。

　鈴木安昭先生（青山学院大学教授）には，研究者として一人立ちして以来ずっと私を見守り，ご指導いただいている。先生の学者としての姿勢は私を惹きつけて離さない。先生からいただいた中小商業に関する教えに報いる成果はまだ出せていないが，私がグローバル化研究に乗り出すことになった直接のきっかけは，実は先生との共同研究にある。委託研究としてグローバル化をテーマに共同研究する機会を得たとき，先生はふとおっしゃった。「最近マスコミなどでよく耳にする，かつぎ屋とはいったい何なのでしょうね」。この言葉がグローバル化研究への関心をかき立てることになった。やがてその正体がわかってきた。開発輸入なるものと絡んでいた。開発輸入とは何なのか。話はどんどんとグローバル化にからんでいった。同時にケーススタディに取り組んだのもこの共同研究が最初であった。あのときの先生の一言に心から感謝している。

　その他，一人一人お名前をあげることはできないが，一門の先輩の諸先生，日本商業学会関西部会会員の諸先生から受けた様々なご指導にも得るところ大であった。吉原英樹先生（神戸大学教授）には，実務に携わる企業の方々との接触の機会を与えていただいた上，研究上の数々のご助言をいただいた。また，若手研究会として組織したInternational Transaction Sciences (ITS) 研究会の同朋諸氏との忌憚のない議論も大いに刺激となった。特に黄　磷（神戸大学助教授）・崔　相鐵（香川大学専任講師）両氏は，ドメスティックな発想しかできない私にグローバルな発想の大切さを教えてくれた。

　いうまでもなく，本書の出版は千倉書房千倉　孝社長のご配慮なくしては

かなわなかった。さらにイギリスとの間でのやりとりにご面倒をおかけした編集担当の関口　聡氏に感謝の意を表したい。また本書の出版にあたっては，流通科学大学特別研究費研究成果出版助成を受けている。ここに心より謝意を示すものである。

　最後に，本書は志し半ばで逝った父に捧げられる。研究所の研究員として生涯に3冊の本を出したいと言っていた父。しかし1冊の拙い専門書を出版し，2冊目は草稿の一部とメモと資料と目次を用意しながら，執筆半ばで絶筆となった。これは，父に代って3冊の本を出版するべく後を追う私の，最初の第一歩である。

1996年秋　スコットランドにて

向　山　雅　夫

目　次

はしがき

序章　問題提起と本書の構成 …………………………………………… 1
　第1節　問題の所在 ………………………………………………… 1
　第2節　本書の構成 ………………………………………………… 7

第1章　グローバル化研究の展開 ……………………………………11
　第1節　小売企業のグローバル化研究の限られた蓄積…………11
　　1．グローバル化に関する既存の主要研究領域 ………………11
　　2．動機研究 …………………………………………………………13
　　3．参入規定因研究 …………………………………………………17
　　4．主要研究の問題点 ………………………………………………20
　第2節　類型化論 ……………………………………………………23
　　1．小売企業のグローバル類型化論 ………………………………23
　　2．グローバル類型化論の問題点 …………………………………28
　　3．国際経営論における類型化論 …………………………………33
　第3節　国際マーケティング論における標準化―適応化問題 ……36
　　1．標準化―適応化問題 ……………………………………………36
　　2．何を標準化するのか ……………………………………………37
　　3．標準化を規定するのは何か ……………………………………39
　　4．標準化―適応化問題からのインプリケーション ……………41
　第4節　国際化プロセス論 …………………………………………42
　　1．国際マーケティング論における国際化プロセス ……………42
　　2．国際貿易論における国際化プロセス …………………………47

3．国際化プロセス論からのインプリケーション ……………………51
　　第5節　既存理論を越えて ……………………………………………52

第2章　研究の視角と方法 ………………………………………………59
　　第1節　分析フレーム……………………………………………………59
　　　1．標準化―適応化問題とグローバル競争優位 ……………………59
　　　2．戦略行動次元 ………………………………………………………62
　　　3．プロセスとしてのグローバル化 …………………………………66
　　第2節　分析の特性 ……………………………………………………68
　　　1．分析の手法 …………………………………………………………68
　　　2．研究のねらいと分析手法 …………………………………………70

第3章　わが国小売企業のグローバル化実態 ……………………75
　　第1節　出店行動のグローバル化 ……………………………………75
　　　1．全体的出店状況 ……………………………………………………76
　　　2．年代別出店状況 ……………………………………………………79
　　　3．企業別出店状況 ……………………………………………………84
　　第2節　商品調達行動のグローバル化 ………………………………88
　　　1．海外からの商品調達動向 …………………………………………88
　　　2．開発輸入の構造と特性 ……………………………………………91

第4章　国際流通グループ・ヤオハンのグローバル行動 …107
　　　　　――海外出店，もの作り，そして共通化――
　　第1節　ヤオハンの海外出店行動 ……………………………………108
　　　1．出店行動のグローバル化の現状 …………………………………108
　　　2．ヤオハン突出の理由 ………………………………………………111
　　第2節　海外での商品調達行動 ………………………………………117

1．出店時の商品調達……………………………………117
　　2．商品調達手段の多様化………………………………123

第5章　「良品計画」のグローバル行動……………………137
　　　　　── 商品コンセプト，開発輸入，そして海外出店 ──
　第1節　「無印良品」作りと明確なコンセプト……………138
　第2節　素材でのわけの追求 ── 開発輸入の開始 ──……143
　第3節　開発輸入の深まりと海外出店………………………148

第6章　グローバル・モデル…………………………………165
　　　　　── 理論仮説の提起 ──
　第1節　2つの純粋グローバル………………………………165
　第2節　グローバル・パス……………………………………170
　　1．暗黙の前提……………………………………………170
　　2．複線的グローバル・パス……………………………172
　第3節　グローバル駆動力……………………………………176
　第4節　グローバル・ジレンマ………………………………185
　　1．自在開発の主体………………………………………186
　　2．日本本社主体と標準化─適応化……………………187
　　3．現地主体の悩み ── グローバル・ジレンマ ──……188
　第5節　グローバル・ジレンマと市場の共通化……………191
　　1．品揃えの重複 ── 所得水準上昇の第1の効果 ──……191
　　2．中心品揃えと周辺品揃えの変化 ── 所得水準上昇の第2の効果 ── …194
　　3．品揃えの共通化とグローバル・ジレンマ…………196
　　4．ジレンマ克服と「読みの構造」……………………198

結章　小売企業グローバル化の構図…………………………203

4　目　次

第1節　純粋グローバルへの道 …………………………………203
　　1．なぜ純粋グローバルになれたのか …………………………203
　　2．再検討：「もの作りの深化」の重要性 ………………………206
　　　　── 大丸のグローバル行動との比較 ──
第2節　グローバル行動の到達点 ………………………………222
　　1．純粋グローバルは何を実現したのか ── グローバル優位性 ── ………222
　　2．今後の課題 …………………………………………………226

参考文献

付録資料：総合海外出店リスト

序章　問題提起と本書の構成

第1節　問題の所在

　企業の活動範囲が国境を越えて拡大していく傾向を国際化と呼ぶとするならば，企業の国際化はいまや改めて注目すべき珍しい現象ではない。あらゆる活動が国内で完結しているような企業は皆無と言ってよいほどであり，そういった国際化した企業に関する研究にもかなりの蓄積がある。研究に関して言えば，国際化の一層の進展を受けて，国際的な企業活動の地球規模での拡大に，従来にない新たな価値あるいは意味をどう見つけ出せばよいのかという問題に，興味は移行してきている。いわゆる企業のグローバル化研究である。そしてこの領域にも実に多くの研究努力が投入され，グローバル化に関するある一定の共通化した理解が得られるまでに至っている。
　ところがグローバル化研究において，グローバル化する主体として想定されている企業は，もっぱら製造企業である。なぜだろうか。もちろん企業の国際化，そしてグローバル化は製造企業から先行して始まったという事実がある。それゆえ製造企業を主体とする研究に努力は集中されてきたのである。だがそれ以外に大きな理由があると思われる。それは，そもそも製造企業以外の企業 —— その代表は流通企業，とりわけ小売企業であるが —— はグローバル化できない，あるいはグローバル化するのは甚だ困難だというある種の思い込みが存在していたことにある。このような思い込みの背後には，「基本的に小売企業は各国ごとのニーズの特性や国の特殊性を把握して，それに適応しなければならない」との認識がある[1]。各国ごとの特性に小売企業が強く制約されるのだとすれば，国境を越えて地球規模で活動することはひど

く困難であろうし，まして地球規模で活動することに何らかの新たな意味を見つけ出すことはさらに不可能に思えてくる。さらに「小売企業（あるいは小売業）は，環境適応業である」というのは，それがグローバル化しているか否かにかかわらず，研究者ならば誰も否定しない基本的事実である。だとすれば，やはりこの思い込みは正しいのであろうか。小売企業は，そもそも本源的に国際化やグローバル化とは無縁の存在としての宿命を背負っているのだろうか。本書の最も基本的かつ素朴な疑問は，この点にある。すなわち，「はたして小売企業はグローバル化できるのだろうか。もしできるのであるならば，それはなぜなのだろうか。基本的な制約をどのようにして乗り越えるのであろうか。」

　この疑問を解くに際しては，まずグローバル化という概念を定義しておく必要があろう。本書では，そして現段階では，グローバル化とは，「国内完結型の活動では決して獲得することができない競争上の優位性を求めて小売企業が戦略行動を深めていくこと」である。ここで言う戦略行動とは，グローバル化する上での基軸となる活動である。この定義はやや曖昧であるかもしれない。競争上の優位性とは何であるのか，基軸となる戦略行動とは何であるのか，ほとんどこの定義は何も語っていないに等しい。しかし，競争優位性や戦略行動の中身を明らかにすることも，実は本書の大きな課題である。本書は，ほとんど研究蓄積のない領域，これまであまり注目されてこなかった領域，実態さえもつかめていない現象に取り組もうとしている。言ってみれば，「雲をつかもうとする研究」である。雲をつかむのに，あらかじめ雲を厳密に定義してつかむべき雲を特定化するのに力を費し，そののちにそれだけに狙いを定めて挑みかかるのは，よい方法ではないであろう。雲らしく思われるものを見つけてそれを観察し，どの角度からどんな道具を使ってつかむかを考えた上で，まず挑みかかってみるべきであろう。

　それでは，雲らしく見えるもの，換言すると小売企業のグローバル化に関連するのではないかと思われる現象とは，どんなものだろうか。以下は，最

近の小売企業の行動例のいくつかである。

- 「中堅スーパー，対中事業を積極展開」(『日経流通新聞』，1994年10月31日)
- 「そごう，北京に大型店　香港企業と合弁交渉」(『日本経済新聞』，1995年1月6日)
- 「良品計画　衣料品海外開発さらに拡充」(『繊研新聞』，1995年1月6日)
- 「伊勢丹今年末，シンガポール郊外に4号店」(『日本経済新聞』，1995年2月21日)
- 「西友と日本で合弁　香港・デイリーファーム食品安売り店展開」(『日本経済新聞』，1995年3月17日)
- 「高島屋，系列店の独自商品　NYの雑貨逆輸入」(『日本経済新聞』，1995年7月13日)
- 「香港の衣料大手シーム，パルコと組み対日進出」(『日本経済新聞』，1995年8月19日)
- 「ヨーカ堂，提携第1弾　欧州メトロからインテリア用品」(『日本経済新聞』，1995年9月22日)
- 「ダイエー，中国でスーパー展開　来月まず天津に1号店」(『朝日新聞』，1995年9月23日)

これらの記事はすべて，小売企業の活動が国境を越えて海外と関わりを持っていることを示している。その意味で言うと国際化，さらにはグローバル化と何らかのつながりのある事実のはずである。しかし今のところ何らかの関わりがあるだろうということしか分からない。はたしてこれらはグローバル化とどんなつながりを持っているのであろうか。なぜつながりを持つと言えるのだろうか。また断片的なこれらの事実は，相互に何らかの関連性を持っていないのだろうか。持っているとするとそれはどんな関わりで，それらがグローバル化とどう絡み合っているのだろうか。上述した基本的かつ素朴な疑問は，具体的にはまずこのような疑問で表現し直すことができる。

さらに小売企業のグローバル化をめぐっては，いくつかの具体的な疑問がある。

(1) かなり早い時期から日本の百貨店はヨーロッパ諸国に店舗を構えている。そしてそれらの店舗は主として日本からの旅行客をターゲットにした「お土産品」販売所的な機能を果してきている。海外へのツアー旅行に参加したとき，バスがそうした日系百貨店に横付けされ，否応なく店に立ち寄らされた経験——嬉々としてブランドを買いあさった経験も——を誰しも一度は持っているであろう。一方で百貨店は，東南アジアにおいても店舗を展開しており，比較的各国に分散して店舗を展開中である。これらの店舗では旅行客に加えて現地の消費者を積極的にターゲットにしている。これら百貨店の2つのタイプの店舗展開には，グローバル化という点から見て，何か差異はあるのだろうか。どうしてこうした一見異なったタイプの展開をしているのだろうか。

また，同じく東南アジアではスーパーや専門店も多く出店しているが，それらは各国間に分散的に出店するだけでなく，同時に各国内で集中的な多店舗展開もしている。百貨店とスーパー・専門店の間の，東南アジアにおけるこうした店舗展開の差異は，何を意味するのであろうか。

(2) グローバル化とはどんな現象かと問われたとき，おそらく「海外に店を出すこと」という回答が一般的であろう。もしそうだとすると，グローバル化と海外出店は同義となり，グローバル化研究はすなわち，海外出店研究となる。はたしてこの理解は的を射ているのだろうか。製造企業のグローバル化では工場が海外に移転され，ほとんど同じように小売企業のグローバル化では，店舗が海外に新設されるのだろうか。

(3) 海外に店を出すといっても，単に採算を無視し，海外にとりあえず出店するだけであれば，そしてそれがグローバル化であるとするならば，話はかなり簡単である。だがおそらく，「海外に店を出す」ということと「海外で店を維持する」こととは，別であろう。まして海外で店舗数を

拡大することは，かなりな難題であろう。はたして，海外に店を出すことと，それを維持し拡大することとは，どのように異なるのであろうか。またなぜ後者のような海外出店へのより深い関与が可能となるのであろうか。

(4)輸入促進のために，海外からの商品の調達が求められている。調達の手法も，個人輸入・並行輸入・開発輸入などこれまでにない新たな手段も増えている。こういった海外からの商品調達も，グローバル化と関わる現象である。特に小売企業の海外との関わりという点では，最近開発輸入が急増している。ただ海外からの商品調達という点では，かねてから欧米有名ブランドが差別化の常套手段として利用されてきている。はたしてこれまでの海外からの商品調達と，開発輸入という新しい調達手段では何か差異はあるのだろうか。それはグローバル化にとって，どんな意味を持つのだろうか。

以上のような一連の具体的な疑問に，解を見いだすことが本書の目的である。これまでに指摘したいくつかの疑問を整理すると，研究目的はつぎのように表すことができる。

(1)小売企業は，どのようにしてグローバル化するのか。
(2)なぜ，グローバル小売企業（グローバル化した小売企業）になれたのか。
(3)グローバル小売企業と，そうでない小売企業とはどこが違うのか。

ここで注意しておきたいことは，小売企業が海外と関わりを持とうとする理由を明らかにしようとはしていないという点である。次章で既存研究を詳細に検討するが，これまでの関心は主として，なぜ海外と関わろうとするのかに注がれてきた。国内で活動を続けてきた小売企業がどうしてわざわざ未知の海外市場と関わりを持とうとするのか。しかも小売企業が環境からの制約を強く受けるとすればなおさら，大きな困難の予想される海外での活動をなぜ志向するのか。これがこれまで問われてきた「なぜ」であった。国内市場が飽和状態に達し，競争も激化し続けているため新天地を求める必要があ

った。あるいは海外に成長を続ける魅力的な巨大市場が出現した。たとえばこうした理由が「なぜ」を説明するであろう。実際にこのところの世界各国の小売企業の東南アジアへの進出，さらに中国への進出理由には，これが当てはまるに違いない。しかし本書での分析の焦点は，他に当てられている。

　国内ですべてが完結する場で小売企業が活動をする世界と，一歩その場を抜け出し海外との関わりの中で活動する世界とでは，全く違った論理が両世界間に存在していると考えられる。いかなる理由からであろうと，前者の世界から後者の世界へ一歩足を踏み入れたとたん，それまで築き上げた企業の論理は通用しなくなってしまう。もし論理が共通しているのであれば，海外と関わろうという志向さえあれば，あるいは何らかの理由さえあれば，あとは簡単に新しい世界でうまくやっていけることになるだろう。魅力的な海外市場に参入して，これまでのノウハウを駆使して市場を席巻し利益を本国に吸い上げるという，ともすれば抱きがちな海外進出のイメージはまさにこうした安直な発想に依存している。わが国の小売企業で，海外に進出したものの撤退のやむなきに至ったケースも出始めている。これも両世界の論理が違っていることを示唆するものである。

　言うまでもなく，本書の焦点は海外と関わりを持つ世界に貫徹する論理に当てられている。旧世界から新世界へと一歩踏み出した瞬間から，どんな論理が支配するのか。これが関心の焦点である。さらに，新世界へ踏み出したとたん，足がすくんでそれ以上前進できなくなる小売企業がある一方で，二歩三歩とどんどん奥深く突き進める小売企業も存在する。同じく新世界に踏み出したにもかかわらず，なぜ快調に前進できる企業とそうでない企業が生まれるのか。この「なぜ」が，本書が光を当てようとする「なぜ」である。

　本書はこの課題解明に際して2つの分析上の限定をおいている。第1は，主体としてわが国の小売企業を想定していることである。グローバル化している小売企業は決してわが国の企業ばかりではない[2]。外国企業も積極的にグローバル化している。そしておそらくわが国の企業と外国企業のグローバ

ル化をめぐる論理は異なっているものと想像される。したがって世界のあらゆる小売企業を対象とした研究は，内部にかなり異質なものを抱いたものとなってしまうであろう。そこで，ここでは日本の小売企業のみを分析対象としている。第2は，内部成長型のグローバル化を対象としていることである。海外進出の手段，いわゆる参入モードは多様である。海外の企業では，M&Aによる一気呵成な海外進出が主流となっているが，ここでは自社の能力に依存したインクリメンタルな進出形態としての，内部成長型のグローバル化に限定して分析している。

第2節　本書の構成

　本書は，8つの章から構成されている。まず次章においては，これまでの研究蓄積がレビューされる。小売企業のグローバル化に関する研究は未だ端緒的段階にある。とはいうものの，最近では興味深い研究も現れつつある。ここでは従来の研究が，小売企業のグローバル化に関するどの側面に光を当ててきたのかを検討することが1つの狙いである。いま1つのねらいは，研究目的解明のために従来の研究が見逃してきた視点を発見することにある。さらにその上で，関連諸研究分野での蓄積をたどることで，新しい視点から分析する場合に何に留意すべきかを明らかにすることを意図している。第2章は，過去の研究のレビューを踏まえて，本書の研究視角および研究方法を明らかにしている。小売企業のグローバル化という雲をつかむには，どの角度からつかみかかるのか，どんな道具を使ってつかむのかを明らかにする必要がある。本書は，グローバル化の基軸となる2つの戦略行動次元を選定し，ケーススタディという道具を使って，課題解明に挑んでいる。

　第3章では，わが国の小売企業が前章で選ばれた2つの戦略行動次元から見て，どの程度グローバル化しているのかを明らかにする。小売企業のグローバル化の実態は，これまでほとんど明らかにされてこなかった。これに関

して業態横断的に，時系列に行われた調査は数少ない。しかもそれら数少ない調査も，カバーしている範囲は決して網羅的とはいえない。おそらくその大きな原因は，グローバル化が急速に進みすぎており，調査がその動きを追い切れないことにあろうと思われる。ここではそういった数少ない既存調査資料と，今回実施したグローバル化に関するアンケート調査の結果から，その実態を検討した。現時点での，最も広範かつ正確な分析となっているはずである。

これら実態を知った上で，第4章・第5章では先進事例を対象に，ケーススタディが行われた。取り上げた小売企業は，国際流通グループ・ヤオハンと「良品計画」である。両者はともにわが国を代表する，それどころか世界を代表するグローバル小売企業である。本書はこの2つのケーススタディによって，第1に，小売企業はどのようにしてグローバル化していくのかを明らかにし，第2に，なぜそれが可能になったのかに関する新しいインプリケーションを得ることを期待している。

第6章では，代表的な2社のグローバル小売企業のケーススタディを比較検討することによって，なぜ小売企業はグローバル化できるのかに関する理論仮説を提起している。両社のケーススタディの結果には，共通する特性とそうでない特性が同時に含まれていた。とりわけ共通しない特性が，理論仮説導出に大きな役割を果すことになった。この章が本書の基幹部分であり，従来の研究からは抽出できなかった一連の斬新なケーススタディからの発見物群をもとに，小売企業のグローバル化に関するユニークな理論が展開されている。

結章は，2つの部分から成り立っている。第1は，提起された理論仮説の中核概念である「もの作りの深化」が，いかに小売企業がグローバル化する上で重要な役割を果しているのかを，比較ケース分析によって明らかにしている。比較対象は，第4章・第5章で取り上げた2社とは異なった方法でグローバル化を目指している大丸である。2つのケーススタディから導き出さ

れた「もの作りの深化」なるグローバル化の中核概念が，異なる方法をとってグローバル化を目指す大丸においてどんな役割を担っているのか，それがどんな意味を持っているのかをケーススタディによって明らかにし，それを比較することによって中核概念の重要性を再確認しようとしている。第2は，本書の第3の研究目的の解明に当てられる。すなわち，「グローバル化した小売企業はそれ以前と比べて（あるいはグローバルでない小売企業と比べて），何ができるようになったのか」を検討している。小売企業はグローバル化できないという思い込みは，ここに覆されることになる。

　小売企業のグローバル化という新しい現象に，正面から取り組んだ研究はごく少ない。既存の研究の多くは，「どんな小売企業が，どこに，どの程度グローバル化しているのか」を明らかにしようとしてきた。しかし本書は，「どのようにして小売企業はグローバル化するのか。なぜそれが可能なのか」を問う試みである。それだけに本書はミクロな視点からの分析はあえて行っていない。ここでいうミクロとは，たとえば「海外の店舗ではどのような価格設定をしているのだろうか」，「日本的な経営方式は，どの程度海外においても適用されているのだろうか」，「海外の消費者の購買行動は，日本のそれとどう違うのか」などといったオペレーショナルな問題についてである。製造企業のみならず小売企業にもグローバル化の波が押し寄せてきている。わが国の小売企業は，この波にどのようにして乗ろうとしているのか。本書は，グローバル化のうねりとそれに対処する小売企業の動き全体をすくいとろうとしている。描き出したいのは，そういった小売企業のグローバル行動の大きな世界なのである。

1) たとえば Porter, M. E. (1989)，第3章参照。
2) わが国は，小売企業のグローバル化については先進国だと言える。製造企業のそれについてわが国がフォロアーであることを考えれば，これは著しい特徴である。とりわけ大型小売企業のグローバル化，および今後の成長市場である東南アジア地域における店舗展開については，現時点では日本が世界

をリードしている。ただし，これは海外出店に関してのグローバル化に限ってである。

第1章　グローバル化研究の展開

第1節　小売企業のグローバル化研究の限られた蓄積

　小売企業のグローバル化[1]に関する研究は，量的にはさほど数少ないわけではない。特定国の流通システムの分析やそこでの消費者行動特性分析，革新的小売業態の発展分析などをグローバル化に含めると，さらに大量の研究蓄積が見られる[2]。本書は小売企業のグローバル行動に焦点を当て，前章で述べた3つの研究目的の解明を意図している。その点から言うと，既存研究の量的・質的蓄積は非常に乏しいと言わざるをえない。以下での文献レビューは，小売企業のグローバル化に関する研究を網羅的に紹介することを意図してはいない。狙いの第1は既存研究の光が「グローバル化」のどの現象面に向けられてきたのかを明らかにすることであり，第2は既存研究が見逃してきた側面あるいはその問題点を明確にすることである。そして第3は，既存研究の問題点を克服し小売企業のグローバル行動を分析するために必要なインプリケーションを隣接関連分野の研究から得ることである。

　1．グローバル化に関する既存の主要研究領域
　小売企業は国内完結型の行動ではなく，海外との関わりの中で行動をしている。その海外と関わる行動をどのようにとらえるかは次章以降の課題であるが，その関わりの中に海外に進出する，つまり海外に店舗を構えるという行動が含まれるであろうことに大きな異存はないであろう。さしあたりここでは海外に店を構えることを含んだ多面的な行動を「グローバル行動」ととらえることにする。国内完結型の小売企業の行動を「ドメスティック行動」

12　第1章　グローバル化研究の展開

と呼ぶとすると，小売企業はグローバル化することによって自国内でのドメスティック行動を海外でのグローバル行動に拡大していくことになる。本書は，このグローバル行動に注目している。ドメスティック行動は，どのようにして，なぜグローバル行動に移行できるのか，それによって小売企業としてどんなメリットを得るのかが研究の課題である。この関係は（図1-1）

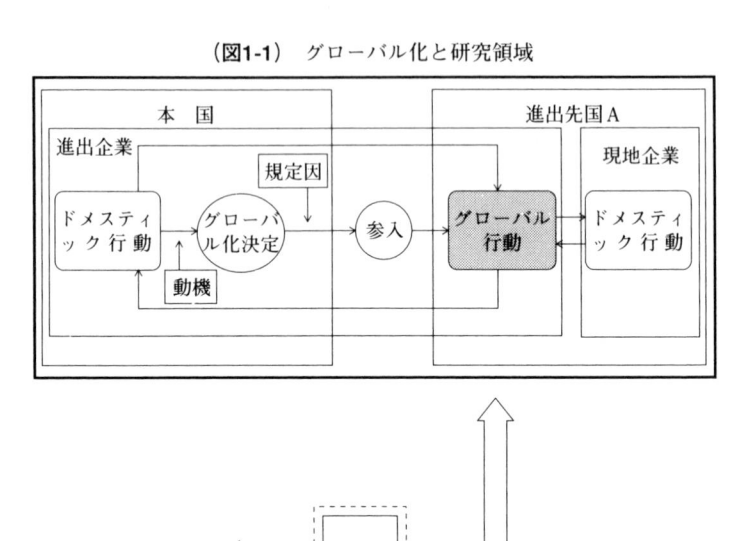

（図1-1）　グローバル化と研究領域

に示されている。

　（図1-1）の下図は，ある小売企業が多国間に進出している状況を表している。そのうちの本国とある特定国との関連のみをクローズアップしたのが上図である。ここで本国のドメスティック行動と進出先国でのグローバル行動との相互関連性が研究の対象である。ところがグローバル化をめぐる既存研究は，この点に関してはほとんど何も蓄積がない。これまで主として研究努力が注がれてきたのは，国内完結型の小売企業が海外に進出するまでの意思決定過程であった。この点を図に従って見てみよう。ドメスティック行動をもっぱらとしていた小売企業は，何らかの理由によって海外への進出を企図するようになる。その何らかの理由とは何か，これが第1の研究領域である。しばしばこれは動機研究と呼ばれる。第2の研究領域は，実際に海外に進出するときにどこに参入するのか，どんな参入方法（参入モード）を利用するのか，そしてその理由は何か，である。これを参入規定因研究と呼ぶことにする。これまでの研究は，実は海外進出意思決定に関わる動機研究と参入方法に関する研究に集中してきたのである。そこでまず，この両領域を検討したいくつかの代表的研究をふり返ることによって，グローバル化研究の現状を把握することにしよう。

2．動機研究

　グローバル化した企業は，何ゆえにグローバル化を意図したのか[3]。「これまでの研究は，国際化の状況とその程度および国際化するに至った小売企業の動機分析に集中してきた」という Brown = Burt (1992 b) の指摘を待つまでもなく，この問題はグローバル化研究の中心テーマであった。

　動機研究では基本的に，海外進出の意思決定は環境決定論的に行われると考えられている。すなわち自国市場および海外市場のおかれた環境の状況が，海外進出意思決定を左右するというのである。そのタイプの典型は，環境要因としてのプッシュ＝プル要因を抽出しようとする研究である。Treadgold

=Davies (1988) は，海外市場を求める動機は，プッシュ要因とプル要因からなるとしている。前者は，小売企業の本国市場の魅力をなくさせる要因であり，後者は海外市場への進出を魅力的に思わせる要因である。そしてプッシュ要因として，(1)国内市場の成熟，(2)強い競争圧力の存在，(3)制限的な取引環境（店舗の新設・営業時間・労働条件など），(4)経済の停滞，(5)人口増加の停滞を，プル要因として(1)未発展の市場の存在，(2)グローバルになろうという企業哲学，(3)海外のニッチ市場の存在，(4)将来の拡大のための足掛かり，(5)企業の既存技術・強みの十分な活用，を指摘している。

Dawson (1993) は，これまでの諸研究の成果をもとに海外進出の動機を整理している。それらをまとめると（表1-1）のごとくである。Dawsonはプッシュ＝プル要因に区分しているわけではないが，要因を見れば明らかなように実質的には環境決定論的な立場から諸要因を取り上げている。

Waldman (1977) は，プッシュ＝プルではなく喚起要因と補助要因とに区分していくつかの要因を指摘している。Waldmanは小売企業の海外投資意思決定のプロセスを（図1-2）のように提示しており，彼の言う喚起要

(表1-1) 海外展開動機

・本国市場の飽和
・未開拓現地市場あるいは現地成長市場の存在
・競争構造やコスト構造の差異に起因する現地での高収益機会の存在
・本国では既に対応できているが現地では未対応の消費者市場細分の存在
・複数市場へのリスク分散
・余剰資本の利用あるいはより低コストでの新資本源への接近
・企業家のビジョン
・本国へ移転される新しい経営理念や技術への接近機会の存在
・バイイング・パワー強化
・製造業者の国際化への反応
・なじみの薄い新市場への参入を望んでいる製造業者からの刺激
・本国市場成長への政策上の制約
・海外の既存顧客への対応

出典：Dawson(1993), pp. 29-30 での議論を要約して作成

第1節　小売企業のグローバル化研究の限られた蓄積　15

（図1-2）　海外投資意思決定段階とその影響要因

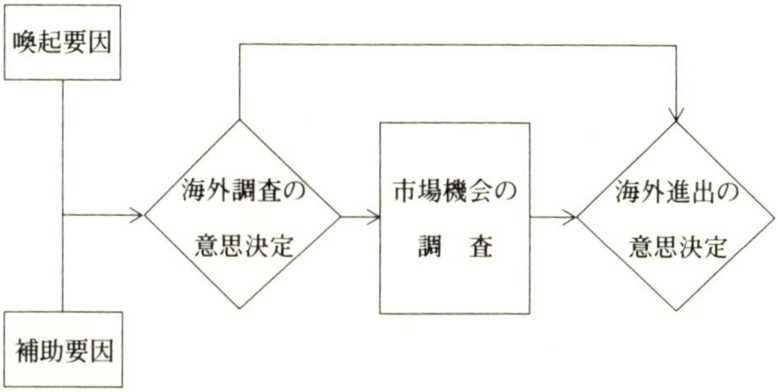

```
喚起要因 ─┐              ┌─────────────────────┐
          │              ↓                     │
          ├→ 海外調査の → 市場機会の → 海外進出の
          │   意思決定     調　査      意思決定
補助要因 ─┘
```

出典：Waldman(1977), p. 45

因・補助要因は，海外調査の意思決定に作用する要因である。前者は，人々の注意を海外投資の可能性に向けさせ，時間および他の資源をその可能性の調査に費やすことを促す要因である。その第1は，重役の動因（重役のやる気）である。過去に国際的な教育を受けた経験がある場合，外国の出身である場合などのように，重役の海外との関わりが海外進出に積極的な態度をとらせる。第2は，企業環境の影響である。たとえば見込みのある海外のパートナーからの申し出や政府の行動や規制，国際政治関係の変化などがこれである。第3は，競争者の動きの模倣である。つまり競争企業の海外進出がバンドワゴン効果となって他社の海外進出を促すことである。後者（補助要因）とは，それ自体では海外に向かう意思決定に影響しないが，それを促す要因である。たとえば企業の諸資源の利用可能性や国内市場の魅力などがこれである。やはりここでの要因も実質的にはプッシュ＝プル要因との重複が多く，典型的な動機研究だと言える。

　これらと比較して，より実態に即した手法で要因を整理しようとしたのがAlexanderである。Alexander（1990）は，イギリスの小売企業上位200社に対してアンケート調査を行い，そのうちの海外に進出している26社のデータをもとにして，海外進出の理由をまとめている。それによると，最も大きな動機は「進出先国におけるニッチ市場機会の存在」であった。さらに上位

を占めた理由は，(1)進出先国の市場規模，(2)進出先国の経済的繁栄の水準，(3)自社の業態，(4)自社の取扱い商品ライン，(5)進出先国での小売業の発達度，であった。逆にあまり大きな動機ではなかったのは，(1)有利な為替レート，(2)法的規制・税制面などの有利な環境，(3)国内市場の飽和，(4)不動産投資の可能性，(5)進出先国の労働市場の状況，(6)進出先国で買収する相手企業の株価，であった。動機研究では一般的に，国内市場が飽和化し成長機会が乏しいために海外に市場を求めるというのが一番の海外進出動機と考えられている。それに対して Alexander は，イギリスの小売企業は国内市場の限界ゆえに国際的に拡大するのではなく，海外の新市場機会を狙って国際化するという点を強調している。

　以上の諸研究は，グローバル化意思決定に影響する要因の抽出を意図したものであり，かつそれらはすべて単なる断片的かつ分析的でない記述，あるいは規範的な説明に終わっている。この点を補い，実証的にこれら諸動機とグローバル化の程度との関連性を分析しようとしたのが，Williams (1992 a) である。彼は，イギリスのグローバル化した小売企業42社を対象に進出動機を調査し，主成分分析によって34の動機要因からつぎの4つの因子を抽出した。

　(1)前向きな成長志向（proactive and growth orientated）：長期的成長や市場多角化につながる国際成長機会を求めようとする小売企業の意欲
　(2)制限的な国内市場成長機会
　(3)国際的な小売訴求力・革新性
　(4)受動的動機

そしてこれら要因の重要性は，(3)−(1)−(4)−(2)の順で高かった。これによってしばしば指摘される要因(2)の重要性が低いことが明らかになりさらにいわゆるプッシュ＝プルの単純な2分法ではグローバル化の動機をとらえることができないほど，実際には動機は多元的構造を持っていることも明らかになった。

3. 参入規定因研究

グローバル化することに決定した企業は,つぎにどこに進出するのか,そして具体的にどのような手法で海外に進出するのかを決めねばならない。参入の方法,つまり参入モードそれ自体については,製造企業の海外進出の際の議論と基本的には変わらない。およそそれは,海外子会社に対して強いコントロールを発揮しかつそれに応じて投入資源量が多くなる手法——買収や合弁——から,コントロールの程度が弱く投下資源量も少なくてすむ手法——フランチャイズ・ジョイントベンチャー——まで多様である。こういったいくつかの手法の中から,特定の参入モードを選択する場合,その選択に影響する要因はどんなものであるのか,そしてその手法を利用して参入する国を決定するのに影響する要因は何であるのかを検討しようとするのが,参入規定因研究である。

Treadgold = Davies (1988) は,海外進出した各国の小売企業の個別事例をもとに経験的にいくつかの命題を導き出している。それは,つぎのとおりである[4]。

(1) 社会文化的距離を最小にする慣れ親しんだ環境に向けて国際化しようとする。
(2) 国際的な活動経験の蓄積とともに,社会文化的距離に関する最小化原理は消失する。
(3) 高度なコントロールを発揮できる参入モードが選択されることが多い。とりわけ海外経験の少ない企業の場合に妥当する。
(4) 国際化の初期の段階では,高いコントロールを発揮する参入モードとして子会社設立による参入が見られる。
(5) 海外での経験が豊富な企業あるいは企業文化の一部分として海外で活動している企業は,低コントロール・低コスト参入モードを好む。
(6) 国際化に最も成功している企業は,ユニークな製品を持つあるいはユニークな業態の小売企業である。

これら命題から抽出できる参入規定因は、社会文化的距離・国際経験・企業理念・小売企業特性（取扱い商品・業態などの特性）である。同じような視点から、Laulajainen（1991）は(1)リスク最小化、(2)店舗商品の標準化・管理の集中を指摘している。

これに対して、長期にわたる大量サンプルの事例を分析することによって、より信頼度の高い結果を導き出したのが Burt（1993）である。彼は、1960年から1990年までの30年間に海外投資経験のあるイギリス小売企業を対象にした個別事例726件をデータベースにして、「いつ・どこで・誰が・どんな投資をしたか」を分析した。その結果つぎのような事実を発見した。

(1) 1970年代中盤に第1のピークがあり、1985年以降再び投資件数は増加している。
(2) 全体の42.7％が内部成長型の参入、29.8％が買収、18.2％がフランチャイズ方式であり、内部成長型は減少傾向、フランチャイズ方式は増加傾向にある。
(3) 文化的類似性の高いアメリカおよび地理的近接性の高い北ヨーロッパへの進出が中心である。
(4) 時とともにリスクの大きい市場へと進出先が拡大している。
(5) 経済発展している国へは買収による参入が、地理的に近接した国へは内部成長型参入が見られる。
(6) リスクの少ない環境では買収や内部成長型の参入が多く、リスクの大きい環境ではフランチャイズ方式が多い。
(7) 小売事業の性質によって参入モードは異なる。
(8) 多国間にわたって広く展開したい企業はリスクの少ない参入方法（＝フランチャイズ方式・ジョイントベンチャー）を採用し、集中的に少数国に展開したい企業はリスクの大きい買収を採用する。

Burtの研究は、イギリス小売企業に限定的ではあるが、参入規定因として(1)文化的・地理的近接性に基づく知覚リスク、(2)国際化経験、(3)小売事業の

特性，(4)地理的カバレッジを抽出している。

　Williams（1992 b）は，参入規定因研究が先に述べた動機研究と同様に全く非実証的な分析にすぎないとの立場から，動機研究と参入規定因研究を包括して総合的にグローバル化を規定する要因の実証分析を行った。小売企業の国際化の程度（小売総売場面積に占める海外売場面積の比率）に影響する規定因と考えられる100変数を4つの変数グループに分類した。それらは，動機変数・障害変数・企業の差別的優位性変数・組織変数である。これらのグループごとに因子分析を行い，さらに変数を絞り込んでいる。抽出された因子はつぎの16変数である。

　MOT 1：前向きな成長志向
　MOT 2：制約された国内成長機会
　MOT 3：国際的な小売訴求力・革新性
　MOT 4：受動的動機
　OBS 1：不十分な計画に基づく近視眼的拡大
　OBS 2：文化的な業態特性
　OBS 3：戦略的重要性の変化
　OBS 4：資源制約的な小規模性
　DFA 1：小売マーケティング技術力
　DFA 2：小売企業の規模
　DFA 3：特徴的な企業理念
　DFA 4：小売ブランドの強さ
　ORG 1：国内志向性
　ORG 2：国際化進取性
　ORG 3：リスクに対する態度
　ORG 4：革新的な企業理念

これらの変数を用いてパス解析した結果は，（図1-3）の通りである。この研究で注目すべき指摘は，(1)前向きな成長志向性が最も強く国際化の程度を

(図1-3) パス解析の結果

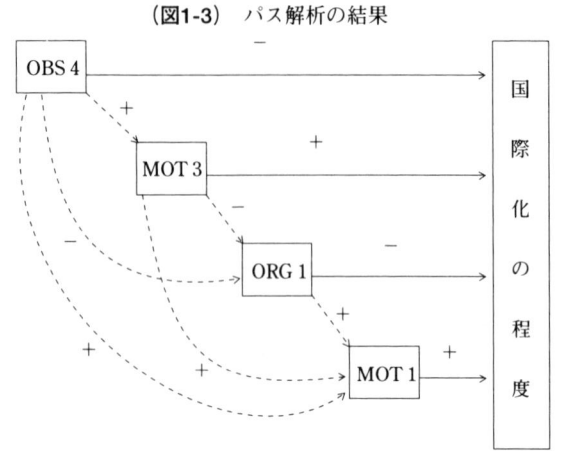

出典：Williams(1992 b), p. 21, 図2を修正

規定すること，(2)しばしば言われてきた国内市場の制約された成長可能性は国際化に影響しないこと，(3)動機要因・参入規定因間には複雑な相互関連性が存在し，単純なプッシュ＝プルな2分法ではとらえきれないこと，である。

4．主要研究の問題点

これまで検討した既存の主要研究は，どんな問題点を持っているのであろうか。既に若干の指摘をしたが，改めてそれらを整理してみよう。

4-1．理論課題の曖昧性

既存研究が抱える最も大きな問題は，グローバル化研究が何を明らかにしようとする研究であるのかについて，ほとんど何も答えが得られていないということである。これからどんな方向に向かうべきかということも全く明確になっておらず，今グローバル化研究は大きな曲がり角に差しかかっていると言わざるをえない。単純化していえば，従来の研究が明らかにしようとしてきたのは，「いつ，誰が，どこに，どれだけ進出したのか」の検討であった。つまりグローバル化の規模と範囲に関する実態分析がほとんどであった

といえる。初期段階の研究としてこの関心は大きな意味を持っていることは疑いないが、もはやグローバル化研究はこの段階から抜け出す時期を迎えている。Kacker（1986）は、国際化研究の新しい分野として(1)小売ビジネスの特性と国際化の程度との関連性、(2)小売技術の国際移転過程、(3)経済発展に対する小売業の役割、を指摘している。だが、こういった分野に関心を移したとしても、グローバル化研究が何を明らかにしようとしているのかは依然として不明である。技術移転問題も経済発展問題も、それぞれに既存研究は存在する。そういった問題へのこれからの取組みはどのような意味においてグローバル化研究であるのかが、示されなければならない。これについてBrown = Burt（1992 b）は、つぎのような重要なコメントをしている[5]。

「国際化の規模と範囲について分かった今、研究努力はどのようにして小売の国際化が行われるのかの理解に注がれるべきである。……（中略）小売企業は実際に何を国際化させるのか？ それは経営管理能力なのかシステムなのか？ 革新的な業態なのか？ あるいはユニークな小売ブランドなのか？ こういった点を明らかにしておく必要がある。そうすることによって、小売企業は真にユニークな問題に直面しているのか、あるいは国際化した他の産業の問題と同一であるのかが判断できるようになる。」

小売企業のグローバル化研究は、固有の研究課題を見いださなければならない。それはもはや、実態を知ることでないことは明白である。現象としてのグローバル化の動きが激しいからといって、つぎつぎに研究対象を拡大していくことでもないはずである。小売企業の「グローバル化」ではなく、「小売企業の」グローバル化研究であらんがために、理論課題の明確化は不可欠である。少なくともそういった方向に向けて、既存研究との関連性と問題意識の差異を明確に位置付けた研究が望まれる。

4-2. グローバル行動研究の必要性

　動機研究・参入規定因研究は，先に示した（図1-1）の上図における，参入以前の段階に焦点を当てたものである。すなわち，国内完結型の行動をしてきた小売企業が，海外への店舗展開を実際に開始するまでの意思決定過程を研究対象としてきたと言える。このタイプの分析は，海外展開を経験した小売企業に焦点を当てているが，実際の研究対象は国内で活動している時点での当該小売企業の意思決定そのものである。その意味で言うと，小売企業がグローバル化する前段階の研究であると言える。今求められるのは，前段階の研究ではなく参入後の小売企業の研究である。分かりやすく表現するならば，従来の研究は参入研究であって，グローバル化研究ではなかったといえる。求められるのは参入した後に，小売企業は進出先国で何をしているのかである。参入後継続して現地で活動を続けているとすれば，どうしてそれが可能であるのか。国内完結型と比較して，海外での活動は何が異なるのか。こういった問題に解を見いだす必要がある。図で言えば進出先国での「グローバル行動」を対象とした研究である。さらに言えば，そうしたグローバル行動は進出先国のローカル企業のドメスティック行動と何らかのインタラクションを起すであろう。またさらに進出先国でのグローバル行動は，本国でのドメスティック行動に何らかのフィードバック効果をもたらすであろう。それらはいったい何なのか。これらは，上で述べた固有の理論課題明確化にもつながる重要な課題である。

　ここで指摘した問題点，つまり参入行動よりむしろ進出先国でのグローバル行動に目を向けた研究については，主流とはいえないものの，若干の萌芽的研究が既に存在する。しかもそういったいくつかの研究は，第1の問題点，つまり理論課題の明確化に向けての第一歩となるインプリケーションをも与えてくれる。そこでつぎに節を改め，この萌芽的研究のいくつかを検討してみよう。

第2節 類型化論

1．小売企業のグローバル類型化論

　小売企業はグローバル化してどんな戦略をとっているのかに注目し，その戦略パターンをもとに小売企業のタイプ分けを試みた研究がある。この研究は動機研究や参入規定因研究とは関心の焦点が異なり，進出先国における小売企業のグローバル行動に直接光を当てようとする研究である。

　Burt = Dawson（1989）は，イギリスの小売企業を対象にして国際化戦略をつぎの3つに類型化している。

　(1)純粋主義（purist）投資戦略

　　投資相手の日常の経営方法を尊重し，利益・株式配当の形態あるいは相手企業の専門知識からの学習効果というソフト便益を追求しようとする戦略である。この戦略ではソフト便益が投資動機となっており，それには製品ラインの拡張・新店舗のレイアウトやデザイン・サービス要素・技術・それ以外の専門知識が含まれる。

　(2)グローバル小売戦略

　　各国間にまたがって存在する類似した価値観・ニーズを持つ消費者集団を前提として，その類似性を利用するために標準化した小売コンセプトを開発する。一般的にはユニークなコンセプトを維持するために，公式・非公式な垂直的統合によって供給業者への緊密なコントロールを求める。ローラ・アシュレイやボディショップなどがその例である。

　(3)伝統的多国籍小売戦略

　　親会社あるいは管理会社が何らかの方法で日常活動をコントロールする。国際化初期段階の小売企業が最もよく利用する戦略で，国内の事業活動方法・システム・管理様式が海外に移転される。

これらは，小売企業の実際のグローバル行動をもとにして類型化したもので

24　第1章　グローバル化研究の展開

あるが，その類型化がどんな基準に従って行われたのが明らかになっていない。少なくともこれら3つのパターンが存在することについては異議はないが，はたしてそれでグローバル行動のすべてのパターンが網羅されているのかについては大きな疑問が残る。

　類型化の基準を明確にして，しかも最も多面的に戦略パターンを抽出したのは Salmon = Tordjman（1989）である。彼らは国際小売戦略として，グローバル戦略と多国籍化戦略を抽出した[6]。類型化の基準とそれぞれの戦略の特徴は（表1-2）の通りである。ここで注目すべき点——彼らもそれを強調している——は，各戦略類型の定義・マーケティング・組織的意味にある。まず定義に関しては，グローバル戦略とは同一の公式（formula）を世界中で変えることなく用いるのに対して，多国籍戦略は地域の条件に合わせ

（表1-2）　国際小売戦略

	グローバル	多国籍化
定　義	同一公式（formula）の世界的複製	公式の地域条件への適応
業　態	専門店チェーン	ハイパーマーケット 百貨店 バラエティーストア
マーケティング	グローバル・セグメンテーション グローバル・ポジショニング マーケティング・ミックスの標準化 統一的品揃え，価格，店舗デザイン，サービス，広告	コンセプトの複製・中身の適応 マーケティング・ミックスの適応 店舗装飾，価格戦略，サービス戦略の世界的に類似した定義 品揃え，広告戦略の調整
組織的意味	デザイン，生産過程，流通システムの垂直的統合	マルチ・ドメスティックなアプローチ
経営管理上の意味	中央集中管理 優れた情報システム 敏速な成長能力 規模の経済 わずかなノウハウ移転	分権管理 本部との頻繁な情報伝達 平均的成長能力 規模の経済無し ノウハウ移転の重要性

出典：Salmon=Tordjman(1989), p.12, 表8を修正

てそれを適応させることとしている点である。マーケティングに関しては，マーケティング・ミックスを前者では標準化し，後者では適応化させるとしている。さらに組織的意味について，グローバル戦略では垂直的な統合が進むと指摘している。この研究は，Burt = Dawson と同様に決して網羅的な類型化ではない。しかしながらともにグローバル戦略という特定の戦略類型を抽出している点，加えてともにそこでの垂直的統合（およびそれに伴う強いコントロール）と標準化に注目している点が興味深い。

上の2つの類型化論が網羅的ではないのに対して，Treadgold (1988) は連続性を持つ2つの分類軸を設定し，その2次元からなるマトリクス上にグローバル戦略パターンを位置付けた。分類軸となる第1の次元は，参入・事業活動戦略である。これはさらに，小売企業が海外に投入しようとする資源のレベルと海外事業活動に対するコントロールの程度によって，3つのパターンに分類できる。それらは(1)高コスト―高コントロール，(2)中コスト―中コントロール，(3)低コスト―低コントロール，である。一方第2の次元は，地理的な展開度である。これはその程度によって(1)集中的国際化（類似性のある近隣国への進出），(2)分散的国際化（文化的に異なり，地理的に距離のある国への進出），(3)多国籍（地理的に離れた国へも多数進出），(4)グローバル（最も広範に進出し，さらなる拡大を意図している）に分類できる。彼はこれら2次元の3×4のマトリクス上に小売企業をプロットし，4つの小売企業集合を見つけ出した（図1-4）。

クラスター1は，「用心深い国際派」である。最も大きい集合であるが，海外経験に乏しく，既存企業の買収によって参入し，相手企業の経験・知識を利用しようとする企業群である。クラスター2は，「大胆な国際派」である。クラスター1よりも長い国際化経験を持っている。クラスター3は，「攻撃的な国際派」である。国際展開に対する強い意思を持ち，普遍性のある訴求力を持つニッチ企業である。最後のクラスター4は，「世界的パワー」である。社会的・文化的差異を超越し，何もないところに市場を生み出す能

（図1-4） 小売企業の類型

参入・事業活動戦略

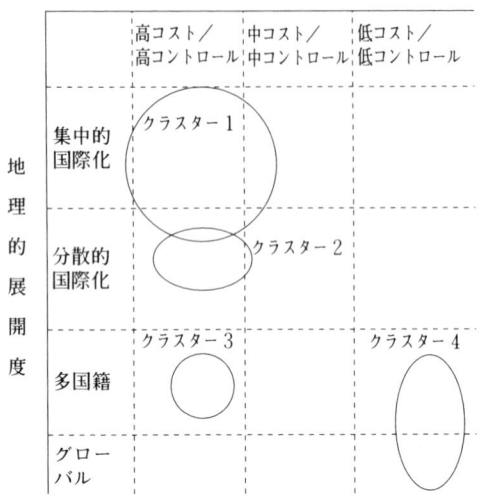

	高コスト／ 高コントロール	中コスト／ 中コントロール	低コスト／ 低コントロール
集中的 国際化	クラスター1		
分散的 国際化		クラスター2	
多国籍	クラスター3		クラスター4
グロー バル			

（縦軸：地理的展開度）

出典：Treadgold(1988), p.10, 図1を修正

　力を備えた製品・業態を提供している。またフランチャイズ方式を利用することが多く，商品供給面で垂直的に強くコントロールを行っている。この研究は，(1)明確な分類軸を設定し，小売企業を実際にプロットすることによって類型を抽出した点，(2)最も先進的な小売企業としての「世界的パワー」が，供給業者への垂直的コントロールを行使していることを見いだした点，において現時点では最も説得的な類型化論であると言える。

　いま1つの興味深い類型化は，小売企業のグローバル化を小売企業の成長戦略との関連においてとらえようとするPellegrini（1994）の研究である。彼は国際化は企業成長戦略の1つのパターンであると考えている。基本的に企業の成長戦略は，2種類の多角化から成り立っている。1つは地理的な多角化である。つまりノウハウを他の市場に応用していく戦略を言う。具体的には，もともとの市場から近隣市場へ，そして他の全国市場へ，さらに他の外国へと地理的に活動の場が拡大していく。他は製品の多角化である。これ

は，ノウハウを他の製品分野に応用することを言う。具体的には，類似したタイプの店から異なったタイプの店へ，そして他の隣接部門へ，さらに非関連部門へと製品を拡大していく。企業成長は，この2つの戦略次元からなる成長空間上の移動としてとらえることができる。この空間に，Pellegriniは小売企業の5つの成長パターンを（図1-5）のように位置付けている。

第1のパターンは「地理的多角化：グローバル企業」（①）である。これらの企業は類似性の高い消費者集団を標的として，グローバルな規模で商品の標準化を行っている。ここには2つのタイプの企業があり，1つは比較的広い商品部門に専門化した大規模店であり，他は特定の商品部門に特化した小規模のコンセプト専門店である。前者の代表例は，イケア・トイザラスなどであり，後者の例はベネトン・ボディショップである。第2のパターンは，「製品多角化：全国小売コングロマリット」（②）である。これは海外に進出しようとせず，もっぱら国内で取扱い商品を広げようとする企業である。第

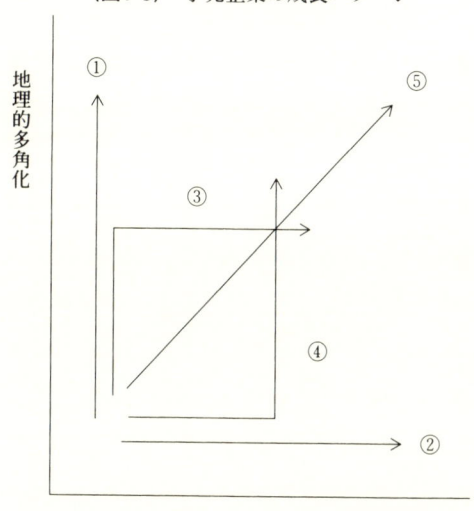

（図1-5） 小売企業の成長パターン

出典：Pellegrini(1994)の議論を要約して作成

3は,「グローバル=限定製品多角化」(③) である。このタイプは,海外進出が困難に遭遇し始めた段階で,取扱い商品部門を拡大して成長を維持しようとする。代表例は,カルフールやマークス&スペンサーである。第4のパターンは,「製品多角化=限定国際化」(④) である。これはまず類似性の高い商品部門に多角化した後に,発展途上国にそのノウハウを輸出しようとする。例はセインズベリやシアーズである。最後は「国際的小売コングロマリット」(⑤) である。これは地理的にも製品的にも多角化した企業で,その関心は主として財務的な成果であり,小売部門は投資の一部門と見なされている。これに属する企業は少ないが,たとえばGIB (ベルギー) やメトロ (スイス・ドイツ) である。

　この研究の1つの注目点は,類型の1つとして「グローバル企業」が抽出され,それらの企業が標準化した商品を取り扱っていると指摘していることである。Pellegriniはこれに関して,「国際化においてはPBが中心的な役割をはたしている……(中略)……ほとんどのグローバル小売企業では,統制された品揃えと革新的小売業態の共存が成功の基礎である。」と述べている[7]。もう1つの注目点は,グローバル化を企業成長パターンの1つととらえていることである。新しい現象であるグローバル化を,企業成長という既存の枠組の中に位置付けて,その意味を検討しようとしている。ただその試みは必ずしも成功しているとは言えない。というのも既存の枠組として依存しているのはアンゾフの多角化論であって,基本的に小売企業の成長論にアンゾフの枠組をそのまま適応することの問題点が未解決のまま引き継がれてしまっている。そのため本来何らかの新しい意味を持っているはずのグローバル化が,完全にその新奇性を削ぎ落とされた姿で取り込まれる結果になっている[8]。

2.グローバル類型化論の問題点

　グローバル化した小売企業の戦略に注目した萌芽的な戦略類型化論は,間

違いなくグローバル化研究に新しい光を投げかけてくれている。現時点でのこれら研究が抱えている問題点を明らかにし，それを乗り越えるべく研究努力を重ねることがぜひとも望まれる。そういった観点からみたとき，内在する問題点とは何であろうか。

　第1の問題点は，標準化概念の不明確さである。上で検討した既存の類型化研究は，グローバル企業に共通の1つの特徴を浮かび上がらせている。それは，つぎのごとくである。

　・標準化したコンセプト
　・同一公式の世界的複製
　・商品の標準化
　・マーケティング・ミックスの標準化
　・社会的・文化的差異の超越

これらの特徴は，グローバル企業が何らかの行動に関して標準化を意図的に進めていることを示すものである。ここでの問題は，「何らかの行動」に関して標準化が行われているというだけで，何を標準化しているかについては曖昧なまま残されているということである。たとえば，標準化したコンセプトとは，小売業態の統一展開を意味するのか，あるいは品揃えする商品コンセプトの明確化なのか。同一公式の世界的反復とは，業態を世界的に統一することなのか。あるいはすべての小売マーケティング・ミックス戦略を標準化することなのか。これらの点に関しては，何も語ってはいない。もう1つの問題は，標準化と適応化の関係についてである。Salmon = Tordjman は，グローバル企業と多国籍企業を対比しているが，その中で前者は同一公式の世界的複製を特徴とし，後者は地域条件への適応を特徴とするとしている。小売企業が環境から強い制約を受けており，存続・成長のためには環境条件への適応が不可欠であることは，言を待たない。だとすれば，グローバル企業は環境への適応を考慮せず，標準化のみを追求するだけで存続・成長が可能な特別の存在なのであろうか。おそらくグローバル企業のみが例外的であ

るはずはないであろう。はたして既存研究が指摘したような標準化を特徴とするグローバル企業は，どのようにして環境へ適応しているのであろうか。

この問題，つまり標準化—適応化問題は，実は既に国際マーケティング論において長年にわたって議論されてきたテーマである。国際マーケティング論は主として，製造企業の国際化をめぐる諸問題を研究対象としているが，標準化—適応化問題は常にその中心問題であった。それゆえ，国際マーケティング論における標準化—適応化問題の論議をここで振り返っておくことは，小売企業のグローバル化を分析する上で極めて有効である。この点は次節で検討する。

第2の問題点は，グローバル行動（あるいはグローバル戦略）次元の選択・相互関連性とその根拠である。確かに動機研究や参入規定因研究が参入前段階の意思決定過程に注目したのに対して，類型化論は行動そのものに着目した。諸研究が取り上げたのは，たとえばマーケティング・ミックス・投資・参入・組織統制・出店・製品多角化・商品供給・品揃えなどの行動であった。これらのどれかに着目して，それを分類の基準として類型化したのである。なぜその行動に着目したのか。その理由は明確ではない。行動次元への着目は，極めて恣意的に行われているように思われる。グローバル化を分析するに際しては，新しい現象としてのグローバル化を切るに最適の行動への着目が不可欠であろう。しかもその切り口は，設定した理論課題をもらすことなく統一的に説明することのできるものでなければならない。しかももう1つ重要なことがある。それは切り口として選ばれた行動が複数ある場合，それらの行動がはたしてどんな関連性を持っているのかについても，明確になっていなければならないことである[9]。単にグローバル化の検討において，いくつかの行動の中から重要そうに思える行動をその順に2つ選択したというだけでは，そこから統一的に理論課題を解明することはできないであろう。どの行動に注目するのか，なぜそれらの行動に注目するのか，それらは相互にどのようにグローバル化に関する理論課題の解明に貢献するのかを示す必

要がある。

　このような意味から見て，既存研究には大きなヒントが示唆されている。それは抽出された類型としての「グローバル企業」の持つ特徴にある。そこにはグローバル企業の特徴としてつぎのような点が指摘されていた。
　・近隣国への進出
　・地理的に距離のある国への進出
　・地理的展開度
　・地理的多角化
　・垂直的統合
　・供給業者への緊密なコントロール
　・商品供給面への強いコントロール
　・PB
　・統制された品揃え

　類型化論が見いだしたグローバル企業が持つ共通したこれらの特徴は，(1)地理的に自国を越えて海外に店舗を展開すること，(2)品揃えおよびそれを形成する商品供給業者への垂直的なコントロールを行使すること，に集約することができそうである。前者は，グローバル化という現象を分析する際の言わずもがなの前提である。つまりグローバル化なる現象は，とにもかくにも海外に出店することを除いては始まらないのである。後者は，グローバル企業がそうでない企業と比較して持つ際だった特徴のようである。この2つの行動がグローバル企業の特徴として共通して指摘されているという事実は，これらが小売企業のグローバル化を分析する上での非常に重要な行動次元であることを意味していると考えてよいであろう。

　これに関して最近興味深い研究が表れた。1つは，Dawson (1993) の指摘である。彼は国際化した小売企業に特徴的な行動次元として，(1)国際的な商品調達，(2)海外での店舗展開，(3)小売技術の海外移転，を取り上げ，特に商品調達と店舗展開は古くからの小売企業活動要素である「仕入と販売」の

国際的な次元での表出であるとして重視している。もう1つは，Sparks (1995) の指摘である。彼はDawsonの指摘した3つの行動次元を中心にイトーヨーカ堂とセブンイレブンとの相互依存的な国際化について分析している。そして商品調達について，「小売の国際化に最も共通してみられる形態は，国際的な商品調達であり，適切な商品の供給を確保するメカニズムの開発である」と述べている[10]。

類型化論の指摘した第1点，つまり海外での店舗展開がグローバル行動の1つの次元として重要であることについてはおそらく異存はないであろう。第2点，つまり品揃えおよびそれを形成する供給業者へのコントロールは，国際化した小売企業が品揃え形成のために，自社の商品調達を川上にまで遡って強く統制しようとしていることを示している。Dawson・Sparksが最近の国際化に特徴的な活動として商品調達を重要視していることを考え合わせるならば，グローバル化にとって核となる行動次元として，海外への店舗展開と並んで商品調達にも注目する必要がある。

第3の問題点は，静態的分析に終始していることである。類型化論は基本的に，クロスセクション・データをもとに，ある時点での小売企業の戦略をパターン化したものである[11]。そのため，どの時点で当該小売企業がその類型に属するに至ったのか，どのようにしてそこに至ったのか。さらに，当該企業は将来にわたってその類型に属したままで，類型間を移動することはないのか。こういった疑問には何の答えも用意されてはいない。小売企業のグローバル化は新しい現象である上に，変化の激しい現象である。ある時点の類型化が，つぎの時点でも同様に存在するという時間的安定性は保証の限りではない。この場合，あるとき一見抽出されたように思えた類型は，どんな意味を持っていたと言えるのだろうか。小売企業のグローバル化を分析する場合には，特定時点での現状を見つめるだけでなく，どのようにしてその状態に至ったのか，それがグローバル化という流れの中でどのような位置を占めるのかといったダイナミックな視点を導入しなければならない。そうする

ことで，グローバル企業の特性がグローバルでない小売企業との対比によって，より一層明確化できるに違いない。

3．国際経営論における類型化論

既に国際経営論（あるいは多国籍企業（経営）論）においては，多国籍企業を類型化してそれぞれを特徴づけようとするいくつかの試みがある。そこで，上で指摘した小売企業のグローバル類型化論が抱える問題点がどのように扱われているかを簡単に見ておくことにしよう。ここではその代表的研究として，Perlmutter (1969) と Bartlett = Ghoshal (1989) を取り上げることにする。

Perlmutter は，多国籍企業の本社と海外子会社との関係に注目しながら3つの組織モデルを提示している[12]。（表1-3）はそれを整理したものであ

(表1-3)　EPGプロフィール

組織デザイン	本国中心型	現地中心型	世界中心型
使 命	収益性（実行力）	各国受容（合法性）	収益性・各国受容（実行力・合法性）
支配形態			
目標設定の方向	トップダウン	ボトムアップ	相互交渉
コミュニケーション	ヒエラルキー／本社が指示・命令・アドバイス	本社－子会社／子会社間にコミュニケーションはほとんどない	垂直的・水平的コミュニケーション
資源配分	本社が投資機会を決定	子会社の自立	世界規模のプロジェクト
評価と統制	本国標準の適用	現地決定	普遍的かつローカル標準
戦 略	グローバル統合	現地責任	グローバル統合現地責任
構 造	ヒエラルキー部門	現地の自主性あるヒエラルキー部門	組織のネットワーク
文 化	本 国	現 地	グローバル

出典：Perlmutter(1969)およびChakravarthy=Perlmutter(1985)をもとに整理・作成

る。彼は多国籍企業の本社トップの国際化志向・意思決定・行動の観点から，多面的な類型化を行っていることが表から分かる。

これと同じく多国籍企業の戦略と組織の関連に注目して，Bartlett＝Ghoshal は（表1-4）に示すように4つの企業類型を提示している。彼の特徴は，いわば既存の企業類型であるマルチナショナル・インターナショナル・グローバルという3つの類型の特性を併せ持つ統合形態として，トランスナショナルという新しい類型を提起した点にある。つまり彼によれば，グローバル企業的競争戦略能力とマルチナショナル企業的対応力，そしてインターナショナル企業的情報収集力を持つのがトランスナショナル企業である。

国際経営論においては他にもいくつかの類型化の試みが行われているが[13]，それらには共通した特徴が見られる。その第1は，戦略の集計水準である。国際経営論でいう戦略とは，それが多国籍企業の戦略であれグローバル企業の戦略であれ，すべて企業の機能戦略を意味している。すなわち，製造・販

（表1-4） トランスナショナル企業の特徴

	マルチナショナル	グローバル	インターナショナル	トランスナショナル
能力と組織力の構成	分散型 海外子会社自立	中央集中型 グローバル規模	能力の中枢部は中央に集中・他は分散	分散 相互依存 専門化
海外事業が果す役割	現地の好機を感じ取って利用	親会社の戦略を実行	親会社の能力を適応させ活用	海外の組織単位ごとに役割を分けて世界的経営を統合
知識の開発と普及	各組織単位内で知識を開発して保有	中央で知識を開発して保有	中央で知識を開発し海外の組織単位に移転	共同で知識を開発し世界中で分かち合う
経営精神	海外での事業は独立した事業体の集合	海外での事業はグローバル市場への配送パイプライン	海外での事業は本社の付属	意思決定を分担する状況での調整と協力の複合的プロセス

出典：Bartlett=Ghoshal(1990), p.88,（表4-2）を加筆・修正

売・R&D・マーケティング・財務などの機能レベルで戦略をとらえようとしている。そして限られた経営資源をこういった機能戦略間にどのように配分するのか，あるいは本社と子会社間で，また子会社間でどのように配分するのか。そうした資源配分によって遂行される戦略の成果としてどんな競争優位が達成されるのか。これらが企業目標との関連で議論される。こういった集計水準での戦略のとらえ方は，マーケティング・ミックスや参入あるいは事業活動といった個別戦略次元で戦略を把握しようとする小売企業のグローバル化研究の集計水準とは隔たりがある。

第2は，企業類型化の分類軸である。小売企業のグローバル類型化論では，若干の曖昧さを伴うとはいうものの，個別戦略次元を基準に類型化を行っていた。それに対して，国際経営論での類型化の基準は，組織の管理様式である。グローバルな環境適合性の高い組織システムは，どのような特徴を持つべきか。そのシステムによってどのようにして配分と調整が行われるのか。そこではどのような管理様式がふさわしいか。そういった組織形態の理念的モデル化の試みが，国際経営論における類型化なのである。

国際経営論における類型化研究は，このように2つの際だった特徴を持っている。この特徴は，既に指摘した小売企業のグローバル類型化論が抱える3つの問題点のうちの(1)標準化概念の不明確さ，および(2)グローバル行動次元の選択・相互関連性とその根拠，がそもそも問題点として認識されえないものであることを示している。なぜならこの2つの問題点はともに個別戦略次元でのグローバル行動（または戦略）に関する問題点であり，国際経営論が研究対象としている戦略とは集計次元が異なっているためである。残された最後の問題点 ── 静態的分析に終始している ── については，国際経営論の類型化論でも全く同様の問題点を抱えている。すなわち，指摘されたいくつかの組織管理様式を基準にした企業類型は同時併存的なタイプ分けであり，またこの類型化は基本的に環境依存的性格を持っている。環境が変化したとき，それに対応して諸類型はどのように変化するのか。ある類型に属する企

業は，どのようにしてその類型に属するに至ったのか，その類型にずっと留まり続けるのか。こういった疑問に対しては何も答えはしない。

以上から，国際経営論においても小売企業のグローバル化研究においても，ともに類型化論は静態的分析であって，ダイナミズムをとらえていないという共通した問題点を抱えていることが明確になった。類型化論は，限定的であった小売企業のグローバル化研究の突破口を開く可能性を持っている。その意味から言うと，この問題点を十分に認識した上でグローバル化を分析しなければならないことになる。実は既にこの点，つまり動態的な視点から企業の国際化を分析しようとした研究が存在する。それは国際化プロセス論とでも呼ぶべき領域である。そこでこの領域において，どのように動態的な国際化の側面が分析されているのかを見ておくことにする。それに先立ち，次節ではまず国際マーケティング論での標準化をめぐる議論を整理しておこう。

第3節　国際マーケティング論における標準化―適応化問題

1．標準化―適応化問題

国際マーケティング論における1つの中心テーマは，標準化―適応化問題である。この問題は，既に30年以上前から論議されながら未だ結論を得るに至っていない大きな問題である。簡単に言うと，それは「企業（製造企業）が海外進出したとき，海外子会社のマーケティングは本社のマーケティングといかなる関係にあるのか。それは本社のマーケティングと同じか（標準化），あるいは異なるか（現地適応）」という問題である。これに対する第1の考え方は，海外では，消費者の嗜好・行動パターン・経済・社会・文化環境・競争条件・法的制度などが本国と大きく異なっているため，それら現地の条件に適応したマーケティングが不可欠であるというものである。マーケティングは地域性に合致していなければならないとするこの考えは，一般的かつ伝統的な見解である。

それに対して，マーケティングは国から国への移転が可能であって多国間でマーケティングを共通にすることによる効果は大きいゆえに，マーケティングの標準化を進めるべきであるとするのが標準化を主張する立場の見解である。「現地適応か，標準化か」をめぐる論議は，伝統的なマーケティングの考え方に対するアンチテーゼというかたちで標準化推進派の主導のもとに進められていくことになる。この論議のこれまでの流れを先取りして要約すると，「何を標準化するのか」から「標準化を規定するのは何か」への関心の移行ととらえることができる[14]。

2．何を標準化するのか

「マーケティングを標準化する，あるいは適応化する」という場合，そこで想定されている標準化の対象は何であるのか。これをめぐっては，大きく2つの考えがある。

第1は，プログラムの標準化である。マーケティングの標準化がはじめて論じられたのは広告の分野においてである[15]。ここに端を発して後，やがて標準化の研究対象は広告からさらに拡大していく。広告はマーケティング戦略の構成要素の一部分にすぎず，標準化は広告だけでなく他のマーケティング戦略要素にも妥当する問題であるとの認識のもとに，他のマーケティング・ミックス要素である製品・価格・販売促進・マーケティング・チャネルを含めたすべてのマーケティング要素を対象にして標準化が論じられるようになっていった。このようなマーケティング・ミックス全般を標準化の対象とみなす見解を，マーケティング・プログラム標準化と呼ぶ。

この代表的提唱者は，Buzzel（1968）である。彼は国ごとに環境の相違が存在し，それに配慮してマーケティング計画を策定する必要があるという伝統的な現地適応化の主張を認めながらも，マーケティング・プログラムを標準化することによって得られる潜在的利益が大きいと主張する。その潜在的利益とは，(1)コスト削減，すなわち製品デザインなどを同一にして各国市場

に提供することで大量生産の効果によってコストを大幅に削減できる，(2)顧客への一貫した対応（販売・サービス・ブランド・包装などを標準化することによるイメージの一貫性がもたらす販売増加），(3)計画とコントロールの改善（自社製品の市場間移動の活発化に伴って発生する調整の必要性への対応），(4)優れたアイデアの活用（稀少な資源であるマーケティング・アイデアの世界的な有効活用），である。彼はこのような標準化を進めるにはかなりの困難を伴うと断わっているが，それにもかかわらず標準化の利益を的確に評価することが重要であるとし，それに向かうことが優先課題であると述べている。

ところが，このような標準化を強く主張する見解は実は非常に概念的な議論であって，「実際に企業はマーケティング・プログラムの標準化をしているのか，もしそうであるならばそれはどの程度か」という裏付けが全くないままであった。この点を補うべく，Sorenson = Wiechmann (1975) や Boddewyn = Soehl = Picard (1986) らは実態調査によって，マーケティング・プログラムの標準化がどの程度行われているかを明らかにした。その結果，マーケティング・プログラムの標準化は，現実にはマーケティング・ミックスのあらゆる要素に共通して同じ程度で進んでいるのではなく，戦略要素ごとで標準化度にバラツキのあることが明らかになった。

標準化の対象の第2は，マーケティング・プロセスである。ここではマーケティング・ミックスの各戦略要素の標準化の程度を問題にするマーケティング・プログラムの標準化とは対照的に，標準化するのはマーケティング戦略を策定・管理する過程としてのマーケティング・プロセスであるとされる。この点をいち早く，そして強く主張したのは先に見た Sorenson = Wiechmann である。多国籍企業の経営者との多くのインタビューを通じての彼らの発見は，「多国籍企業として成功をおさめるためには，マーケティング・プログラムが国際的に標準化されているか否かは実際には重要ではない。それより重要なことは，そういったプログラムが開発されるプロセスが標準化されることなのである」ということであった。また Peebles = Ryans = Vernon（1978）は，広告戦略の標準化に関する従来の議論は問題のとらえ方が誤っていたと言う。すなわち「広告キャンペーンを標準化すべきか否か」というよりむしろ，「広告キャンペーンはどのように管理されているのか，標準的にか，あるいはそうではないのか」という方が適切であると指摘している。ただマーケティング・プロセスの標準化を主張するこれらの研究においても，決してマーケティング・プログラムの標準化を否定してはいない。むしろこれらは，マーケティング・プログラムは標準化されたり適応化されたりしうることを認めている。その上で，こうした条件依存的なプログラムの標準化は，標準化されたマーケティング・プロセス（マーケティング・プログラムが策定される意思決定プロセス）を通じてはじめて達成できると主張しているのである。

3．標準化を規定するのは何か

何を標準化するのかに関する上の議論は，対象がマーケティング・プログラムであれプロセスであれ，いずれの場合でも標準化なのかあるいは適応化なのかという二者択一を迫るものであった。ところが標準化―適応化問題はこうした択一問題ではなく，標準化と適応化の間には，様々な値が存在するという理解が生まれてきた。すなわち，標準化・適応化は程度の問題であって，標準化と適応化の間のどこに位置するかは条件に依存して決まるというのである。そしていったい何が標準化（あるいは逆に言えば適応化）の程度を決めるのか，その要因はどのように標準化の程度を規定するのかを分析しようとした。Quelch = Hoff（1986）や Douglas = Wind（1987）はこうした立場から，標準化条件やその実現の制約条件を検討している。さらにこうした立場は，これまで抽象的にすぎた標準化―適応化問題をより実証的に分析しようとする動きや，グローバル時代を迎えて新たなマーケティングのあり方を探ろうとする動きとあいまって，より大きな枠組のもとでの分析を志向し始めている。その嚆矢ともいえるのが Jain（1989）の研究である。

Jainは，標準化―適応化問題を実証的に研究するための分析枠組を提示している。それによると，マーケティング・プログラムの標準化の程度に影響する要因は，(1)標的市場，(2)市場地位，(3)製品特性，(4)市場環境，(5)組織要因である。これら諸要因はさらにいくつかの変数群から構成され，それらの変数の多様な影響を受けて，標準化の程度が決定される。この研究のもう1つの特徴は，プログラムの標準化によって達成される市場成果について言及している点である。Jainは市場成果を，財務成果・競争優位・その他の成果（たとえば国際的な一貫したイメージ，製品・アイデアの迅速な国際的普及，より強い中央の統制と調整など）であるとし，これら成果がフィードバック効果として標準化の程度に影響するとしている。従来の議論が，標準化すべきか適応化すべきかという選択問題であったのに対し，ここでは標準化―適応化問題がそれによって達成される成果との関連でとらえられている点で，より広い視点が導入されているといえる[16]。ただJainは，実証研究のための概念枠組を提示したのみであって，実際に実証研究を行っているわけではない。この点を一歩踏み込んだのが，Akaah (1991) である。Akaahは，Jainの分析枠組に従って実証研究を行った。その結果，消費者行動の類似性・所有関係・企業志向が標準化に影響することを検証した。

　さらにこういった実証分析志向に加えて，標準化―適応化問題にグローバル・マーケティングという新しい視点を導入しようとする興味深い試みが，黄 (1992 b) によって行われている。彼は，これまでの研究が多国籍企業の本社および本国市場の絶対的優位性が前提とされていたのに対し，グローバル・マーケティングでは海外子会社のマーケティング活動およびその革新行動に着目すべきだとしている。そしてマーケティング戦略としての海外子会社の革新的な現地適応とグローバル標準化の関連性を検討した上で，両者が二者択一ではなく同時追求可能な戦略であると指摘している。

4．標準化—適応化問題からのインプリケーション

　1960年代以降の国際マーケティング論における標準化—適応化問題をめぐる議論の背景には，企業観の変化が大きな影を落としている。当時アメリカは世界市場を支配しようとしていた。世界中に子会社を設置したアメリカ多国籍企業は，優れたアメリカの技術・ノウハウを現地に移転しようとした。標準化とはいわば世界で最も優れたアメリカ企業（本社）のノウハウの現地への移転を意味していたのである。パックス・アメリカーナ的な発想でのこのような標準化は可能か，どのようにすればそれが実現するかの問いかけが標準化—適応化問題だったのである。何を標準化するのか，あるいは何が標準化できるのかがそこでの主たる関心となったのはこのためである。

　しかしやがて，アメリカの圧倒的優位性は消失し，多極化時代に突入する[17]。しかも時代はグローバル化に向けて進んでいく。こうなるともはやマーケティングを標準化するか否かという問題を，アメリカ企業の本社と海外子会社との親子関係だけではとらえ切れなくなってくる。より広い観点から，いわばグローバル重視の観点からとらえ直す必要が出てくるのである。そこでは多国籍企業観からグローバル企業観への転換が求められる。標準化—適応化問題の関心が，「標準化を規定するのは何か」に移行したのはこうした背景による。すなわち標準化を択一的にとらえるのではなく，グローバルな観点において様々なバリエーションが存在することを認め，そのバリエーションが生まれる原因を探るようになったのである。ここで重要なことは，標準化の理解がこういったグローバル企業観に大きく影響されるということである。具体的に言えば，グローバル企業はいかなる点においてグローバルなのか，グローバル企業はどのような能力を持つがゆえに「グローバルでない企業」と一線を画すことができるのかといった点をどう明確にとらえるかが，標準化—適応化問題の検討にとって極めて重大になってくる。そういった意味で，標準化—適応化問題は，グローバル・ビジョンとの関連性の中で論じられる必要が出てきたのである[18]。先に見たJainや黄は，新しいグローバ

ル観を提示していた。また，Porter 流の競争優位概念や Reich（1991 a·b）のクモの巣概念などもこういったグローバル観，グローバル・メリット探究の1つの答えである。

以上のように標準化―適応化問題は，今や単なる二者択一的理解の域を越え，グローバル企業ゆえに獲得できる能力あるいはグローバル・ビジョンの追求の流れに昇華されているのである。

第4節　国際化プロセス論

1．国際マーケティング論における国際化プロセス

企業はどのようにして国際化するのかという問題への関心から，国際化に向かう企業が経由する段階を抽出しようとする試みが，国際マーケティング研究において行われている。その1つの典型は，Cavusgil（1980）である。彼が抽出した国際化プロセスは（表1-5）に示したような5段階である。

Cavusgil は国際化段階をドメスティック・マーケティングから始まる5段階の過程ととらえ，各段階での特徴的活動と，それを規定する企業内部特性および外部環境要因を整理している。

全く同様の視点から，国際化の4つの段階を抽出し，各段階の特徴を計量的に明らかにしようとしたのが Rao = Naidu（1992）である。彼らは，国際化段階を非輸出（現在も将来も輸出しようと考えていない）・輸出志向（現在は輸出していないが，将来輸出を希望している）・散発的輸出（ときどき輸出している）・レギュラー輸出（定期的に輸出している）の4段階に区分し，4つの輸出行動の差異を特徴づける要因をつぎのように抽出している。

(1)企業規模（従業者および売上高）
(2)国内市場での競争の程度（技術・マーケティング・サービスの競争）
(3)産業の輸出志向度
(4)製品デザインの柔軟性

第4節 国際化プロセス論　43

(表1-5)　国際化段階

内的・外的変数	中心活動	段　階
国際化抑制的な企業特性	本国への専念	ドメスティック・マーケティング
外的刺激 　取引相手からの求めざる 　　要請 　外部機関の誘い 内的刺激 　差別的優位性 　意思決定者の個性 　経営トップの国際志向性	国際マーケティング活動 　実施の実現可能性に関する 　慎重な調査と予備的評価	輸出前段階
国際マーケティング活動の 魅力の知覚	限定的な国際マーケティング 活動の開始	実験的関与
経験に基づいた期待 中核経営資源の利用可能性 国際化への資源配分意欲	国際マーケティング活動拡大 の体系的調査	積極的関与
マーケティング成果 障壁克服の程度	国際的機会をもとにした資源 配分	深い関与

出典：Cavusgil (1980), p. 275, 図1

(5) OEM生産の経験

(6) 合弁・ライセンス生産との関わりの程度

(7) 余剰資源（マーケティング知識・時間・資金）

　上記2つの研究は国際化プロセスを抽出しようとしたものであるが，しかし実際には国際化のごく一部にすぎない輸出マーケティング過程の分析であって，企業が海外の市場に参入し現地活動の程度を深めていく過程そのものに焦点を当てたものではない。また，各段階を特徴づけるプロフィールは明らかになってはいるが，各段階の移行が何ゆえに起こるかについては，必ずしも明らかになってはいない。国際化がある一連の段階を経過して進行するという認識に立っているという意味では，国際化のダイナミックな側面をとらえようとはしているが，国際化初期段階のみを対象に，しかも国際化段階

の類型論とも言えるような各段階の特性抽出に偏った研究である。

　これに対して，より長期的な国際化の全プロセスを分析対象としているのが，Johanson = Vahlne (1977) である。彼らがスウェーデン企業のケースをもとに抽出した国際化のプロセスは，「定期的輸出なし→エージェントを仲介した輸出→海外販売子会社→海外生産子会社」である。彼らは国際化を，外国市場との関わりの程度であると考えている。そしてその関わりの程度の増加に伴って，定期的な輸出をしない，いわばほとんど外国市場と関わらない段階から，海外に生産のための子会社を設立するというより深く関わる段階へ至るプロセスを国際化ととらえている。また彼らはこの国際化プロセスの移行は，異なった国への最適な資源配分戦略の結果起こるものではないとしている。国際化は，企業を取り巻く環境の変化へのインクリメンタルな調整のプロセスであると見なし，その調整プロセスをモデル化している。すなわち，状態側面と変化側面の相互作用過程を通じて，国際化の程度は高まっていく。状態側面とは，市場関与（外国市場への資源の関与）と市場知識からなり，変化側面とは，関与意思決定（資源投入の意思決定）と現在の事業活動（現事業活動の成果）からなる。これら2つの側面の相互作用過程で最も重要な機能を担うのは，市場の知識である。このモデルでは，情報としての市場の知識を中心概念として，その知識の深まりがもたらす2つの側面の相互作用の過程が，国際化プロセスの移行であるとしている。このモデルは，国際化プロセスの移行メカニズムを説明するものであるが，しかし概念モデルであるため，実際に各段階で何が行われて，それがどのような状態に達したときにつぎの段階への移行が起こるのかを説明してはいない。だが抽象的だとはいえ，移行過程そのものに焦点を当てたという意味で，示唆に富む研究である。

　国際化の全プロセスを対象としているもう1つの代表例は，Douglas = Craig (1989) の研究である。彼らは，国際化の進展に伴って，企業が直面するマーケティング戦略目標が変化するという前提のもとに，各段階での戦

略の特徴および段階移行による戦略目標の変化をもたらす環境要因を探っている。提示されたマーケティング戦略の進化段階は（図1-6）のごとくである。国際化前段階に続く第1段階は，初期参入である。この段階では，海外市場を既存製品やサービスの市場として認識し，生産やマーケティングの規模の経済性を獲得するために地理的に活動の場を拡張しようとする。第2段階は現地市場拡大である。ここでは現地市場を開発し範囲の経済性を引き出すことによって，既存の地理的範囲を強化しようとする。第3段階はグローバル合理化であり，海外での多国籍活動のシナジーを獲得するために諸活動を調整・統合する。このように国際化は，戦略目標の変化として理解される。さらに彼らは，こうした国際化段階の移行を規定する要因（引き金）を（表1-6）のように整理している。Douglas=Craig の研究は，参入からそれ以後のグローバルな展開までの長期的な国際化を分析対象としている点において，また国際化の各段階の移行の動因を検討した点において，現時点での優れたプロセス論と言える。だが，時間要素をモデルに取り込んだとは言

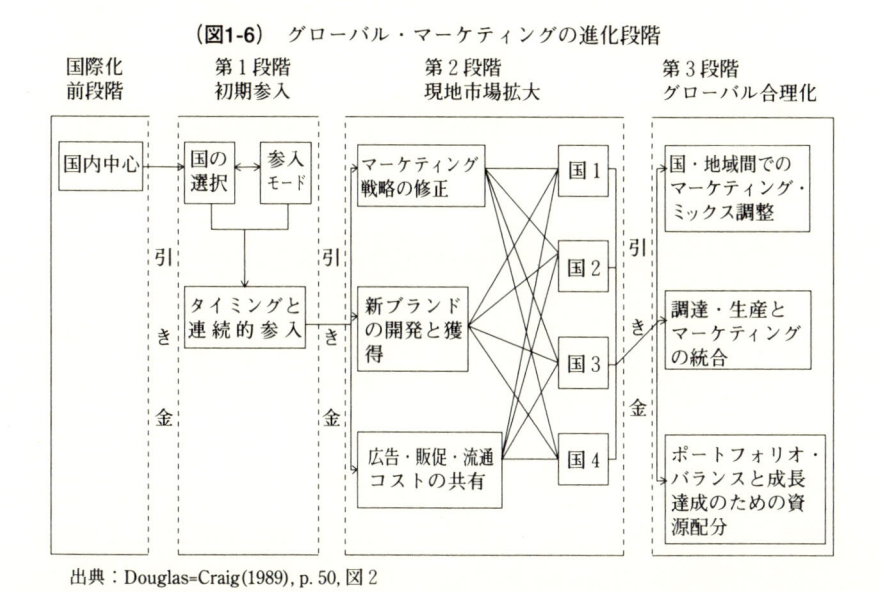

（図1-6）　グローバル・マーケティングの進化段階

国際化前段階	第1段階 初期参入	第2段階 現地市場拡大	第3段階 グローバル合理化
国内中心	国の選択 → 参入モード ↓ タイミングと連続的参入	マーケティング戦略の修正／新ブランドの開発と獲得／広告・販促・流通コストの共有 ― 国1・国2・国3・国4	国・地域間でのマーケティング・ミックス調整／調達・生産とマーケティングの統合／ポートフォリオ・バランスと成長達成のための資源配分

（各段階間：引き金）

出典：Douglas=Craig(1989), p.50, 図2

(表1-6) 国際化各段階への引き金

初期市場参入	現地市場	グローバル化
1．国内市場の飽和 2．国内の顧客の海外への移動 3．リスクの分散 4．海外市場の機会利用 5．本国への競合外国企業の参入 6．技術変化に追従欲求 7．政府の輸出奨励 8．コミュニケーション技術やマーケティング・インフラの進歩	1．海外市場の成長 2．海外現地市場の競争対応 3．海外現地経営管理者の自発性と意欲 4．海外現地資産の有効利用欲求 5．自然な市場の境界による制約	1．コスト不効率や無駄な重複 2．アイデアや経験の移転による学習 3．グローバルな顧客の出現 4．グローバルな競争の出現 5．グローバル・マーケティング・インフラの発達

出典：Douglas=Craig(1989), p. 51, 表1

いながら，その段階移行が環境要因によって規定されるとしている点に大きな問題が残る。環境要因はすべての企業に，共通した制約を与えるはずである。そうだとすると，国際化のある段階に属する企業は，共通した環境要因の影響を受けて一斉に段階を移行することになる。その環境要因の制約が強い場合には，すべての企業がその段階に留まることになる。国際化の程度は企業間で異なるという事実を，このモデルはどのように説明するのであろうか。

こういった環境決定論的な国際化プロセスの理解は，国際マーケティング論における国際化プロセス論に共通する特徴である。しかし国際化の段階を移行するときに働くのは，決して環境要因のみではない。当該企業の主体的行動こそが，実は大きな鍵を握っている。だからこそ共通した環境の制約下で，ある企業はさらに国際化のプロセスを進展させ，ある企業はそこで停滞するのである。これに関してもう1つ重要なことは，国際化プロセスの移行を可能にし，しかも全プロセスを貫徹する主体的行動とは何なのかという問題である。Douglas = Craig のモデルに典型的に示されるように，国際化プ

ロセス論では抽出された各段階で遂行される主たる戦略は異なっている。そこでは一見すると，ある段階で蓄積された国際化のための能力は，つぎの段階では全く通用せず，別の能力が必要とされているように思われる。国際化を一連のプロセスと理解する以上，そのプロセスを移行するために必要な，しかも移行する過程で蓄積されていく一貫した戦略が存在するはずである。先の表現で言えば，国際化プロセスを貫く主体的行動の存在である。おそらく国際化の段階は，単なる短期的な国際化局面のつなぎ合わせではないであろう。諸段階の意味のある長期的な一連の連続的つながりが，国際化プロセスであろう。何が諸段階をつなげているのかを問うことが不可欠である。

2．国際貿易論における国際化プロセス
2-1．プロダクトサイクル・モデル

Vernon (1966) が提起したプロダクトサイクル・モデルは，多国籍企業の対外直接投資行動の分析にダイナミックな視点を導入したことで有名である。このモデルは簡単に言うと，新製品のライフサイクルが「新製品・成熟商品・標準化商品」と時間とともに性格を変えていき，商品のライフサイクル上の位置に対応してその供給方法が，「アメリカでの生産・輸出・欧州先進国での生産・発展途上国での生産」と変化していくというものである。このモデルを図で示すと（図1-7）のごとくである。

まずはじめに，新製品に対する需要は，豊富な資本を持ち，先端的な科学技術力を持ち，所得水準の高いアメリカにおいて発生する。この新製品の生産はやはりアメリカにおいて開始される。その主たる理由は，(1)新製品は一般に需要の価格弾力性が低い，(2)よって生産コストよりも，製品デザインやマーケティング戦略の需要に対する素早い調整が求められる，(3)変化への対応のために供給業者との密接なコミュニケーションが必要である，などである。

こうして新製品はアメリカ合衆国において生産が開始され，国内で消費さ

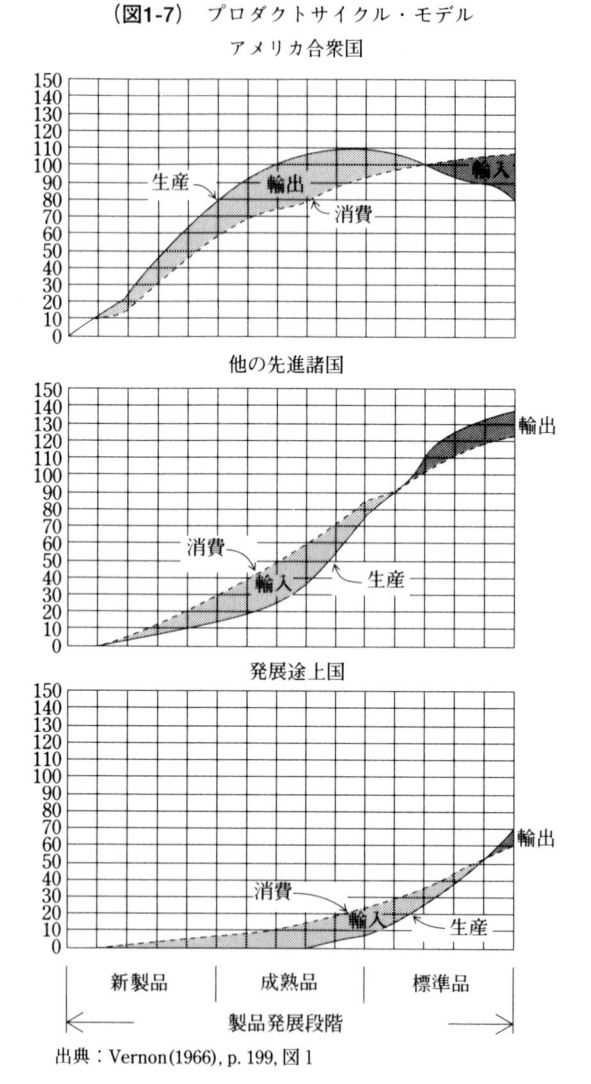

48　第 1 章　グローバル化研究の展開

(図1-7)　プロダクトサイクル・モデル

アメリカ合衆国

他の先進諸国

発展途上国

新製品｜成熟品｜標準品

製品発展段階

出典：Vernon(1966), p. 199, 図 1

れるが, やがて製品が成熟化するにつれて, 市場は国内から先進諸国へと拡大し, またアメリカ企業は外国での生産を開始する。アメリカ国内での商品の成熟化が進むにつれて, その商品の情報が広範囲に広がり始め, 外国にお

第4節 国際化プロセス論 49

いてもアメリカと同様に新製品に対する需要が発生する。ここで言う外国とは，とりわけ所得水準の高い先進諸国である。こうして先進諸国に対してアメリカからの新製品輸出が開始される。さらにその後，(1)輸入障壁の構築，(2)先進諸国内の生産者による模倣生産の開始，(3)輸出コストと海外生産コストの格差，などの影響によって，アメリカ企業は直接投資に乗り出し，先進諸国での生産を始めることになる。

新製品のライフサイクルがさらに後期段階に入って商品が標準化されるようになると，先進諸国の生産者は規模の経済性を発揮し低コストでの生産が可能になる。そしてこれまでとは逆にアメリカ合衆国に対して輸出を始める。こうしてアメリカ合衆国は輸出国から輸入国に転じることになる。一方先進諸国で生産していたアメリカ企業にとって，より低コストで効率的生産を実現するには労働コストの低い発展途上国に生産地をシフトする必要が生まれる。こうしてアメリカ企業の生産地は先進諸国から発展途上国に移動することになる。ところがこのプロセスは先進諸国と発展途上国の間でも生じる。発展途上国は全くの輸入国からやがて輸出国へと転じるのである[19]。

2-2. 雁行形態論

産業発展のライフサイクル論である雁行形態論は赤松　要 (1956) によって提唱された。雁行形態論とは，「後進産業国あるいは新興産業国の産業が先進産業国の産業を摂取し，それを追跡しつつ成長発展する場合に一般的に成立する発展法則」である[20]。これはやがて山澤逸平 (1984) によって拡張・精緻化される。日本の各産業の発展過程の分析からの経験法則として提示されたこのモデルを簡単に要約すると（図1-8）のごとくである[21]。産業の発展は，「導入・輸入代替・輸出成長・成熟・逆輸入」の5段階からなる。導入期では，新商品が輸入され需要は拡大し，一方で国内生産も開始されるが輸入品の優位が崩れない。つぎの輸入代替期には，国内の生産水準が上昇し，徐々に輸入品にかわって国産品が需要を満たすようになる。その後生産技術の標準化が進んで生産コストが低下するが，国内需要の伸びの低下

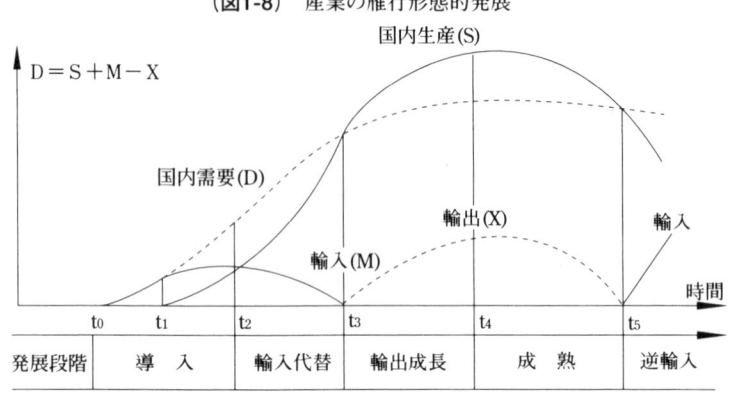

(図1-8) 産業の雁行形態的発展

出典：山澤逸平（1984），p.74,図4-1を部分引用

につれて市場はやがて海外に向き始める（輸出成長）。さらにつぎの段階では生産・需要の停滞，さらに後進国の追い上げによって輸出が減少し始める。この状態は最後には後進国からの低廉な輸入品の逆流によって，輸入の増加となって表れる（逆輸入）。このような雁行形態は，日本の繊維産業・鉄鋼業などの産業発展を非常にうまく説明する。この雁行形態は，日本と他の発展途上国との間にも存在する。たとえば日本の綿業が雁行的発展を終了したとき，インドの綿工業は第2段階にあることが可能であるし，さらにその他の発展途上国ではそれ以前の段階にあるかもしれないのである[22]。このモデルは，プロダクトサイクル・モデルと類似している。しかし雁行形態論は，(1)発展途上国の視点からキャッチアップの過程を分析している点，(2)産業の成長・発展のダイナミズムをとらえようとしている点で異なっている。

　国際貿易論におけるこれら2つのモデルは，視点に差異はあるものの，ともに比較優位の所在が一定のタイムラグを伴いながら国家間を移動していくプロセスを，長期的な観点から分析しようとした点で共通している。だがこうした時間軸を導入して企業の対外投資行動あるいは産業の成長過程を分析しようとする試みには，1つの強い暗黙の前提がおかれている。小売企業の

グローバル化研究にダイナミズムの視点を導入するときにはこの点に留意しておく必要がある。これについて整理しておこう。

3. 国際化プロセス論からのインプリケーション

　国際貿易論における国際化プロセス研究には，暗黙の前提がある。それは国際化に向かうルートはただ1つしかないという前提である。プロダクトサイクル・モデルでは，「アメリカでの生産・輸出・欧州先進国での生産・発展途上国での生産」，雁行形態論では「導入・輸入代替・輸出成長・成熟・逆輸入」が，そのプロセスであった。国際化に向かう場合，必ずこのプロセスをたどらなければならない。たとえば，発展途上国での生産が先進諸国での生産に先行することはありえないし，逆輸入は必ず成熟の後段階である。国際化を目指す以上は，各段階をこのままの順序で経過する以外に方法はない。そこでは段階飛ばしはありえない。つまり国際化プロセスにおいては，迂回経路は一切存在せず，ただ1つのルートのみが存在するというのである。この点は，国際マーケティング論における国際化プロセス研究においても全く同様である。たとえばCavsugilモデルの「ドメスティック・マーケティング・輸出前段階・実験的関与・積極的関与・深い関与」も，Johanson=Vahlneのモデル「定期的輸出なし・エージェントを仲介した輸出・海外販売子会社・海外生産子会社」も，ともに国際化はこのプロセスを順に経過することのみを想定している。ここでも国際化のルートはただ1つなのである。
　このような前提のもとでは，仮に国際化プロセスをたどる企業がある段階で行き詰まった場合，もはやその企業は国際化自体に失敗したことになる。引き返すことはできず，先にも進めず，停滞するしかないのである。しかし，こうした前提はどの程度現実的であろうか。おそらくこのようなとき，国際化を目指す企業は別のルートを捜そうとするに違いない。最終的な到達点は同じであっても，自身の能力に見合った別の可能性を探るはずである。モデルはそうした可能性を排除している。あらゆる企業は同じルートをたどって

しか国際化できないというのは，現実には相当厳しい前提である。Vernon (1979) はまさにこの点が，プロダクトサイクル・モデルの限界であることを自ら指摘している。また歴史を分析する場合には，単線的経済発展段階論を基準にすることは極めて短絡的発想であるという指摘もある[23]。時間軸を導入して動態的に国際化をとらえようとするとき，これらの指摘は示唆に富んでいる。すなわち国際化にせよ経済発展にせよ，そこに唯一絶対的なルートが存在するということは，国際化や経済発展の主体としての企業行動の独自性への配慮が不十分であることを意味している。企業はそれぞれが固有の経営資源を内部に蓄積している。そしてその資源を駆使して国際化（あるいは経済発展）に向けて歩んでいく。その過程でさらに新たな資源が蓄積されていく。ここでは企業によって明らかに保持する資源の質と量に差異が生じる。この差異は，単に絶対的なルートを移行する速度にだけ影響するわけではない。おそらく歩むルートそのものを変えさせる力となるに違いないのである。

　以上のように，国際化プロセス論は国際化研究に動態的視点を導入し，国際化段階の抽出および各段階の移行を規定する要因の整理を行った。だが，そこでは国際化する主体としての企業の行動を十分には考慮してこなかった。このことが，国際化プロセスの単線的理解につながったのである。動態的な視点を取り込んだグローバル化研究では，主体の行動に注目し，グローバル化のルートを単線的に想定しないことが必要である。

第5節　既存理論を越えて

　本章では小売企業のグローバル化を研究するにあたって，まず従来の研究を包括的に振り返ることによって現時点での理論的到達点を把握しようとした。その上で，諸研究が抱える問題点を抽出し，それを乗り越えるために必要な示唆を得んがために関連分野の諸研究にも検討を加えた。

第5節 既存理論を越えて

　小売企業を対象にした既存研究においては，(1)理論的な課題設定が曖昧であること，(2)グローバル行動を研究する必要があることが，明らかになった。これまでの研究の関心は主として小売企業が海外市場に参入するまでの，しかもその参入前意思決定過程の分析に焦点が当てられていた。グローバル化の研究でありながらその実，研究対象はドメスティックな範囲内での意思決定領域に限定されていたと言える。その一方，グローバル化とおぼしき現象はつぎつぎに発生し，研究の関心はしばしばその実態把握へのみ向かいがちであった。そこには現実の先行にもとづく理論と現実との距離の拡大がみられた。こうした状況が，理論課題を見失わせる結果となったのである。小売企業のグローバル化を研究する場合には，何よりもまずこうした現状を抜け出さねばならない。そのためには，明らかにする理論課題を明確にし，小売企業が海外市場への参入後にとる行動，すなわちグローバル行動に分析の焦点を合わせなければならないのである。

　こうした研究の方向に沿った萌芽的研究としては，小売企業のグローバル類型化論がある。グローバル類型化論は，小売企業の進出先国におけるグローバル行動に直接光を当てようとした点で，注目すべき研究である。しかし単にグローバル類型化論の後に盲従するだけでは新たな理論的展開は生まれにくい。必要なことは，このグローバル類型化論の検討を通じて明らかになる課題を解決する方向を目指すことである。検討の結果，およそ3つの課題が明らかになった。

　第1は，標準化概念の曖昧性である。既存研究は，グローバル小売企業が標準化を進めていることを明らかにしてはいるものの，どの点において，どのように標準化しているのかについてはほとんど何も語っていない。小売企業にとって一般的には現地市場への適応が不可欠であるといわれる中で，グローバル小売企業が持つ標準化という特徴はどんな意味を持つのであろうか。こうした問題に関しての考察が欠如していることが分かった。ところがこのグローバル小売企業における標準化に関する議論は，既に国際マーケティン

グ論において長年関心を集めてきた問題であった。そこで国際マーケティング論における標準化―適応化問題を検討した。そこから得られたインプリケーションの第1は，標準化か適応化かという問題は，二者択一的な選択問題ではなく，両者は両立しうる程度問題だということである。第2は，標準化か適応化かという問題は，グローバル企業とはいったい何であるのか，グローバル企業はグローバルでない企業と比べてどんな点でより優れた能力を持っているのか，などといった視点から検討されるべきだということである。以上のことから，小売企業のグローバル化研究は，この2つのインプリケーションを十分反映する必要がある。

　第2の課題は，グローバル行動として何を考慮するのかという戦略選択問題である。類型化論では多様な行動に関心が分散していた。しかもそれら諸行動が相互にどのような関連性にあるのかがほとんど明らかになっていない。現実にグローバル企業が海外市場においてとる行動は多様であろう。しかし小売企業がグローバル化に向かうとき，それらがグローバル化との関連でどのような意味を持つのか，何がグローバル化実現のための中心的機能を担うのかについての検討がなされていない。グローバル化を分析するとき，いたずらに分析対象としてのグローバル行動の範囲を拡大することは，かえってその中核となるグローバル化の動きを見失うことになりがちである。そこで多様なグローバル行動の中で，どの行動に焦点を当て，それら行動の相互関連性に注目してグローバル化を分析するのかが，大きな問題となってくる。文献レビューはこの点に関して，2つのグローバル行動が小売企業のグローバル化にとって極めて重要であることを示唆している。それは，海外への店舗展開と商品調達であった。この2つの行動次元に注目し，その相互関連性を解き明かすことが第2の課題をクリアする方法なのである。

　第3の課題は，静態的な視点に立っていることである。類型化はクロスセクションデータをもとにある時点での小売企業の戦略をパターン化したものである。ところがグローバル化は，少なくともある日突然グローバル化した

というものではなく，ある一定の期間を要してグローバル企業になるという性質の現象である。そうだとすれば，類型化論の持つスタティックな視点は，グローバル化という時間を伴う過程を十分に説明しきれないことは明らかである。そこには何らかの形で動態的な視点が導入される必要がある。この点は類型化論として多くの研究蓄積を持つ国際経営論における類型化論にも，同様に見られる課題であった。このような動態的視点を導入したグローバル化研究も既に存在している。それは国際マーケティング論および国際貿易論における研究成果である。これら両分野における国際化プロセス論を検討することから得られたインプリケーションは，(1)国際化はいくつかの段階を経るプロセスであり，(2)国際化に向かうルートは必ずしも１つとは限らず，(3)プロセスの移行には国際化主体としての企業行動に注目すべきであること，であった。

以上から明らかなように，小売企業のグローバル化を研究するに際しては，しかも従来の諸研究の蓄積を受けて新たな視点 —— 小売企業に固有の現象としてのグローバル化 —— から研究するに際しては，

(1)標準化—適応化問題を，グローバル能力（あるいはグローバル・ビジョン）との関連でとらえることによって解決しなければならない，

(2)中核となるグローバル行動とそれら行動間の相互関連性を検討しなければならない，

(3)グローバル化を小売企業の主体的行動のダイナミック・プロセスととらえ，グローバル化に向かうルートに注目しなければならない，

のである[24]。

1) 本章では，「グローバル」という用語を一貫して使用することにする。ただし，文献を紹介するに際しては，著者の用語を優先して使用する。つまり，global（あるいはglobalization）に対しては「グローバル（あるいはグローバル化）」を，international（あるいはinternationalization）に対しては「国際的（あるいは国際化）」を訳語に当てている。

2) たとえば，Kaynak = Ghauri (1988), Tiong = Teoh (1988), Goldman (1974), Langeard = Peterson (1975) があり，これ以外にも両者に属する研究は数多い。ただし，これらの研究は，比較流通研究あるいは経済発展と流通との関連についての研究などと密接な関連性があり，グローバル化に関する研究と見なしうるかについては大きな疑問がある。
3) ここでは，グローバル化とは海外に店舗を開設することだと考えられている。
4) Treadgold = Davies (1988), pp. 36-38.
5) Brown = Burt (1992 b), p. 80.
6) いま1つのパターンとして「投資戦略」を抽出しているが，これは買収によるポートフォリオの一手段としての戦略類型であるため，ここでは割愛する。
7) Pellegrini (1994), p. 139.
8) Knee = Walters (1985) や Robinson = Clake-Hill (1990) らの研究もアンゾフの枠組に依拠してグローバル化をとらえようとしているが，やはり同じ問題点に直面している。
9) ただしこの点は，分類軸としての行動次元の相互関連性を言うのではない。分類軸としての行動次元であれば，それら行動次元は互いに独立であらねばならない。しかしここでの意味は，グローバル化を分析する際の基本視角として行動次元に注目する場合には「任意の選択」は根拠を持たないということである。
10) Sparks (1995), p. 7.
11) より正確に言えば，クロスセクション・データをもとに何らかの計量的な手法で類型を抽出したのではない。いわば思い付きの類型化がその実態である。
12) 彼は，当初はEPGモデルといわれる3類型に分類していたが，後にEPRGの4類型モデルに拡張している。ここでは，簡略化のためにもともとのEPGモデルを検討する。
13) 詳しくは，茂垣広志 (1994) 参照。
14) 以下では，標準化を主張する見解に焦点を当てて検討する。標準化を主張するか適応化を主張するかの分かれ道は，世界市場の同質化傾向を認めるか否かに依存している。国ごとの差異の存在はもはや過去のものとなり，市場のグローバルな規模での同質化時代が到来したというLevitt (1983) の見解に代表されるような市場の同質化という傾向を認知しない場合には，適応化の立場をとることが多い。しかし実態としては議論は標準化の主張を中心に推移し，やがて標準化とグローバル化とが同一視されるほど，標準化がグローバル化の鍵概念となっていく。それゆえここでは標準化に焦点を当てな

がら，国際マーケティング論における標準化—適応化問題からのインプリケーションを探ることにする。

なお，この問題に関する両主張の展開過程について，谷地弘安 (1993) が詳しい。
15) たとえば Elinder (1961), Fatt (1964) がある。
16) Yip (1989) も，グローバル化がもたらす市場成果を概念的に検討している。彼によれば市場成果とは，コスト削減・製品とプログラムの質の改善・消費者の選好の高まり・競争力の増加・そしてマイナスの成果としての調整コストである。
17) 吉原英樹他 (1988), 第1章。
18) 谷地 (1994) も同様の指摘をしている。
19) プロダクトサイクル・モデルの概要については，たとえば山崎 清・竹田志郎 (1982), 日本輸出入銀行海外投資研究所 (1995), に詳しい。
20) 赤松 要 (1956), p. 514。
21) 以下では，山澤の議論にしたがって検討する。
22) 赤松 要 (1956), p. 517。
23) 川勝平太 (1991) は，単線的な経済発展段階論的発想を断ち切ることによって，わが国綿業の発展過程を全く新たな視点から分析するのに成功している。また角山 栄 (1995) もこのような発想の限界を指摘している。
24) 小売企業を対象としたものではないが，これら視点に立つ Malnight (1995) の研究は非常に興味深い。

第2章 研究の視角と方法

第1節 分析フレーム

　前章での既存研究の検討から，小売企業のグローバル化を研究するに際しては，3つの視点への立脚が不可欠であることが明らかになった。それは，つぎのごとくである。
(1) 標準化―適応化問題を，グローバル能力（あるいはグローバル・ビジョン）との関連でとらえることによって解決しなければならない。
(2) 中核となるグローバル行動とそれら行動間の相互関連性を検討しなければならない。
(3) グローバル化を小売企業の主体的行動のダイナミック・プロセスととらえ，グローバル化に向かうルートに注目しなければならない。

以下では，これらの視点について順に詳しく検討することによって，本論の研究視角を鮮明にしてみよう。

1. 標準化―適応化問題とグローバル競争優位

　多国籍マーケティングからグローバル・マーケティングへという研究視点の移行の中で，標準化―適応化問題は，「グローバル化した企業――主として製造企業――は，いかなるグローバル化の果実を追求し，獲得するのか」という新たな問いかけとの関連で解明されようとしていた。文献レビューからのこのインプリケーションは，「グローバル化した小売企業はいかなる競争上の優位性を獲得するのか」の解明を研究目的の1つとして掲げる本書にとっても，大きな意味を持っている。すなわち製造企業だけに限らず，小売

企業の場合でも，グローバル化した企業のグローバル化果実の検討には，標準化―適応化問題との関連性を無視できないであろうことを示唆しているからである。ところがより積極的な意味において，小売企業のグローバル化果実，すなわちグローバル競争優位の解明に際して，標準化―適応化問題を考慮しなければならない理由がある。

小売企業は，製造企業が動物的であるのに対して植物的であるといわれる[1]。小売企業の植物性とは，店舗の集合体としての小売企業の成長性が各店舗の商圏によって制約されることをいう。小売企業はその店舗が立地する場所を基点とする一定の商圏内の消費者を相手に活動を行い，その商圏特性に適応することによって存続が可能になる。もし現在の立地場所を捨て，よりよい条件を持つ場所を求めて立地移動しようとする場合には，改めて商圏の開拓から始めなければならない。またたとえその店舗の魅力度がいかに高くとも，商圏を無限に拡大することはできない。訪れる消費者の所在範囲はいたずらに広がらないのである。このように小売企業は一定の商圏を越えて成長することが困難であるという特性を持つ。これを動物が獲物を求めて自由に場所を移動するのと対比させて，小売企業の植物性という。この小売企業の植物性による成長の制約を打破して，はじめて企業としての成長を果たしたのがチェーンストアである。チェーンストアは，チェーンストア・システムを構築して，巨大化した国内大衆市場をターゲットに標準化したオペレーションによって企業規模の量的拡大を可能にした。

ところで，小売企業がグローバル化を進めていくと，ある段階で現地でどのようにして多店舗展開するかという課題に直面する。チェーン化することそれ自体については，日本での経験を通じてノウハウを持っているかもしれない。しかしそれだけでは海外でチェーン化できない。その理由は日本と現地では市場特性・インフラなどが大きく異なるからである。たとえ環境が大きく異なっていようと，あくまで現地の市場に適応しなければならないという宿命＝植物性を小売企業は持っている。それゆえ，市場特性に合わせなが

らチェーン化することが，海外でのチェーン化の第1の課題となる。さらに加えて重要な課題がある。それは多国間にまたがって多店舗化する場合に発生する課題である。

　グローバル化の進展は，一国内でのチェーン化だけでなく，多国間でのチェーン化までも求めるようになる。このとき新たな課題が発生することになる。すなわち，多国間でいっそう大きく異なる市場特性に，それぞれどのように対応するのかという課題である。ある国への進出でチェーン化に成功すれば，また同じように別の国でもやればよいと思われがちであるが，それほど国家間の市場特性が平均化しているわけではない。偶然うまく多国間チェーン化できたとしても，それではある国で成功したグローバル展開の単純な足し算的積み重ねにすぎなくなってしまう。その場合のグローバル化は，ある国で行ったことの単純な繰り返し以外の何物でもない。単一国に対したのと同じやり方を複数国に順次応用していくだけであれば，それはまさに単なるマルチドメスティック企業にすぎない。そこには何の新たな果実も発生しない。グローバル化の進展によって多国間でチェーン展開できるとすれば，そこには単純な積み重ねではない別の果実が存在しなければならない。それがグローバル競争優位ということになる。はたしてどんな競争優位を見つけ出せばよいのだろうか。これが第2の課題である。

　小売企業はグローバル化するとき，この2つの課題，つまり(1)市場特性に合わせたチェーン化＝標準化―適応化問題の解決と(2)グローバル競争優位の探求と獲得，を背負わざるをえないのである。この点に関して，製造企業を対象にした最近のグローバル・マーケティング研究では，標準化とグローバル化のメリットを同一視し，問題を単純化する傾向がある[2]。規模の経済を享受してコスト優位を獲得できることがグローバル化の果実であり，そのためには標準化が必要であるという考えである。ここでは明らかに，グローバル化の果実としてのグローバル競争優位から現地市場の制約・現地適応化概念が脱落している。グローバル化とは標準化することであり，それによって

のみ果実としての競争優位が獲得できるという単純な図式化がうかがわれる。これまで伝統的に国際マーケティング論がこだわり続けた標準化―適応化問題は，小売企業においてこそ依然として重要な課題なのである。

はたして小売企業は，現地適応と標準化をいかに駆使して競争優位を生んでいるのであろうか。

2. 戦略行動次元

小売企業のグローバル化を中核となる行動次元で把握するとすれば，その行動次元をどのようにとらえればよいのだろうか。本書ではグローバル化の基軸戦略として，2つの次元に焦点を当てることにする[3]。第1は，出店行動である。出店行動とは，海外に店舗を展開する行動である。第2は，商品調達行動である。商品調達行動とは，商品調達手段（たとえば海外での直接買付け・海外からの間接輸入・問屋からの仕入などがある）の多様性の程度を高めようとする行動を言う。小売企業はこの2つの戦略行動次元においてグローバル化の程度を高めていくことになる。この2つを基軸戦略次元として設定する理由はつぎのごとくである。

第1の理由は，小売業のグローバル化に関する既存研究のレビューからの成果である。小売企業のグローバル化には，従来から関心を集めてきた海外での店舗展開だけではなく，それを支える商品の調達面も含まれなければならないというのが，そこでのインプリケーションであった。

第2は，日系小売企業の最近の活発なグローバル行動の新奇性である。グローバルな行動であろうと思われる最近の一連の出来事の中には，大きく2つの側面で過去には見られなかった目新しさがうかがえる。その1つが，小売企業の海外での店舗展開である。ただし単に小売企業が海外に店舗を保持するという点から言えば，これは決して目新しい現象ではない。わが国の百貨店は戦前・戦中にかけて中国大陸を中心に店舗を構えていた経験を持つからである[4]。だが明らかにいくつかの点で，最近の小売企業の海外店舗展開

と過去の百貨店の海外店舗展開とは異なる特性を示している。それはたとえば，(1)最近は百貨店だけでなくあらゆる業態の小売企業が海外に出店していること，(2)海外での店舗展開は，単発的に店舗を保持する「点」から多店舗展開する「面」へと深まりを見せていること，(3)顧客ターゲットが，現地に進出した日本人（在留邦人）から現地人へと拡大していること，などの諸点である[5]。

いま１つの側面は，商品調達である。この側面での新しさは言うまでもなく，海外からの商品調達である。上で述べたように，海外での店舗展開が決して目新しい現象ではなかったのと同様に，海外からの商品調達もそれ自体は必ずしも珍しいものではない。なぜならわが国の小売企業は，ずっと以前から直接・間接輸入という手段で海外から商品——とりわけ欧米有名ブランド商品——を調達してきたからである。しかしこのところの特筆すべき特徴は，海外からの商品調達が小売企業自らの手になる「もの作り」手法によるグローバルな商品調達だという点にある[6]。かつてからの欧米ブランド輸入は，調達先が海外であるというだけで，実際には他社が生産した商品をそのまま調達するだけの仕組であった。その限りにおいては，国内の取引先から商品を仕入れるのと何ら差異はない。ところが最近の海外からの商品調達，具体的には開発輸入による海外からの商品調達においては，調達の仕組が根本的に違っている。そこでは小売企業自らが，生産工程に，しかも海外で関与しているのである。

以上のように，わが国の小売企業の最近のグローバルな動きは，これら２つの戦略行動次元において過去にない新奇性を示しているのである。ここで，これに関していま１つ留意しなければならないことがある。それは両戦略行動次元の相互関連性についてである。確かにグローバル化は２つの次元それぞれで独立して進行しうる。だがそれらは決して無関係ではなく，それどころか両者は密接に関連しているのである。この点について若干検討を続けよう。

序章において、グローバル化に関連すると思われる断片的事実を列挙した。これら諸事実は、2つの戦略行動次元に注目すると（図2-1）のような枠組で分類・整理することができる。

横軸は既述の2つの戦略行動次元である。縦軸はグローバルな行動の方向である。ここで「内から外」とは、日本国内から海外への動きをいい、「外から内」とは海外から日本国内を向けての動きを言う[7]。

さてこの図はグローバル化の理解を容易にしてくれる。まず第1に、この図は全体として「小売業の」グローバル化の範疇を示している。すなわち、(1)日本から海外へ企業が進出すること、(2)日本から海外に商品が供給されること、(3)海外から日本に商品が供給されること、(4)海外から日本に企業が進出すること、のすべてを覆うのが「小売業の」グローバル化である。

第2に、一般的なグローバル化の理解は、この図の4つのセルの一部のみを表現しているにすぎない。つまりそれは、出店行動のグローバル化とみなされるセル(1)であり、商品調達のグローバル化とみなされるセル(3)である。これはいわば日本企業を主体に据えた場合の狭義の「小売企業の」グローバル化である。

第3に、見逃されがちな、しかし重要な「小売企業の」グローバル化領域が存在し、それがセル(2)である。セル(2)は日本から海外に商品を供給することである。その中身は、供給した商品の買手の種類によってさらに2つに分かれる。1つは外国小売企業への商品供給である。日本の小売企業の中には、

（図2-1） グローバル事例の分類枠組

	出店行動	商品調達行動
内から外	(1)	(2)
外から内	(4)	(3)

最近外国の小売企業と提携して商品供給を受け始めたところがある[8]。ちょうど逆に，外国の小売企業が日本の小売企業から商品供給を受ける動きがこれである。いま1つは，海外進出した日本企業への商品供給である。現時点において前者の例はほとんどなく，中心は後者である。上で指摘したように，狭義の小売企業のグローバル化である出店行動セル(1)と商品調達行動セル(3)は，それぞれが別の方向を向いた動きである。前者は外を向き，後者は内を向いている。この相容れない逆方向のグローバルな動きを仲介し，両者を結び付けるのがこのセル(2)である。外から内に入ってきた商品（セル(3)）を含めて国内にある商品を海外に持ち出し（セル(2)），国内から海外に出店した小売企業（セル(1)）に商品供給するのである。2つの戦略行動次元の相互関連は，このセル(2)を媒介にして発現することになる。

基軸戦略次元としてこの2つを設定する第3の理由は，海外進出した日系小売企業が現地で直面する課題への注目である。海外に活発に進出している日系小売企業は，今現地で商品を仕入れる手段が乏しいことに悩んでいる。周知のごとく海外には日本的な機能を遂行する卸売商が存在しない。メーカーの代理店——しかも極めて取扱い製品ラインの限定された——，が存在し，それらを通じた仕入に依存せざるをえないことが多い。そのため商品の調達には，日本国内での卸売商利用型の調達と比較すると大きなコストが必要になる。海外で展開する店舗の規模が小さければともかく，規模が大きければ大きいほどその悩みは深くなる。このような状況の中，卸売商に依存した調達経験しか持たない日系小売企業は，現地での品揃え形成に支障をきたし始めてさえいる。このように，海外で店舗を展開する上で商品調達は成長の制約になる可能性を持ち始めている。この状況は上で述べたセル(2)の行動の重要性を示唆するものであり，その意味からも商品調達行動はグローバル化を考える上での重要な戦略次元なのである。

3．プロセスとしてのグローバル化

小売企業は，出店行動と商品調達行動という2つの戦略行動次元においてグローバル化を進展させていくと筆者は考えている。今出店行動と商品調達行動を2軸とするグローバル空間を想定するならば，ある時点で見て（共時的視点），小売企業はこの空間上のどこかに位置づけられる。典型的なグローバル小売企業，これを「純粋グローバル」と呼ぶとすれば，それら一群の企業は（図2-2）に示されるようなポジションに見いだすことができよう。純粋グローバルとはこの図が示すように，出店行動と商品調達行動の両次元においてともにグローバル化の程度の高い企業群である。さらにこの純粋グローバルには，2つの企業群が含まれている。第1は多製品型グローバルである。これは品揃えの幅が広く，衣・食・住のすべてを取り扱う小売企業から成り立っている。たとえば百貨店・量販店などがこれである。第2はワンコンセプト・品揃え限定型グローバルである。これはいわゆる専門店と呼ばれるものであり，品揃えの幅が狭く，取扱い商品の種類も限定されている業態である。

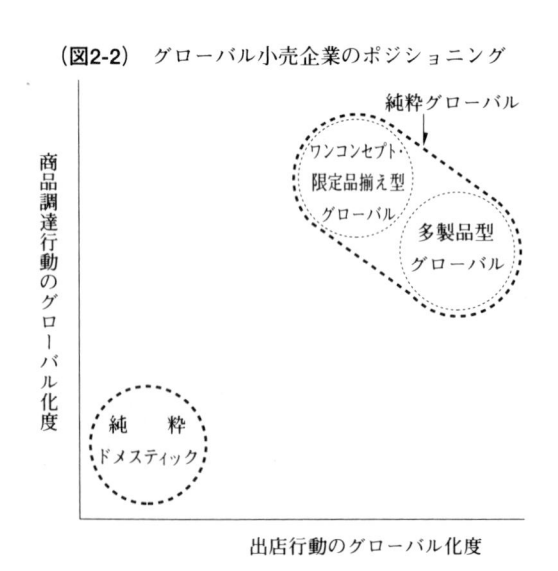

（図2-2）　グローバル小売企業のポジショニング

（縦軸：商品調達行動のグローバル化度／横軸：出店行動のグローバル化度）

- 純粋グローバル
  - ワンコンセプト・限定品揃え型グローバル
  - 多製品型グローバル
- 純粋ドメスティック

一方，出店行動のグローバル化の程度が低く，商品調達行動のグローバル化の程度も低い企業群を「純粋ドメスティック」と呼ぶとすれば，それらは空間上の左下すみに位置づけられる。これに属する企業群は，いわば純粋グローバルに向けてのスタートラインに立っていると言えよう。

　文献レビューで示したように，一部の既存小売グローバル化論は，何らかの基準を設定することによって一定の戦略空間を想定し，その空間上にグローバル小売企業を位置づけようとしてきた。その試みのあるものは，グローバル企業とインターナショナル企業とマルチナショナル企業とを空間上にポジショニングしようとしたし，あるものはグローバル企業内部のサブ・グループの抽出およびポジショニングを試みた。あるいは，国際経営論では多国籍企業の海外子会社管理様式を基準にして，グローバル企業の特徴を抽出しようと試みた。こういった一連の研究を，類型化論と呼んだ。グローバル化研究におけるこれら類型化アプローチの特徴は，クロスセクション・データに基づいて戦略類型を抽出し[9]，その差異分析を意図してきた点にある。そこでは類型化の基準は何か，その基準によっていかなる類型が抽出できるか，抽出された類型の特徴と類型間の差異は何か，それを生み出した要因は何か，に分析の光が当てられていた。

　しかしながら本書は，グローバル類型化論を志向してはいない。それが共時的・静態的分析であるのに対し，本書は通時的・動態的分析を志向している。すなわち，「グローバル化はプロセスであり，小売企業はグローバル化の進展につれて「純粋グローバル」に向かってグローバルへの道を移行する」と認識している。このような認識に立てば，序章で示した本書の研究目的は，つぎのように再提示することができる。すなわち，

(1) グローバル企業はどのようなプロセスを経て純粋グローバルまで移行するのか，

(2) なぜそのプロセスを移行できるのか，

(3) 移行するにつれて，何がそれ以前と比べて変わっていくのか，の解明が

目的となる。

(図2-2) との関連で言うと，純粋グローバルが他との相対的関係において，今なぜグローバル空間上のそのポジションにあるのかを問おうとするのではない。本書は，最も進展度の高いグローバル企業である純粋グローバルが，そのポジションに到達することができた経緯に強い関心を持っているのである。

第2節 分析の特性

1. 分析の手法

上記の研究目的を達成するために用いた分析方法は，ケーススタディである。

(1)グローバル化をプロセスととらえていること，
(2)どのようにしてそのプロセスをたどったのか，換言するとグローバル化を目指す企業の行動そのものに関心を持っていること，
(3)なぜそのプロセスをたどることができたのかを明らかにしようとしていること，
(4)大量データをもとに計量的に抽出可能な類型化論を志向していないこと，
(5)小売企業のグローバル化に関する研究蓄積が極めて少ないこと，
(6)それゆえ，反証する対象としての既存理論らしきものが存在しないこと，

これらの条件下において最も有効な分析手法はケーススタディである[10]。小売企業のグローバル化という全く未知の現象に切り込むためには，できる限り現場に近づき，現場感覚で現象を把握することが必要である。「グローバルな小売企業は何をしているのか」さえ事前には分かっていない，ひょっとすると「どの企業がグローバルな小売企業なのか」さえ分からない状態からの出発かもしれない[11]。そんなとき，まずできる限り現実の動きに接近し，現場感覚を養いながらそれを知り，現実を認識する過程を通じて新たな事実

第2節 分析の特性 69

を発見するというアプローチは極めて有効である。ただ，一口にケーススタディと言っても，この手法の意義・有効性・限界については数々の解釈があり[12]，プロトタイプとしてのケーススタディを抽出することはかなり難しい[13]。本書ではケーススタディをつぎのように考え，実施した。

　すがるべき既存の「常識」とでも言える理論がなく，しかも研究対象となる現象の実像さえもつかみにくい場合，第1にすべきことはそういった「常識」作りの作業であり，そのための実像の理解である。そこでまず小売企業の第一線の実務担当者にインタビューを実施した。彼らが，実際に何を，どのようにしているのかを，彼らの口から直接聞き出すことによって，現場感覚を吸収しながら現象を知ろうとした。加えて，新聞・雑誌記事・内部資料など可能な限りのすべての2次資料を収集分析し，現象把握に肉づけを行った。この作業段階で注意すべきことは，第1に事前の解釈の必要性であり，第2はケース対象の選択である。前者について言うと，ケーススタディを行う場合，何のためにケーススタディを行うのかという研究目的を明確にしておく必要がある。ケーススタディは，「何となく気になった企業を対象に，何でもよいからとにかく話を聞き出して，何も解釈することなく，聞いた話をそのまま披露する」ものではない。「何を知るためにケーススタディをするのか，その目的達成のためには誰に話を聞けばよいのか，聞き出した話は何を意味し物語っているのか，それが明らかにしたい研究課題を解明するのにどう役立つのか」を明確に打ち出さなくてはケーススタディではない。その意味で言うと，前者のような無解釈・テープ起し型ケーススタディをいくら大量に積み重ねても，そこからは何の理論的貢献も期待されない[14]。だとするならば，ケーススタディに際しては事前に分析の視角を明確化しておく必要が出てくる。何を知るのかが分かっていても，それを知るためのルートは多様である。それが，しばしば言われる「切り口」である。それはちょうど山登りに似ている。足の向くままに出くわした山に上るわけではない。どの山に上るのかを決めなければならない。それだけではない。山には登頂ル

ートがいくつかある。どのルートから上るのか。これも事前に決定しておかねばならないのである。本書では,「小売企業のグローバル化」という山を目指している。そして登頂ルートは, 2つの戦略行動次元, つまり「出店行動と商品調達行動, およびそれらが織り成す相互依存関係」である。

　第2の留意点であるケーススタディの対象については, 両戦略行動次元において突出した事例を選択した。それがヤオハンと「良品計画」である。両社は, (1)純粋グローバルの先進的かつ代表事例であること, (2)しかもヤオハンは純粋グローバルの中の多製品型グローバルを, 良品計画はワンコンセプト・限定品揃え型グローバルをそれぞれ代表していること, (3)両社が欧米企業にしばしば見られるM&Aのような参入モードを採用してグローバル化するのではなく, 内部成長によるインクリメンタルなグローバル化を志向していること, が選択の理由である。

　こうして現時点における最も先進的かつ代表的な両社に対してケーススタディを行った。これによって第1の研究目的 ── どのようにして純粋グローバルになったのか ── が検討された。それと同時にケーススタディは, 第2・3の研究目的の解明に大きな貢献をするいくつかの仮説と発見物を与えてくれた。そしてその成果を詳細に検討することから, 小売企業のグローバル化に関する, ある理論仮説を提起した。そして最後にその仮説を, 大丸との比較ケース分析によって追試した[15]。

　以上のように, 本書ではケーススタディによって「断片的仮説および新しい概念の発見, そしてそれらの体系化による理論仮説の提起」を行った。ここでの成果は, あくまで理論仮説である。将来の反証を期待しての, 初の「常識」作りが本書の試みというわけである。

2. 研究のねらいと分析手法

　本書は, 3つの研究目的を解明しようとしている。そのための分析視角として2つの戦略行動次元に焦点を当て, これらを切り口に小売企業のグロー

バル行動の分析を試みている。このような分析枠組に対して，はたして小売企業のグローバル化は出店行動と商品調達行動という2つの行動次元だけで説明可能であるのかという疑念が予想される。実証主義的方法論の立場で言うところのいわゆる内的妥当性問題である[16]。それは，1つには出店行動と商品調達行動が小売企業のグローバル化を説明するのと同じ程度の説明力を持つ規定因が他に存在するのではないかという疑念であり，いま1つはこの2次元以外の規定因を含めてより包括的に説明する必要があるのではないか，という疑念である。より分かりやすく言えば，資金調達はどうするのか，人の問題はどうするのか，立地選択をどうするのか，情報収集はどうするのか，消費者への対応はどうするのか，などといった諸要因の中にいっそう重要な規定因が含まれるのではないのか。それらを排除しているかもしれない可能性をどうするのか，という問題である。

　この点についても，本書の分析アプローチであるケーススタディの特性から判断して，こういった疑念は全く問題の外である。出店行動と商品調達行動という2つの戦略行動次元は，想定できる多くの規定因の中から単なる思い付きで選択されたのではない。前節で詳しく述べたように，両次元は説得的な理由に基づいて選び出されている。そして選択された両次元を切り口として，「常識」作りとしての「理論仮説」の提起を試みたのが本書である[17]。したがって内的妥当性に関する批判および疑念は，そういった可能性の指摘としての意味を持つものではあるが，ここで提起される理論仮説の妥当性については何も意味していないのである。別の表現をするならば，本書のねらいはつぎのごとくである。

　チェーンストアがなぜ商圏による地理的制約を逃れて成長することができたのかと問われれば，それは単独店が獲得しえなかったチェーンストア・システムを作り上げたからであると答えることができる。システムの中身は仕入と販売の分離であり，厳密な計数管理であり，大量購買―低価格販売などである。このシステムを作り上げる上でチェーンストアは，資金はどうする

のか・立地をどうするのか・価格設定をどうするのか・物流をどうするのか等々の難問を解く必要が出てきた。その解決のために，建物・土地を自己所有にして資産価値を高めて融資を得るとか，支払いサイトと日々の現金収入との差を利用して資金力を確保したとかいった細部のノウハウが蓄積されていった。だがしかし，これらの困難性解決手段は，あくまでチェーンストア・システムという中核となる革新システムを支援する手段でしかない。このシステムの構築なしでは，たとえ資金が潤沢であっても，土地を持っていても，立地選択をうまくしても，チェーン展開は不可能であった。

　この状況は，グローバル化研究においても全く同様である。たしかに支援手段の実現困難性は存在する。あるいは他に重要な戦略行動次元が存在するかもしれない。だが仮にそうだとしても，グローバル化を可能にする中核システムを抽出することなしに，他の戦略行動の存在を注視したり，支援手段の実現困難性を解決する手段にのみ分析を集中したからといって，それでグローバル化が可能になるものでは決してない。本書の目的はいわばチェーンストア・システムに相当するグローバル・システムを明らかにすることにある。「チェーンストアはなぜ成長したのか。それはチェーンストア・システムという革新を実現したからである」という言明は意味を持つ。そのときに「いや資金の調達をうまくやったからだ，立地選択に成功したからだ，いや経営者のビジョンが決定的に重要だった」などという言明は，それ自体誤りではないが，上記の言明を否定するものではない。加えて言えば，資金や立地などは単独小売店にも重要な活動であって，チェーンストアに固有の困難性ではない。しかしチェーンストア・システムは大規模な小売企業の成長に必要な「固有の仕組」なのである。その意味で，グローバルな「固有の仕組捜し」が本書の課題なのである。

1）　清水　滋（1982），第10章参照。
2）　向山雅夫（1994）参照。

注 73

3) この点について詳しくは，向山雅夫（1990）参照。わが国でもようやく最近，グローバル化をこの2次元でとらえることについての合意が形成されつつあるように思われる。たとえば，上原征彦（1994）。

4) 三越は，明治39年に早くも韓国京城に出張員詰所を（昭和4年支店に改組），翌40年には大連出張員詰所（昭和4年支店に改組）を開設した。その後も昭和18年楡林支店・昭和20年には上海支店を設けている。高島屋は昭和13年，南京店・昭和15年には北京店・済南店を開設している。また大丸は，昭和15年に天津店を，さらにその後も奉天・広東・昭南・ラングーン・上海など東南アジア一円に広く支店を開設した。ピーク時には6つの支店・5つの百貨店・100以上の出張所・駐在所を設けたという。ただしそれらは基本的には現地在留邦人への商品供給を目的とし，さらに戦時には軍需対応の任を負う存在であり，終戦と同時に接収された。詳しくは，『大丸二百五拾年史』（1967），『高島屋150年史』（1987），『株式会社 三越85年の記録』（1990），参照。

5) 戦前・戦中の百貨店の海外出店の特徴と最近のそれとを，より詳細に比較研究する必要がある。過去の経験が最近の百貨店の海外展開とどんなつながりを持っているのか，過去と現在では店舗運営にどんな差異があるのかなどの視点からの比較研究は，小売企業のグローバル化研究に新たな視点を持ち込むことになるであろう。

6) 商品調達側面でのグローバルな動きを軽視してはならない。海外で生産された商品が輸入されるという点では，欧米ブランドの輸入と開発輸入は現象的に何ら変わりがない。しかしそれがグローバル化に持つインパクトの大きさは，全く比較にならない。最近価格破壊との関連で開発輸入が議論されることが多いが，開発輸入のグローバル化に与えるインパクトを見過ごしてはならない。本書ではこの側面に注目している。なお，価格破壊との関連における開発輸入の理解に関しては，田村正紀（1995），『日経流通新聞』，1994年12月20日第20面，向山雅夫（1995），参照。

7) 吉原英樹（1989）は，通常用いられる意味での国際化と対比して，日本の親会社の国際化を「内なる国際化」と呼んでいる。

8) ヤオハン・イトーヨーカ堂は，ウォルマートと商品供給に関する業務提携をしている。またイトーヨーカ堂は，メトログループとも同様の提携をしている。『日経流通新聞』，1994年3月29日，『日本経済新聞』，1994年12月26日。

9) 実際には，定量的データ分析に依拠した分類ではなくかなり恣意的な分類が多い。

10) 安室憲一（1992）は，グローバル企業経営を研究するに際して自然主義のパラダイムに立ってケーススタディを行った。その理由として，(1)仮説を導出するための検討に値するほどの十分な理論的研究の蓄積がなかったこと，

(2)統計的有意検定に耐えるだけの大量データが存在せず，利用可能でなかったこと，(3)得られた結果が常識に照らし合わせて「妥当である」と判断されうる「常識そのもの」が成立していないこと，を指摘している。

11) このような状況下での研究には，内部者と同一化して現象に迫るエスノグラフィックなアプローチが有効とされる。そこでは研究者自身の解釈を加えることなく，まさに現象と一体化した中で，できる限りありのままに現象をとらえようとする。しかしここでは，このアプローチは採用していない。その理由は，研究対象が安定的かつ特定化可能ではないからである。グローバル化という現象は，まさに現在進行中の現象であって，しかも現象自体の変動が激しくかつ予測不可能である。それゆえグローバルな小売企業を捜し出そうとしても，その存在自体が不明瞭である。現象が明確化され，それに見合う研究対象の存在が明らかであれば，エスノグラフィック・アプローチは有効であろう。しかし本書のような場合，現象の特定化・研究対象の特定化自体に解釈が不可欠である。それゆえ事前の解釈に基づいて，現象および研究対象が特定化され，それに従って現象をとらえる必要がある。エスノグラフィックなアプローチの分析手法としての有効性・限界については，金井壽宏（1994）第3章に詳しい。

12) この点については，沼上 幹（1995），佐藤郁哉（1992），Yin（1994）参照。

13) ケーススタディのプロトタイプを挙げることは難しいが，これを考える上で吉原英樹のケーススタディ手法に基づく一連の著作は非常に参考になる。吉原英樹（1984）（1986）（1989）など参照。

14) 理論構築に向けての素材を提供するという貢献はしていると考えることも不可能ではない。ただしここで言う理論的貢献とは，理論構築あるいは精緻化のための直接的寄与である。

15) Yin（1994）は，ケーススタディの結果をよりいっそう強化するために「追試の論理」を重要視している。

16) もちろん，ここでいう分析視角あるいは切り口を抽出するためのケーススタディの存在を否定するものではない。しかしあくまで研究の目的はある現象を説明する理論の構築にあって，そのための切り口の発見にあるのではない。したがって，事前に何らかの切り口を設定し，その切り口から覗いた場合何が見えてくるのかを知ることがケーススタディの強みなのである。したがって切り口捜しのケーススタディは，ケーススタディの強みを十分に活用していないように思われる。

17) 実証主義的方法論の視点から見た事例研究に対する批判については，沼上幹（1995），参照。

第3章　わが国小売企業のグローバル化実態

　小売企業のグローバル化を2つの戦略行動次元を切り口として分析することが，本書の基本視角である。次章以降でその議論が展開されることになるが，それに先立ちここではまず，わが国の小売企業がどの程度グローバル化しているのかを把握しておくことにする。言うまでもなく実態把握に際しての分析次元は，2つの戦略行動次元，すなわち出店行動と商品調達行動である。

第1節　出店行動のグローバル化

　わが国小売企業の海外出店がどの程度，いつ頃から関心を集めてきたのかを簡単に確認するために，日経四紙を対象にしてキーワードによる記事検索を行った。その結果は（表3-1）のとおりである。海外出店については，「業態名（専門店・百貨店・スーパー）⇒出店⇒海外」をキーワードとして記事を絞り込んだ。これによると，1975年から1985年まで海外出店行動に関する記事は全く表れてこない。ようやく1986年にわずか6件のみ記事が登場する。ところがそれ以降，掲載件数は一気に増加していく。1990年までは毎年相当数の記事が登場し，その後件数は減少に向かっている。これから判断する限り，わが国小売企業の海外出店は，円高が進行し始めた1985年以降急速に活発化し，それに伴って記事掲載件数も増加していったと考えることができよう。この点について，さらに詳しく実態を分析してみよう[1]。

第3章 わが国小売企業のグローバル化実態

(表3-1) 海外出店・開発輸入関連記事件数

	海外出店				開発輸入
	合 計	専門店	百貨店	スーパー	
1975-79年	0				184
1980年	0				38
1981年	0				78
1982年	0				28
1983年	0				20
1984年	0				27
1985年	0	2	2	2	32
1986年	6	28	17	12	54
1987年	57	24	20	20	116
1988年	64	37	32	20	204
1989年	89	29	25	12	158
1990年	66	19	21	6	127
1991年	46	15	14	4	62
1992年	33	24	9	6	46
1993年	39	15	12	9	79
1994年	36	8	5	9	104
1995年	22				66

(注) 1995年は7月末までの時点

(表3-2) 業態別出店数

	出店数	構成比(%)
専門店	135	46.2
百貨店	81	27.8
スーパー	76	26.0
合 計	292	100

1. 全体的出店状況

1-1. 業態別出店数

1995年7月現在，わが国の小売企業36社が，合計292店舗を海外に展開している。これを業態別に見ると（表3-2）のごとくである。すなわち専門店が135店舗と最

第1節　出店行動のグローバル化　77

も多く，全体の半数近くを占めている。

1-2. 地域別出店数

これを出店している地域別に見たのが，（表3-3）である。出店地域を，アジア・欧州・アメリカ（北米）に3分類した場合，アジアが圧倒的に多く80％を上回っていることが分かる。これをそれぞれの地域内の出店先国の数で内訳を見ると（表3-4），アジア11カ国・欧州7カ国・アメリカ2カ国であり，各地域内の主要国に既に出店をすませていることがうかがえる。

（表3-3）　地域別出店数

	出店数	構成比(%)
アジア	244	83.5
欧州	25	8.6
アメリカ	23	7.9
合計	292	100

（表3-4）　地域別出店先国数

	国数	構成比(%)
アジア	11	55.0
欧州	7	35.0
アメリカ	2	10.0
合計	20	100

1-3. 国別出店数

出店先20カ国への店舗の展開状況を示したのが，（表3-5）である。アジアへの高い出店率を支えているのは，香港・台湾・中国・シンガポールへの店舗集中であり，これら4カ国で総海外店舗の67.8％（292店舗中198店舗）を占めている。

1-4. 業態──地域別出店数構成比

業態ごとで出店先地域に特徴が見られるであろうか。（図3-1）は各業態の地域別出店数の構成比を，（図3-2）は各地域での業態別出店数構成比を見たものである。

これによると，
(1)専門店・スーパーはアジア中心に展開している。特に専門店はアジア集中出店である（94.1％）。
(2)百貨店は他の業態と比較して，欧州にかなり多く出店している。
(3)結果として，アジアの日系店舗のおよそ半数が専門店である。
(4)専門店はアメリカでにはほとんど出店していない，ことが分かる。

78　第3章　わが国小売企業のグローバル化実態

(表3-5)　国別出店数

	出店数	出店地域
香　　　港	82	アジア
台　　　湾	51	アジア
中　　　国	35	アジア
シンガポール	30	アジア
アメリカ	22	アメリカ
タ　　　イ	18	アジア
マレーシア	17	アジア
イギリス	10	欧　州
フランス	8	欧　州
マカオ	4	アジア
インドネシア	3	アジア
スペイン	2	欧　州
ドイツ	2	欧　州
オーストラリア	2	アジア
ブルネイ	1	アジア
カナダ	1	アメリカ
コスタリカ	1	アジア
イタリア	1	欧　州
オランダ	1	欧　州
オーストリア	1	欧　州

1-5. 売場面積別出店数

　出店した店舗の規模を売場面積を基準に分類したのが，(表3-6)である。100㎡未満の小規模店舗の数が86店舗，全体の29.5％を占めている。このすべてが専門店である。一方10,000㎡を越える大規模店舗が43店舗を数え，最大はそごうのクアラルンプール店の57,900㎡で(巻末付表参照)，日本国内におきかえても最大級の店舗を海外で出店していることになる。

第1節 出店行動のグローバル化　79

（図3-1） 業態別地域別出店数構成比(%)

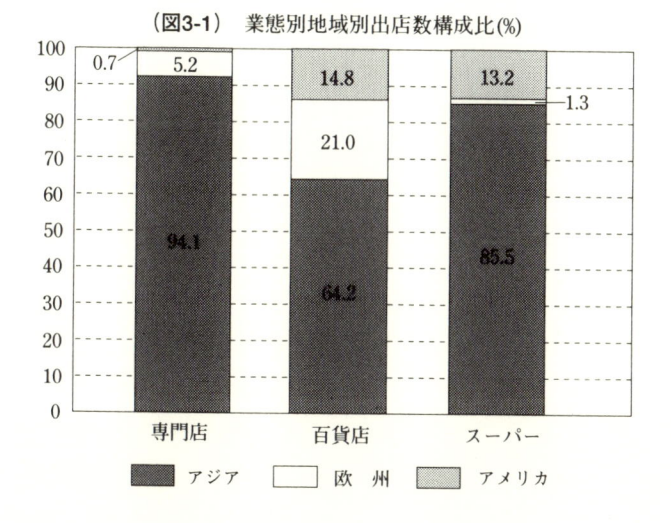

	専門店	百貨店	スーパー
アメリカ	0.7	14.8	13.2
欧州	5.2	21.0	1.3
アジア	94.1	64.2	85.5

（図3-2） 地域別業態別出店数構成比(%)

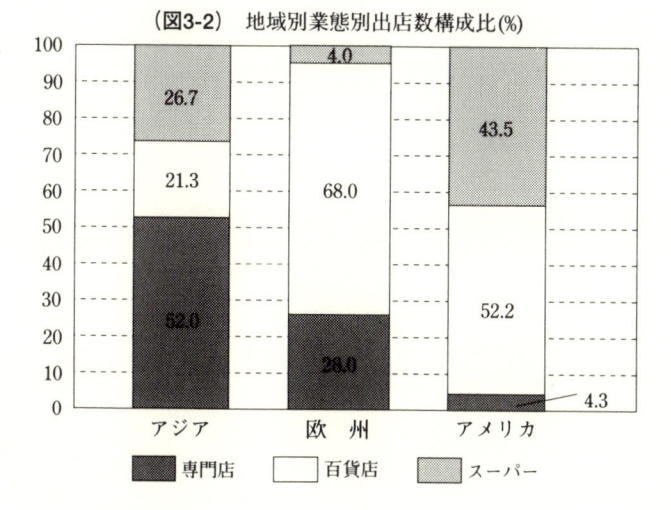

	アジア	欧州	アメリカ
スーパー	26.7	4.0	43.5
百貨店	21.3	68.0	52.2
専門店	52.0	28.0	4.3

2．年代別出店状況

2-1．年代別出店数

　現存する最も早期に出店した店舗は，大丸の香港ファッションスクエア店（1960年11月）である。既に撤退した事例を含めるとこれ以外にも若干1960年

（表3-6） 売場面積別出店数

	出店数	構成比(%)
－100㎡	86	29.5
100－1,000㎡	95	32.5
1,000－5,000㎡	43	14.7
5,000－10,000㎡	25	8.6
10,000㎡－	43	14.7
合　計	292	100

（表3-7） 年代別出店数

	出店数	構成比(%)
1960－64年	1	0.3
1965－69年	0	0
1970－74年	7	2.4
1975－79年	11	3.8
1980－84年	17	5.8
1985－89年	56	19.2
1990－94年	188	63.3
1995－　年	12	5.2
合　計	292	100

（表3-8） 出店年代別・業態別出店数

	専門店	百貨店	スーパー
1960年代	0	1	0
1970年代	1	14	3
1980年代	19	30	24
1990年代	115	36	49

代に出店は見られるが、本格的に出店が相次ぎ始めるのは1970年代以降である[2]。（表3-7）は、1960年以降5年毎の出店数の推移を示している。毎期ごとに出店数が増加し続けていることが明らかである。そして直近の1990-1994年に出店した店舗数が、全体の実に63.3％を占めている。小売企業の海外出店は今まさに盛りなのである。

2-2．年代別・業態別出店数

年々出店数が増加していることが明らかになったが、それではどんな業態が出店しているのであろうか。（表3-8）は、業態別に出店数の推移を見たものである。これによると、わが国の海外出店にまず先鞭をつけたのは百貨店であり、1960年代から1970年代は百貨店の時代であったと言える。1980年代に入ると専門店・スーパーがこれに続き、ほぼ3者が均衡した出店状況であった。ところが1990年に入ると百貨店の出店はやや鈍り始め、それとは対照的に専門店の出店が加速しているのである。

2-3. 年代別・地域別出店数

地域別に見て出店はどのような状況にあるのかを見たのが（表3-9）である。明らかな特徴は，1980年代以降，アジアへの出店が飛躍的に増加していることである。アメリカ・欧州への出店は数の上では減少こそしていないものの，出店数に占める相対的なウエートは減少傾向にあり，アジア諸国の市場成長を背景にした出店先のシフトがかなりドラスティックに発生しているように思われる。

2-4. 年代別・国別出店数

アジアでの急速な出店の増加は，国別にどのような傾向を示すのであろうか。10店舗以上出店しているアジアの主要出店先6カ国を対象に，年代別に動向を見たのが（表3-10）である。この表は興味深い傾向を示している。それは，(1)アジアの中では香港・シンガポールが出店先としては早期に選択

（表3-9）　出店年代別・出店地域別出店数（（　）は構成比）

	アジア	欧州	アメリカ
1960年代	1(100)	0	0
1970年代	6(33.3)	8(44.4)	4(22.3)
1980年代	60(82.2)	4(5.5)	9(12.3)
1990年代	177(88.5)	13(6.5)	10(5.0)

（表3-10）　アジア主要国国別・年代別出店数（（　）は構成比）

	1960年代	1970年代	1980年代	1990年代	合計
香　　港	1(1.2)	3(3.7)	25(30.5)	53(64.6)	82(100)
台　　湾	0	0	6(11.8)	45(88.2)	51(100)
中　　国	0	0	2(5.7)	33(94.3)	35(100)
シンガポール	0	2(6.7)	11(36.7)	17(56.6)	30(100)
タ　　イ	0	0	7(39.0)	11(61.0)	18(100)
マレーシア	0	0	8(47.1)	9(52.9)	17(100)

82　第3章　わが国小売企業のグローバル化実態

されていること，(2)1980年代に入ってマレーシア・タイがそれに続いていること，(3)1990年代になると中国・台湾が一気に出店先としてクローズアップされていること，である。

2-5．年代別・地域別・業態別出店数

2-5-1．アジア地域

アジア地域において，各業態はどのような出店状況にあるのだろうか。(表3-11)から分かるように，アジアにおいてはすべての業態で出店数は年度ごとに増加している。中でも専門店の1990年代における急増には目を見張るものがある。わが国小売企業の海外出店は1990年代に入ってアジアを中心に急増し，その主たる担い手の地位には百貨店・スーパーに代って専門店がついたのだといえる。

2-5-2．欧州地域

(表3-12)から分かるように，かつてはわが国の小売企業にとって欧州は百貨店の独壇場であった。1980年代以前には，百貨店以外の業態の欧州出店は見られなかったのである。ところが1990年代に入ると専門店が欧州に出店を開始し，数の上では百貨店を上回るに至っている。

(表3-11) 年代別・業態別出店数（アジア）

	専門店	百貨店	スーパー
1960年代	0	1	0
1970年代	1	2	3
1980年代	19	21	20
1990年代	107	28	42

(表3-12) 年代別・業態別出店数（欧州）

	専門店	百貨店	スーパー
1960年代	0	0	0
1970年代	0	8	0
1980年代	0	4	0
1990年代	7	5	1

2-5-3．アメリカ地域

アメリカについても1970年代以前は百貨店のみが出店していた。しかし1980年代に入ってまずスーパーが進出し，1990年代には数の上ではスーパーの出店数が百貨店を上回っている[3]。しかし傾向としては，アジア・欧州と比較するとアメリカ地域への進出は頭打ち状態にあるように思われる（表3

2-6. 年代別・売場面積規模別出店数

（表3-14）から、5,000—10,000㎡クラスを除くすべての規模クラスで出店数が一貫して増加傾向にあり、とりわけ100㎡以下・100—1,000㎡クラスが急増していることが分かる。また10,000㎡以上の大規模クラスの増加もかなり目立っている。一方で、5,000—10,000㎡クラスは1990年代に入ってはじめて減少を見せている。規模の点から言うと、小規模クラスと大規模クラスの2つへの分化傾向がうかがえる。

この規模クラス別の出店数の変化は、出店業態の規模変化と密接に結び付いている。そこでこの点を確認しておこう。（表3-15）から、

（表3-13）　年代別・業態別出店数（アメリカ）

	専門店	百貨店	スーパー
1960年代	0	0	0
1970年代	0	4	0
1980年代	0	5	4
1990年代	1	3	6

（表3-14）　売場面積規模別出店数の推移

	1960年代	1970年代	1980年代	1990年代
－100㎡	0	1	12	73
100—1,000㎡	0	7	19	69
1,000—5,000㎡	0	7	13	23
5,000—10,000㎡	1	2	12	10
10,000㎡—	0	1	17	25

（表3-15）　業態別平均売場面積の推移（㎡）

	1970-74年	1975-79年	1980-84年	1985-89年	1990-95年
全業態	3,267.3	1,911.2	1,982.2	5,353.1	3,590.4
専門店	—	64*	105.5	108.3	147.1
百貨店	1,533.5	1,248.1	4,532.8	6,275.7	10,019.1
スーパー	13,670*	5,487	7,754.3	8,807.9	7,356.9

（注）　*は出店が1店舗のみ

(1)全業態で見ると，平均売場面積の推移に一貫した傾向は見られないが，1990年代に入って大幅に出店規模が小さくなっている点が特徴的である，
(2)専門店は徐々に売面を増加させつつあるものの，一定の範囲内でほぼ規模を維持しているといえる，
(3)百貨店の一貫した売場面積規模拡大が顕著であり，特に1990年代に入っての飛躍的な拡大が注目される，
(4)それに対して，スーパーは拡大を続けていた店舗規模を1990年代に入って大きく縮小しており，百貨店の平均売面を下回るまでに至っている，

ことを知ることができる。

3．企業別出店状況

3-1．企業別平均売場面積

（表3-16）は企業ごとの平均売場面積の一覧である。専門店各社は100㎡内外の規模に集中しており，さらに500—1,500㎡前後の規模クラスには食

（表3-16） 企業別平均売場面積（㎡）

三　　峰	37.3	タカキュー	787.0
アイマリオ	59.5	いなげや	1,510.1
三　　愛	62.0	松　坂　屋	1,980.6
詩　仙　堂	72.3	三　　越	2,462.2
キャビン	73.5	伊　勢　丹	4,981.3
鈴　　屋	88.8	西　　武	6,927.5
レリアン	99.7	東　　急	7,087.1
スリーエム	134.8	大　　丸	8,473.1
マルショウ	138.6	ヤオハン	9,034.9
良品計画	161.1	西　　友	11,171.7
サミット	622.0	高　島　屋	11,950.0
青山商事	644.2	ジャスコ	12,508.9
丸　　久	716.1	そ　ご　う	15,100.0

品スーパー各社が続いている。それに対し，百貨店各社には大きな規模のばらつきが見られる。百貨店としては極めて小さい規模から巨艦主義ともいえる大規模なものまで，そこには各社の海外出店戦略の差異が反映しているようである。その差異の主要部分は，出店地域の選択にあると思われる。すなわち，欧米を主たる出店先とする企業では現地消費者を顧客ターゲットとせず，在留邦人・旅行客を標的とするため品揃えが限定的になり，結果として店舗は小規模となる。一方，アジア地域を中心に店舗を出店する企業は，中間大衆化しつつある現地消費者をターゲットとするため品揃えは自ずから広がり，店舗は大規模化するのである。またスーパー各社は，同じく中間大衆をターゲットにしているため，大規模店舗を展開している。

3-2. 海外店舗展開行動

　海外に出店し複数の店舗を展開しようとするとき，店舗展開に関して3つの行動パターンが考えられる。その第1は，特定の国に特化しその国の内部でチェーン化を進めようとするものである。第2は，特定国に深く進入するのではなく，複数国にまたがって店舗を分散的に展開しようとするパターンであり，第3は両者を同時追求するパターンである。わが国の小売企業は，海外への出店行動を活発化させつつあるが，はたしてどのパターンをとっているのであろうか。

　(表3-17)は，これをまとめたものである。ここでチェーン化度とは，特定国への店舗の集中度を意味し，第1の店舗展開行動パターンを示している。チェーン化度は，1カ国当たりの出店店舗数である（海外店舗数／出店先国数）。この値が高い企業は，特定国に対して集中的に多店舗化を図っていると見なすことができる。また多国化度とは，複数国への展開状況であり，第2のパターンを示している。これは，1店当たりの単独出店先国数である（単独出店先国数／海外店舗数）。1店舗のみ出店しているだけの国の数を基準化のために海外店舗数で除したものがこれである。たとえば5カ国展開し，各国にそれぞれ1店舗のみ出店している場合，この企業は多国化を進めてい

86　第3章　わが国小売企業のグローバル化実態

(表3-17)　海外店舗行動の特徴

		チェーン化度	多国化度			チェーン化度	多国化度
伊　勢　丹	D1	2.5	0.15	丸　　　久	S14	7	0
西　　　武	D2	1	1	良 品 計 画	15	4.67	0.07
東　　　急	D3	1.75	0.29	三　　　愛	16	9	0.04
三　　　越	D4	1.5	0.53	タカキュー	17	2	0.25
松　坂　屋	D5	1.33	0.5	三　　　峰	18	6	0
そ　ご　う	D6	1.63	0.23	詩 仙 堂	19	1.33	0.5
大　　　丸	D7	1.8	0.11	マルショウ	20	5	0
高　島　屋	D8	1	1	アイマリオ	21	2	0.25
ヤ オ ハ ン	S9	3	0.18	青 山 商 事	22	2.5	0.2
ジ ャ ス コ	S10	4.67	0	レ リ ア ン	23	3	0
西　　　友	S11	1.5	0.33	スリーエム	24	16	0
いなげや	S12	7	0	キ ャ ビ ン	25	4	0
サ ミ ッ ト	S13	4	0	鈴　　　屋	26	8	0.04

(注)　2店舗以上海外で展開している企業を対象

る企業であり，多国化度は1になる。また1カ国にだけ5店舗展開している企業の多国化度は0になる。これをチェーン化度と多国化度からなる空間上にマッピングしたものが（図3-3）である。破線は各社の平均値を表している。

ここには企業間での興味深い海外出店戦略の差異を見いだすことができる。それはつぎのごとくである。

(1)百貨店は，店舗を多国間に分散的に展開している（8社中6社がこのパターンをとる），

(2)スーパーは，店舗を特定国に集中的に展開している（6社中4社がこのパターンをとる），

(3)専門店では複数国にまたがらず，特定国のみに出店を特化する企業が目立つ（12社中5社），

(図3-3) 海外店舗展開行動マップ

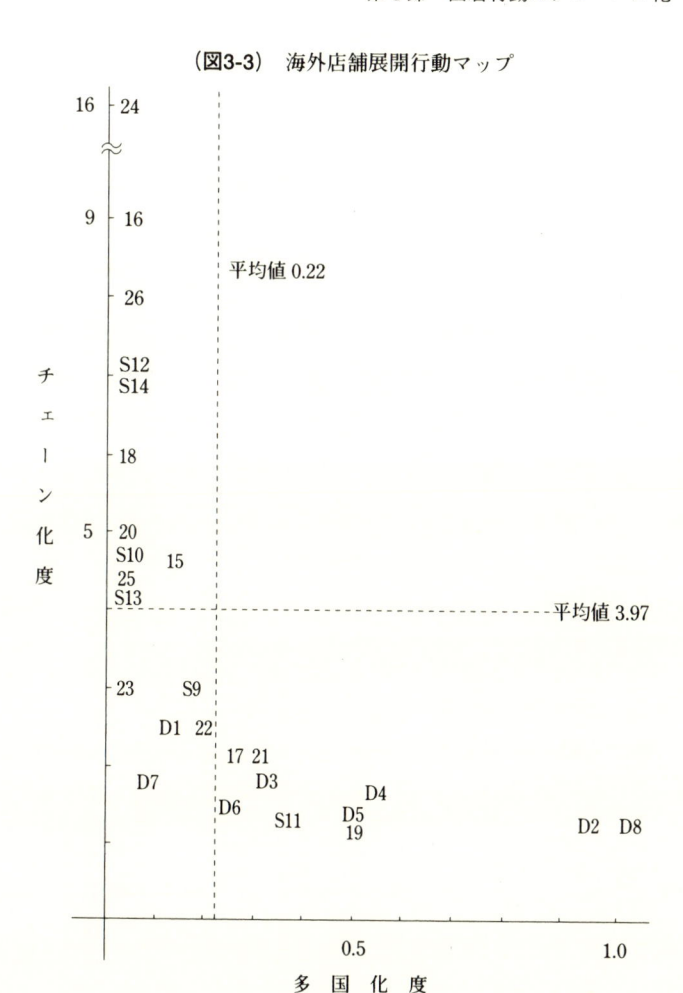

```
チ  16 ┤ 24
ェ     ≈
ー   9 ┤ 16
ン              平均値 0.22
化       26
度
         S12
         S14
        18
      5 ┤ 20
         S10    15
         25
         S13 ─────────────────── 平均値 3.97
        23    S9
            D1  22
              17 21
         D7    D3    D4
              D6   S11  D5        D2  D8
                       19
        └──────────┬──────────┬──────
                  0.5        1.0
                  多 国 化 度
```

(4) 両指標ともに平均値を上回るような典型的な第3パターンの企業は存在しないが，2つのパターンを最もバランスよく展開しているのは，ヤオハンと良品計画である。また伊勢丹・大丸・青山商事も同様の傾向を示している。

第2節 商品調達行動のグローバル化

　商品調達行動のグローバル化は，典型的には海外からの商品調達として表れる。かねてから海外からの商品調達は，海外有名ブランドの輸入として行われてきた。その主たる担い手は百貨店，とりわけ大手の都市百貨店であった。そこでは海外からの調達商品は，高級品を中心として自社のプレステージを高め他社と差別化するための商品として位置づけられてきた。ところがこのような海外からの商品調達に新しい動きが見え始めている。その第1は，海外からの調達主体の多様化である。円高の進行によって輸入商品価格が大幅に低下したことや，輸入商品が閉鎖的と指摘される日本の流通システムを開放型の流通システムに転換させるための手段として期待されていることなどの理由から，大手都市百貨店以外に，地方百貨店・スーパー・専門店その他多様な業態が，積極的に海外からの商品調達に取り組むようになってきている。第2は，開発輸入の拡大である。前節で示した（表3-1）によると，1985年以降開発輸入が活発化し，それに伴って記事掲載機会が急激に増加しているのが分かる[4]。開発輸入は，他社依存的な商品調達から生産工程を川上に溯る自立的商品調達への転換を促すものである。この限りでは，従来からのPB開発と何ら変わりがないように思える。しかし事実は全く異なっている。海外において，しかも川上に溯って生産工程に関わることのグローバルな意味は，極めて重要である（やや議論を先取りすれば，この点が小売企業のグローバル化の鍵を握っている）。

　以下ではこれらについて詳細に検討することにしよう。

1．海外からの商品調達動向

1-1．製品輸入動向

　海外から小売企業によってどの程度商品が調達されているのかを正確に知

ることはできないが，まず通関統計をベースにした製品輸入動向を見ることによって，その概略を見ておこう。(表3-18) は，わが国の製品輸入動向を示している。製品輸入には，小売企業の手になるものだけではなく，あらゆる主体によって輸入されたすべての製品が含まれているため，実際に小売企業によって輸入された部分はこれより大幅に少ないことになる。しかし，この表から製品輸入はほぼ年々増加を続けており，今や総輸入額の過半数が製品の形で輸入されていることが分かる。この製品輸入を輸入先の地域別に見たのが (表3-19) である。明らかに読みとれる傾向は，(1)輸入先としてアジアNIES諸国の地位が低下し始めていること，(2)それに代わってASEAN諸国・中国からの輸入割合が増加しつつあること，特に中国の比重が急速に高まってい

(**表3-18**) 製品輸入比率の推移

	製品輸入比率(%)
1987年	44.1
1988年	49.0
1989年	50.3
1990年	50.3
1991年	50.8
1992年	50.2
1993年	52.0
1994年	55.2

出典：日本貿易振興会，『日本の製品輸入』
1991年・1994年より作成

(**表3-19**) 製品輸入地域別構成比 (%)

	アメリカ	EU	アジアNIES	ASEAN	中国	その他	合計
1987年	26.8	23.0	18.9	3.4	4.5	23.4	100
1988年	25.6	22.6	19.9	3.7	5.1	23.1	100
1989年	26.5	22.8	19.3	4.7	5.4	21.3	100
1990年	27.5	26.1	16.1	4.9	5.2	20.2	100
1991年	28.1	22.8	16.8	6.3	6.9	19.1	100
1992年	27.3	22.8	16.4	7.4	9.2	16.9	100
1993年	27.3	20.5	16.0	8.5	11.3	16.4	100
1994年	26.6	20.1	15.8	8.8	12.9	15.8	100

出典：(表3-18) と同じ

ること，である。

1-2. 業態別直輸入・開発輸入の現状

小売業の各業態がどの程度輸入に関わっているかを示す公的統計は見当たらない。そこで，これに関して実施されたアンケート調査結果に依存して，確認をしておこう[5]。（表3-20）は，平成4年度の各業態の小売企業1社当たりの平均輸入品売上高を示している。また（表3-21）は各輸入品の構成比をまとめたものである。ここからいくつかの特徴が読みとれる。

(1) GMS[6]が1社当たり最も多く輸入品を扱っているが，その伸び率は他の業態と比較してあまり高くない。

(2) 通販の輸入品の取扱いが相当多く，かつ伸び率が非常に高い。

(3) 開発輸入売上の最も大きいのは，通信販売であり，しかも直接輸入のすべてが開発輸入によるものである。また総売上高に占める輸入品売上高の比率も婦人服についで高い。

(4) 百貨店の開発輸入売上高はわずかであり，総輸入に対する開発輸入比率

(表3-20) 平成4年度1社平均輸入品売上高 （億円）

（集計者数）	総売上高	輸入品総売上高	対前年伸び率(%)	開発輸入売上高	対前年伸び率(%)
全体(79社)	2,289	227	1.8	54.4	7.7
百貨店(23社)	3,296	262	−13.4	15.0	−29.0
GMS(8社)	8,171	1060	9.6	314.0	5.2
スーパー(11社)	911	40	12.3	5.2	23.9
CVS(2社)	6,683	59	12.5	14.0	27.3
通販(3社)	1,355	363	32.9	343	33.8
婦人服(7社)	235	89	18.7	12.0	19.2
紳士服(6社)	459	107	−2.6	21.0	8.7
HC(6社)	570	19	32.9	4.8	38.1
家具(3社)	107	14	4.9	10	40.9

出典：流通問題研究協会（1994），p.20，（表1）を修正

第2節　商品調達行動のグローバル化　91

(表3-21)　輸入品売上高構成比 (%)

（集計者数）	直接輸入／総売上高	開発輸入／直接輸入	総輸入／総売上高	直接輸入／総輸入	開発輸入／総輸入
全体(79社)	3.7	63.9	9.9	37.5	24.0
百貨店(23社)	1.7	26.7	8.0	21.6	5.73
GMS(8社)	4.6	84.1	13.0	35.2	29.6
スーパー(11社)	2.2	26.4	4.4	49.2	13.0
CVS(2社)	0.6	33.3	0.9	71.8	23.7
通販(3社)	25.3	100	26.8	94.5	94.5
婦人服(7社)	30.6	17.3	37.8	80.9	13.5
紳士服(6社)	8.0	56.6	23.2	34.6	19.6
HC(6社)	1.9	45.3	3.3	56.6	25.3
家具(3社)	10.0	96.9	13.7	72.7	71.4

出典：流通問題研究協会（1994），p. 21,（表2）に加筆・修正

　が最も低く，わずか5.73%にすぎない。また輸入する場合に直接輸入形態をとる比率が最も低い（21.6%）。

　このことから，第1に，輸入品の取扱いは全業態に広く浸透しており，絶対額は低いながら通販・HCなどの新業態の積極的な取り組みが目立っていること，第2にかつて輸入品取扱いの主座についていた百貨店の取組みが消極的であり，特に自らの手になる輸入に遅れをとっていること，が明らかである。

2．開発輸入の構造と特性
2-1．**百貨店とチェーンストアの開発輸入動向**[7]

　開発輸入に対する百貨店の取組みが遅れていることは，既に指摘したとおりである。（表3-22）は，1986年度以降の百貨店の開発輸入販売額の推移を見たものであるが，輸入品に占める開発輸入の割合は1991年度以降は5%未満にすぎず，ここでも百貨店が開発輸入に対して積極的でないことが指摘で

(表3-22) 百貨店の開発輸入販売実態 (億円, %)

	輸入品販売額	開発輸入			
		販売額	直接輸入比率	間接輸入比率	開発輸入比率
1986年度	4152.7	125.7	65.5	34.6	3.0
1987年度	4975.9	216.5	64.3	35.7	4.4
1988年度	5808.3	374.8	66.2	33.8	6.5
1989年度	7269.3	522.8	68.0	32.0	7.2
1990年度	7956	530.6	67.3	32.7	6.7
1991年度	6962.6	318.8	51.1	48.9	4.6
1992年度	6095.7	209.7	60.7	39.3	3.4
1993年度(見通し)	6232.9	227	59.7	40.3	3.6

出典:日本百貨店協会,「全国百貨店の輸入品販売の現状と見通し」,平成5年, p.23を修正

きる。加えて開発輸入の手法も[8], およそその30—40%が第三者の手を借りた間接輸入によるものであることも, 再確認できる。

それに対してチェーンストアの開発輸入比率はおよそ30%程度で推移しており, 百貨店と比べると相当の開きがある。さらに間接輸入手法による開発輸入は, 1993年度には34.0%で, 百貨店の値よりも低くなっている。これらのことから, 開発輸入に対してはチェーンストアの積極性が百貨店を大きく上回っているといえる (表3-23)。

(表3-24) (表3-25) は, 商品種類別の開発輸入の販売額構成比を見たものである。百貨店の開発輸入は, 徐々に低下傾向を示しているとはいえその80%近くが衣料品 (身の回り品・ファッショングッズ・日用雑貨を含む) 分野に集中している点に大きな特徴がある。チェーンストアでは食料品が主たる分野で, 衣料品は30—40%であり, 百貨店と比べて商品種類間でバランスのとれた開発輸入が行われている。

つぎに, 開発輸入を行う場所がどこであるのかを見てみよう。(表3-26)

第2節 商品調達行動のグローバル化

(表3-23) チェーンストアの開発輸入売上実態（億円，％）

	輸入品売上高	売上高	開発輸入		
			直接輸入比率	間接輸入比率	開発輸入比率
1990年度	10,798	2,616	65.0	35.0	24.2
1991年度	11,742	3,813	73.1	26.9	32.5
1992年度	12,762	3,799	70.2	29.8	29.8
1993年度	13,750	4,323	66.0	34.0	31.5

出典：日本チェーンストア協会，「チェーンストアにおける製品輸入の実態」，各年版より作成

(表3-24) 百貨店の商品別開発輸入販売額構成比(%)

	衣料品	食料品	住関連・その他
1986年度	85.8	9.9	4.3
1987年度	82.6	9.4	8.0
1988年度	91.2	4.0	4.8
1989年度	88.8	3.4	7.8
1990年度	87.8	4.2	8.0
1991年度	76.6	4.4	19.0
1992年度	75.4	7.3	17.3

出典：(表3-22)と同じ，p.24を修正

（表3-27）は，地域別の開発輸入構成比の推移を示している。両調査で地域の括りに差異があるが，百貨店・チェーンストアともに東アジア・東南アジア地域を主たる開発輸入地としているという点で共通している。ただ傾向としては百貨店ではアジア地域での開発輸

(表3-25) チェーンストアの商品別開発輸入売上高構成比(%)

	衣料品	食料品	住関連・その他
1990年度	36.9	47.5	15.6
1991年度	42.0	45.2	12.8
1992年度	40.6	42.6	16.8
1993年度	32.5	53.6	13.9

出典：(表3-23)と同じ

(表3-26) 百貨店の地域別開発輸入販売額構成比(%)

	西ヨーロッパ	アメリカ	東アジア	東南アジア	その他
1986年度	15.7	1.7	75.4	7.1	0.1
1987年度	19.9	3.6	68.8	7.7	0
1988年度	16.7	3.7	67.9	9.9	1.8
1989年度	20.6	3.1	67.3	7.3	1.6
1990年度	21.8	2.9	66.0	8.1	1.2
1991年度	29.5	0.4	57.1	8.8	4.2
1992年度	39.1	0.6	45.4	14.3	0.7

出典：(表3-24) と同じ
(注) 東アジアは，中国・韓国・香港・台湾を指す
東南アジアとはASEAN諸国を指す

(表3-27) チェーンストアの地域別開発輸入売上高構成比(%)

	ヨーロッパ	北　米	東・東南アジア	オセアニア	その他
1990年度	3.2	9.7	77.3	2.2	7.6
1991年度	3.8	17.4	74.6	3.3	1.0
1992年度	2.9	15.7	75.9	4.6	0.9
1993年度	3.0	14.2	77.6	4.2	1.0

出典：(表3-23) と同じ

入のウエートが減少しつつあるのに対して，チェーンストアではアジア地域の重要性は徐々にではあるが高まりつつある。また百貨店の特徴として，ヨーロッパでの開発輸入のウエートがかなり高く，かつヨーロッパの地位が高まる傾向を見せていることが指摘できる。

最後に商品種類別の開発輸入場所について見ておこう。(表3-28)(表3-29)は，百貨店・チェーンストアのそれをまとめたものである。両者を比較した特徴はつぎのごとくである。(1)百貨店の衣料品はヨーロッパが主たる開発輸入地であるのに対し，チェーンストアでは一貫してアジア地域が主流である。ただし1992年度には百貨店でもアジア地域の重要性が急速に高まって

第2節 商品調達行動のグローバル化　95

(表3-28) 百貨店の商品別・地域別開発輸入販売額構成比の推移 (%)

		西ヨーロッパ	アメリカ	東アジア	東南アジア	その他
衣料品	1989年度	64.5	15.2	16.6	3.3	0.4
	1990年度	61.4	25.2	10.5	2.4	0.5
	1991年度	65.0	18.8	13.2	2.8	0.2
	1992年度	32.6	0.6	52.5	13.4	0.9
食料品	1989年度	79.6	10.2	4.1	4.1	2.0
	1990年度	80.9	13.7	3.9	1.5	0
	1991年度	71.1	13.7	6.1	0.5	8.6
	1992年度	90.3	1.3	6.5	1.9	0
住関連・その他	1989年度	51.7	36.4	10.4	0.7	0.8
	1990年度	57.9	36.0	3.8	1.2	1.1
	1991年度	65.0	18.6	10.4	4.5	1.5
	1992年度	45.5	0	30.9	23.4	0.2

出典：(表3-22) と同じ, p.25を修正

(表3-29) チェーンストアの商品別・地域別開発輸入売上高構成比の推移 (%)

		ヨーロッパ	北米	東・東南アジア	オセアニア	その他
衣料品	1990年度	1.1	0.07	91.3	0	7.53
	1991年度	1.2	1.8	96.3	0	0.7
	1992年度	1.3	0.3	98.2	0	0.2
	1993年度	2.2	1.2	96.4	0	0.2
食料品	1990年度	4.5	29.2	52.6	5.5	8.2
	1991年度	4.8	39.4	47.5	7.4	0.9
	1992年度	5.1	37.0	45.8	10.7	1.4
	1993年度	4.5	36.7	45.5	11.4	1.9
住関連・その他	1990年度	7.7	1.4	81.3	2.8	6.8
	1991年度	7.8	3.6	84.8	2.0	1.8
	1992年度	1.4	0.2	96.6	0.8	1.0
	1993年度	1.9	0.7	96.0	0.3	1.1

出典：(表3-23) と同じ

いる。(2)食料品については，百貨店ではやはりヨーロッパが主たる地域であるのに対し，チェーンストアではヨーロッパのウエートは低く，アジア・北米が中心である。(3)住関連・その他の商品については，やはり百貨店はヨーロッパ志向が強く，チェーンストアはアジア志向が強い。

以上のことから，開発輸入の実態は小売業態特性によって影響を受けているものの，

(1)開発輸入が行われる中心商品分野は衣料品である，

(2)アジア地域からの開発輸入が主流になっている，

(3)百貨店と比較すると，チェーンストアの取組みの積極性が際立っている，
　　ことが分かる。

2-2．開発輸入とは何か

昭和62年，わが国の繊維製品輸入額は戦後はじめて輸出額を上回った。かつてわが国は繊維製品の輸出大国であり，また繊維産業は代表的な花形産業であったが，このときまさに重大な構造転換期を迎えようとしていた。その大きな原因は，アジアNIES諸国を中心にした繊維産業のキャッチアップに伴う低廉な製品の流入であり，それを支援する結果になったプラザ合意以降の急激な円高の進行であった。このような流れに対応すべくわが国の繊維関連製造企業は海外生産に積極的に乗り出した。一方小売企業は，こうした流れに加えて内外価格差の是正・製品輸入の促進という要請に答える必要もあって，開発輸入を手掛けるようになっていった。小売企業にとっては，(1)アジアでの低コスト生産の可能性，(2)永年にわたるアメリカとの取引関係の中で向上しつつあった現地メーカーの生産技術，(3)負の原産国効果の希薄化[9]なども追い風となった。小売企業の開発輸入の中心が衣料品であること，および主たる開発地域がアジアであることは，こうした経緯から考えるならば十分に納得のいくところである。

このようにして始まった開発輸入の特徴を検討する前に，開発輸入の定義を明らかにしておこう。開発輸入とは，「流通企業が自ら企画し，作成した

仕様書に基づいて外国メーカーが生産し，その製品を輸入するもの」である。ここで留意すべきは，第1に外国メーカーが生産した既存製品の輸入や最終加工段階のみを外国で行うものなどは開発輸入には含まないこと，第2に外国に委託生産した製品は全量日本に輸入し，日本で販売すること，つまり開発輸入は日本市場を標的とした海外生産であることである。

　以下では衣料品を念頭に検討する。その理由は，(1)繰り返しになるが，衣料品が開発輸入の代表的商品であること，(2)開発輸入の特徴は衣料品において最も典型的にあらわれること，(3)衣料品の開発輸入の仕組が最も複雑で，そこでの特徴はより単純な仕組の他の商品についても全く同様に妥当すること，である。

　(衣料品) 開発輸入の特徴をまとめると，つぎのごとくである。
(1)開発輸入できる商品は，ファッション性がない・納期遅れに耐えうる・価格帯が低いという特徴を持つ。アジアNIES諸国の生産技術力は徐々に高まりつつある。とはいうもののそこには自ずから限界がある。特に品質に対する厳しい目を持った日本の消費者を前提にする限り，かなり高度な技術を伴わないと受け入れられない。アジアNIESのメーカーは大量生産への対応はアメリカとの取引関係の中で経験済みであるが，日本市場を標的とする場合には，その対応力はまだ十分ではない。それゆえあまり流行に左右されない最先端でない商品群，また日本の厳格な納期管理に対応できない企業も多いため季節変動の影響を受けにくい商品，その結果高級品でない商品を中心に開発輸入が行われる。具体的にはたとえば，中・低級の定番品(肌着・靴下等の実用衣料・セーター・ブラウス・Tシャツ・ブルゾン・ジャケットなど)が多い。
(2)開発輸入の短期的・直接的なメリットは，低価格の実現と高マージンの確保である。外国に生産委託することの直接的なメリットは，現地の低賃金労働を利用して可能になる低コスト生産の実現であり，その結果としての低価格販売である。そのメリットは，低クラス商品の一層の低価

格化および中クラス商品の低価格クラス化の実現である。
(3)開発輸入主体が極めて多様である。定義から分かるように，開発輸入の主体は流通企業であって小売企業に限定されているのではない。既に検討したように，開発輸入に手を染めているのはおよそ流通に関わる企業すべてであるといっても過言ではない。百貨店・スーパーなどの大規模小売企業だけではなく，ホームセンター・ディスカウントストア・通信販売業者などの各種新業態はもとより，卸売企業・専門店・商社・生協，さらに中小小売業者までもが開発輸入に取組み可能であり，また実際に実績を挙げている。この点がかつてのPBと大きく異なるところである。
(4)開発輸入には大きなリスクが伴う。開発輸入を誰でもが手掛けることができるとはいっても，そこには大きなリスクが存在する。為替リスクは言うまでもないが，品質水準・納期・売れ残り・契約不履行などに関してかなりのリスクを覚悟しなければならない。また関税を含めほとんどの支払いがキャッシュであるため相当の資金力を必要とする。

2-3．開発輸入の仕組と革新性

これまでわが国の小売企業はメーカーが生産した既存の完成品を仕入れ，それを販売するだけの機能を担っていた。生産機能にはかかわらず，もっぱら流通機能にのみ専心してきたといえよう。もちろん一部分PBに関してのみ，生産機能に関わった経験を持つ。しかしそこでの実態はほとんどが生産委託先企業任せのお手軽なPBであり，生産機能への関わりの程度に関してはほとんど積極的な意味を持ち得なかった。またPBの開発それ自体の目的も本来のPBのそれとは異なっており[10]，単にPBを持っているという事実に意味を見いだそうとするものであった。さらに海外の小売企業のPB生産体制とは大きく様相が異なってもいた[11]。いずれにせよ，これまでわが国の小売企業は，生産機能にはほとんどといってよいほど踏み込むことなく，商品を調達していたといってよいであろう。

ところが開発輸入は，このような状況を一変させる。すなわち開発輸入は，

小売企業をはじめて生産機能に直接関わらせる試みなのである。生産機能に関わるといっても、基本的には委託生産方式（外国メーカーに生産を委託する）であるため、生産設備を所有するわけではない。その点からいうと、決して小売企業がメーカーになるというのではない。しかしながら従来川下にのみ位置していた小売企業が、川上方向に大きく立ち入ったという意味において、生産機能への関わりの程度を飛躍的に高めたと言える。この点を少し具体的に見てみよう。

（図3-4）は、衣料品に関する典型的な開発輸入プロセスを示したものである。およそ開発輸入は、「商品企画」―「生産企画」―「輸入」段階からなると考えることができる。どのような特徴の商品を開発するのか（デザイン・素材・機能・サイズ・色・納期など）、売価設定をどうするのか、開発数量をどれくらいにするのかなどを企画決定し、それに従って仕様書を作成するのが商品企画である。つぎにそれに従って、実際の生産工程ごとに具体的な決定を行うのが「生産企画」である。素材はどれを使い、どこで糸を作り、どこで生地にし、編み立て、どこで染色し、どこで縫製するのか。またどこの付属品を使い、どこで完成品化するのか、それをどこで検品するのか。どのようにして生産を管理・指導するのか。こういった決定をしなければならない。その後、輸入手続きを経て最終的な配荷を行う。このような一連の生産工程に携わることが、開発輸入に手を染めることなのである。

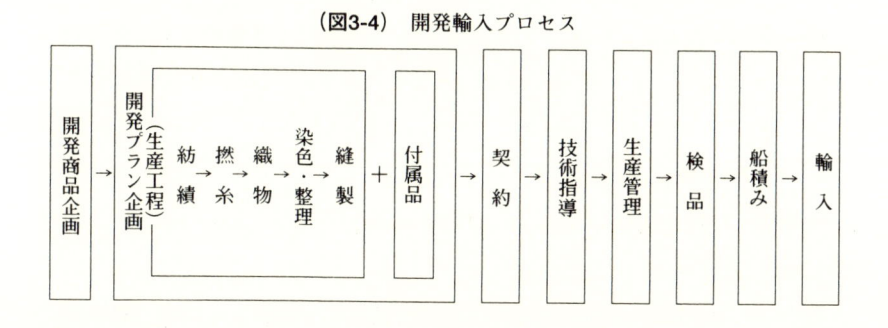

（図3-4） 開発輸入プロセス

開発商品企画 → 開発プラン企画（生産工程：紡績糸→撚糸→織物→染色・整理→縫製）＋付属品 → 契約 → 技術指導 → 生産管理 → 検品 → 船積み → 輸入

開発輸入ではこのような多段階の生産工程に関わらなくてはならないとはいっても，すべての工程に自ら関わる必要がないことは言うまでもない。そこに開発輸入の複雑性と革新性がある。開発輸入では，「誰が，どの部分を，どこで担うのか」についての決定がその成果を左右する。「誰が」については，既に述べたように開発輸入主体となりうるあらゆる流通企業である。ただし，開発輸入プロセスには開発輸入主体のみが関わる必要はない。多様なサポート企業を利用することが可能である。それは商社であったり，物流専門企業であったり，検品会社であったり，企画会社であったりする。「どの部分を」については，一連の生産工程すべてである。「どこで」については，日本を含めた世界各国である。このような仕組は，衣料品・食料品・住関連商品といった大きな括りでは当然，さらに個々の商品ジャンル内の多様な商品ごとに異なっている。決して1つのパターンがすべてに当てはまるのではないのである。その仕組の複雑性は以上のことから容易に推測できよう。しかも定義から明らかなように，開発輸入では商品は日本市場を標的として日本市場適合的に開発される。これはPB開発では小売企業の手になることによって，よりニーズに適合した商品の開発が可能になると言われるのと似ている。開発輸入では主体となる開発輸入リーダーの主導権のもと，日本市場を標的とした商品の開発を目指して，生産機能に大きく踏み込んだ仕組作りが行われるのである。以上のことから，「開発輸入の基本枠組（日本で仕様書を作成し，海外で生産することによって生産機能を遂行する）に沿って，「誰が，どの部分を，どこで」に関して市場適合的に最適の開発輸入工程（開発輸入プロセスの諸段階）ミックスを構築すること」が，開発輸入原理であると言える。

2-4．開発輸入の成熟化

　開発輸入経験を積むにつれて，開発輸入の仕組にいくつかの変化が生まれてくる。それはつぎのごとくである。
　第1は，対象商品の多様化である。衣料品を中心に始まった開発輸入は，

やがて開発対象商品を拡大していく。それは1つには，食料品・住関連その他商品への取組みであり，もう1つは当初敬遠されてきた中・高級品開発へのシフトである。後者は，日本の消費者の欲求水準の上昇や委託相手企業の技術向上および優良企業・工場・生産ラインの厳選の結果である。

第2は，生産地のシフトである。開発輸入の取組み開始の短期目的は，現地の低廉な労働力を利用した生産コストの引き下げであった。ところがかつて低かったNIES諸国の労働コストは，今や，相当のレベルにまで上昇してしまった。そこで小売企業はより安い生産コストを求めて中心をASEAN諸国に移動しつつある。先にデータで見たASEANからの輸入増加はこの表れであった。今後はさらにベトナム・インドへと最適地を求めて開発輸入の"西漸運動"は続きそうである。

第3は，多国間開発の増加である。生産工程の各段階を一括して1つの特定国で行うことは開発輸入の仕組としては単純である。ところが各国の特性を生かした最適な開発輸入工程ミックスを探究すればするほど，多国間にまたがった開発が必要になってくる。(図3-5)は，その代表例である。開発輸入生産工程の内の織物・染色・縫製・検品・付属品調達を，それぞれについてすべて異なった国で行っていることが分かる。開発輸入が成熟化し，その原理を追求する当然の帰結が多国間をまたぐ開発なのである。

第4は，安定的な開発体制の探求である。既に述べたように開発輸入は極

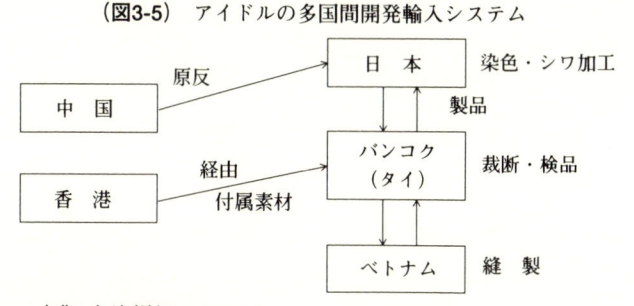

(図3-5) アイドルの多国間開発輸入システム

```
                  原反      ┌─────┐   染色・シワ加工
       ┌─────┐ ────────→│ 日 本 │
       │ 中 国 │         └─────┘
       └─────┘              ↑↓ 製品
                              │
       ┌─────┐  経由    ┌─────┐   裁断・検品
       │ 香 港 │────────→│バンコク│
       └─────┘  付属素材 │(タイ)│
                          └─────┘
                              ↓
                          ┌─────┐   縫 製
                          │ベトナム│
                          └─────┘
```

出典：矢嶋孝敏(1992), p.13

めて複雑な仕組からなっており，しかも環境条件の変化に伴ってその仕組は敏速かつ大幅に変動する。また一方で開発輸入には大きなリスクが伴う。このような条件は開発輸入の不安定性を増幅させる方向に作用する。そこで小売企業はできる限りリスクを分散し，不安定性を解消すべく開発輸入体制の確立に努めるようになる。たとえば，ダイエーはいったん強化した開発輸入専門子会社「エマック」の機能を，本体に一元化するべく方針を転換し[12]，あるいは西友は，素材調達から縫製・物流までを一貫管理する仕組を韓国・中国・日本の3カ国で構築し始めた[13]。さらにダイエー・イトーヨーカ堂・長崎屋などは商社との連携を強めることでリスクを分散しながら安定的な仕組を構築しようとしている[14]。

2-5．開発輸入の斬新性

開発輸入の実態については以上のごとくであるが，最後に1つ留意しておくべきことがある。それは開発輸入のもつグローバルな意味を考える上で見逃すことができない点である。現在，開発輸入は非常に注目を集めている。だがその最大の理由は，価格破壊の手段として開発輸入が有効だと見なされていることにある。実際，開発輸入商品の価格が国内同種類の商品の価格と比較して3割以上安いケースが，売れ筋開発輸入商品の50％弱を占めるという調査結果もある[15]。だが忘れてはならないことは，開発輸入は価格を下げる効果だけを持つのではないということである。確かに開発輸入の目的は，生産コスト低減を背景にした低価格商品の獲得であった。だがこれは短期的な開発輸入目的であり，そこでは開発輸入が持つ，より本源的な意味が見失われてしまっている。安さだけを求めるのであれば，各国での生産コスト増加とそのリスクの大きさとの比較において，開発輸入はやがて一時のあだ花と化してしまうであろう。実は開発輸入では，先に述べた開発輸入原理の追求にこそグローバルな意味が隠されている。別の表現をすれば，開発輸入原理の追求が結果として「安さ」をもたらすが，しかし結果はそれだけではないのである。未だ誰も注目していない，より大きな結果がある。そしてそれ

が小売企業のグローバル化にとっての核となるのである。

1) 本節では，わが国小売企業の海外出店に関する歴史分析を試みることを意図してはいない。百貨店のかつての海外店舗展開を歴史的に分析することや，あるいは戦後の小売企業の海外展開を歴史的かつ記述的にたどることは，それ自体取り組むべき重要な研究課題である。しかしここでの目的は，小売企業のグローバル化を分析するにあたって，現象としてのグローバル化がどの程度進行しているのかを，数値データによって明らかにすることにある。その意味で，まさに現時点での実態を分析しようとするものである。

ただそうはいっても，実態を数値データで把握しようとする試みには，大きな障害がある。それは企業レベルでの出店行動に関する公表データがほとんど存在しないことである。その原因は，(1)海外出店をめぐる動きは短期間に非常に大きな変化を伴い，かつかなりドラスティックに変化する，(2)変化が激しく，安定性に欠けるため継続的に追跡するのが困難である，(3)わが国内部向けの動きには注目が集まりやすいが，わが国から外に向けての行動はある種の"距離感"のために放念されやすい，(4)製造企業の海外進出に比べて小売企業の海外進出への関心が相対的に低い，などにあろう。筆者が知る限り，企業レベルを対象にして継続的に海外出店行動を追跡した調査は，『繊研新聞』が毎年1月に掲載する特集記事と，百貨店協会が毎年実施する『海外の店舗・駐在員事務所の設置状況』のみである。しかしこれとても詳細に比較検討すると，かなりの誤記載や調査漏れが見いだされる。本節での出店行動に関する実態分析で用いるデータは，基本的には筆者が日経流通新聞社実施の「1993年度日本の小売業ランキング調査」上位250社を対象にして，1995年7月に実施した「わが国小売企業の海外商品調達と海外出店に関するアンケート調査」のデータの一部をもとにしている。ここでは海外に店舗を展開していると回答した調査対象企業の出店に関するデータ部分のみを利用した（海外に店舗を展開していると回答した22企業のデータを利用）。さらにこれに上記の2つの調査資料に記載された企業のデータを付け加えた。その結果，分析対象となった小売企業は，百貨店13社・スーパー8社・専門店15社，合計36社である。

この実態分析で1つ注意しておかねばならないことは，これが1995年7月時点で海外に存在する店舗を調査対象としている点である。それゆえに，過去に出店していたが調査時点で既に存在しない店舗は除外されている。このところ海外での小売競争の激化や賃貸料高騰のために海外店舗の閉鎖が相次いでいる。しかしこの実態を企業レベルで正確に把握することは非常に困難である。また海外店舗の場合，店舗名は同一のまま立地移動して新規開店し

たケースや，自社店舗を統合して新店舗として開店するケース，業態転換して新規開店するケースなどがあり，店舗ごとのヒストリーを正確に追跡調査することは困難を極める。そこでここでは，調査時点で既に閉店していた店舗については分析対象外としている。このような留意点があるものの，本節で行う実態分析は1995年7月時点でのわが国小売企業の海外出店に関する最も包括的かつ最も正確なデータに基づいていることは疑いない。

2) 日経流通新聞社（1993），p. 88。
3) ただし，ここでのスーパーとはヤオハン1社であるため，実質的にはアメリカ地域を百貨店のみが先端的市場情報を収集する場として位置づけているように思われる。
4) ここでの開発輸入は，必ずしも小売企業の手になるものだけではなく，卸売企業ほか多様な主体による開発輸入が含まれていることに留意すべきである。
5) 流通問題研究協会（1994）がこれに関する最も包括的な調査である。本調査は，「92年版流通会社年鑑」から抽出された各業態合計199社を対象に行ったアンケート調査である。有効回答企業106社であり，調査実施期間は，1993年7—8月であった。
　　ここで言う直接輸入には，「小売企業の商品企画・仕様書に基づくいわゆる開発輸入，国内で総代理店制をとる海外有名ブランド品についての小売業自らの並行輸入，総代理店制が採られていない海外製品についての小売業の直接輸入」が含まれる。流通問題研究協会（1994），p. 17. 参照。
6) スーパーのうち年商2,500億円以上の13社をいう。
7) 日本百貨店協会は，毎年4月から5月にかけて協会加盟の会員企業に対して輸入品販売に関するアンケート調査を実施し，その結果を「全国百貨店の輸入品販売の現状と見通し」として公表している。またチェーンストア協会は会員企業に対して，製品輸入の現状把握のための調査（「チェーンストアにおける製品輸入の事態」）を1990年度から実施している。ここでは，これらの資料をもとに実態分析を行う。
8) 調査上の定義によれば，開発輸入には直接輸入によるものと間接輸入によるものがある。後者は，「百貨店が開発し，百貨店以外のもの（卸，問屋，商社等）を通じて輸入するもの」である。
9) 田村正紀（1989 a），p. 12。
10) 詳しくは田村正紀（1971），第3章参照。
11) たとえばマークス＆スペンサーの商品開発については，Tse（1985），参照。
12) 『日経流通新聞』，1995年5月25日。
13) 『日経流通新聞』，1995年8月3日。

14) 『日経流通新聞』, 1994年10月4日, 1995年10月31日。
15) 流通問題研究協会 (1994), p. 29。

第4章　国際流通グループ・ヤオハンのグローバル行動
―― 海外出店，もの作り，そして共通化 ――

　国際流通グループ・ヤオハン（以下ヤオハン）は，ユニークな企業である。国内においては中堅小売企業でありながら，こと海外に関しては世界の最先端を独走するリーディング・カンパニーである。世界のどこに行っても簡単に見つけることができる小売店舗といえば，そのほとんどが有名ブランドを販売する品揃えを限定した専門店であるのに対して，ヤオハンは多製品品揃え型店舗を展開している。またよく知られているように，グループ代表和田一夫氏は香港の将来に対する評価が定まらない中，1990年総本部を香港に移し，同時に自ら香港に移住した。さらに香港を拠点に中国への進出に熱心に取り組み，いまや経営資源を集中的に中国に投下している[1]。

　熱海の1ローカルスーパーからユニークなグローバル企業への飛躍。何がそれを可能にしたのであろうか。どのようにして飛躍したのであろうか。おそらくローカルスーパーの持つ経営資源には限りがあったに違いない。海外での小売オペレーションに関するノウハウの蓄積も，大手小売企業と比較して乏しかったことは容易に想像できる。それにもかかわらず，大手でなく中堅，それどころか当時はおそらく中小企業にすぎなかったヤオハンは，純粋グローバル企業に大変身することができた。出店行動次元と商品調達行動次元でともにグローバル化を実現すべく，はたしてヤオハンはどんな道を歩んだのであろうか。

　以下では，ヤオハンのグローバル化プロセスをつぎの3つの視点からたどってみることにする。第1は，ヤオハンが海外出店行動を積極的に展開できたのはなぜなのか，その特徴は何なのかである。第2は，海外でどのようにして商品を調達したのかである。そして第3は，出店行動と商品調達行動は

相互にどんな関連を持っていたのかである。

第1節 ヤオハンの海外出店行動

1. 出店行動のグローバル化の現状

　日本でヤオハンを知らない人がいても不思議ではないが，海外でヤオハンを知らない人はいないといわれている。それほど海外でヤオハンの名は有名であるという。はたしてヤオハンはどの程度海外に進出しているのであろうか。(表4-1)はヤオハンの海外店舗国別一覧である。アジアは言うに及ばずアメリカ・ヨーロッパまで含めて全34店舗を展開している。それら店舗の総売場面積は325,567㎡に上り，さらにシンガポールに開設している国際卸売センターIMMを含めると総売場面積は356,137㎡に達する。一方日本国内の総売場面積は254,544㎡である（1994年3月時点では国内54店舗，総売場面積257,918㎡)[2]。店舗数こそ国内が海外を上回っているが，売場面積では海外がすでに国内を凌駕し，IMMを含めると海外売場面積が国内を圧倒している。比較のため海外進出に熱心な他企業の現状を見てみよう。量販店で先進的であるのはジャスコである。ジャスコは1994年3月時点で海外で14店舗展開し，総売場面積は176,351㎡である。百貨店で熱心なのは伊勢丹とそごうである。伊勢丹が業界で最も多くの海外店舗を保持し，20店舗・総売場面積99,076㎡である。そごうは店舗数では11店舗と伊勢丹には及ばないが，総売場面積は109,100㎡と業界最大である[3]。いずれと比べてもヤオハンの実績が上回っていることは明らかである。

　(表4-2)は(表4-1)を海外進出年代順に並べ替えたものである。これを見ると，1974年のシンガポール出店を皮切りにアジアを中心に店舗展開を進めていることが分かる（ここでは後述するブラジル出店は除いている）。しかし当初の10年間の出店速度はさほどでもなく，海外展開ノウハウの蓄積を図っていたかのごとくである。ところが1987年以降様相は一変し，加速度的

(表4-1) ヤオハン海外出店一覧（1993.10月現在）

国	店舗名	開店日	売場面積（㎡）
日本	直営		229,961
	FC		24,583
	小計		254,544
アメリカ	LITTLE TOKYO	1985. 9.21	5,250
	SAN JOSE	1988. 6.18	1,900
	NEW YORK	1988. 9.17	6,680
	COSTA MESA	1989.12. 9	2,670
	SAN GABRIEL	1991. 9.14	520
	CHICAGO	1991.11.15	2,920
	TORRANCE	1992. 2.14	3,580
	SANTA MONICA	1992. 6.13	1,625
	小計		25,145
シンガポール	OHCHARD	1974. 9.14	13,670
	THOMSON	1979. 5.26	8,844
	BUKITTIMAH	1981. 8.28	3,759
	NEW KATOHG	1983.12.10	7,255
	小計		33,528
	IMM	1990. 5.30	30,569
	小計		64,097
香港	SHA TIN	1984.12. 9	12,249
	TUEN MUN	1987.12. 9	22,501
	HUNG HOM	1988.12. 9	13,122
	TSUEN WAN	1991. 6.14	13,745
	YUEN LONG	1992. 7.14	4,082
	LAM TIN	1992. 9. 3	17,880
	TIN SUIWAI	1993. 9.15	4,045
	小計		87,624
マカオ	MACAU	1992.12.22	21,705
マレーシア	THE MALL	1987. 5.16	19,271
	O. U. G.	1987.10.31	7,334
	PENANG	1988.11. 8	8,702
	B. P. C.	1988.11.12	12,031
	KOTA KINABALU	1990. 7.24	9,850
	小計		57,188
コスタリカ	SAN JOSE	1979. 3.10	2,130
ブルネイ	BRUNEI	1987. 3.13	6,918
タイ	BANGKOK	1991. 4.13	27,630
	BANGKAE	1993.12.10	23,917
	小計		51,547
インドネシア	SEGITIGA SENEN	1992. 8.21	9,165
中国	SHA TAU KOK	1991. 9. 8	837
	PEKING	1992.12.20	11,842
	小計		12,679
カナダ	VANCOUVER	1993. 6.17	8,129
イギリス	LONDON YAOHAN PLAZA	1993. 9. 3	9,809
	総計		610,681
日本総計			254,544
海外総計			356,137
(IMMを除く)			325,567

出典：ヤオハン内部資料より抜粋

(表4-2) ヤオハン年度別海外出店一覧

国	店 舗 名	開店日	売場面積（㎡）
シンガポール	OHCHARD	1974. 9.14	13,670
コスタリカ	SAN JOSE	1979. 3.10	2,130
シンガポール	THOMSOM	1979. 5.26	8,844
シンガポール	BUKITTIMAH	1981. 8.28	3,759
シンガポール	NEW KATOHG	1983.12.10	7,255
香港	SHA TIN	1984.12. 9	12,249
アメリカ	LITTLE TOKYO	1985. 9.21	5,250
ブルネイ	BRUNEI	1987. 3.13	6,918
マレーシア	THE MALL	1987. 5.16	19,271
マレーシア	O. U. G.	1987.10.31	7,334
香港	TUEN MUN	1987.12. 9	22,501
アメリカ	SAN JOSE	1988. 6.18	1,900
アメリカ	NEW YORK	1988. 9.17	6,680
マレーシア	PENANG	1988.11. 8	8,702
マレーシア	B. P. C.	1988.11.12	12,031
香港	HUNG HOM	1988.12. 9	13,122
アメリカ	COSTA MESA	1989.12. 9	2,670
マレーシア	KOTA KINABALU	1990. 7.24	9,850
タイ	BANGKOK	1991. 4.13	27,630
香港	TSUEN WAN	1991. 6.14	13,745
中国	SHA TAU KOK	1991. 9. 8	837
アメリカ	SAN GABRIEL	1991. 9.14	520
アメリカ	CHICAGO	1991.11.15	2,920
アメリカ	TORRANCE	1992. 2.14	3,580
アメリカ	SANTA MONICA	1992. 6.13	1,625
香港	YUEN LONG	1992. 7.14	4,082
インドネシア	SEGITIGA SENEN	1992. 8.21	9,165
香港	LAM TIN	1992. 9. 3	17,880
中国	PEKING	1992.12.20	11,842
マカオ	MACAU	1992.12.22	21,705
カナダ	VANCOUVER	1993. 6.17	8,129
イギリス	LONDON YAOHAN PLAZA	1993. 9. 3	9,809
香港	TIN SUIWAI	1993. 9.15	4,045
タイ	BANGKAE	1993.12.10	23,917

出典：(表4-1)と同じ

に出店のペースを上げている。それと同時に出店先の多様化が進み，アジアだけでなくアメリカ，さらに最近はヨーロッパにまで進出し始めている。

以上のような過激なまでのグローバル店舗展開とともにヤオハンのいま1つの特徴は，積極的なM&A戦略にある。国際流通グループ・ヤオハン代表の和田一夫が1990年に香港に本社を移転し自らも香港に移住して以来，ヤオハンはM&Aによる事業多角化を急速に進めている。本業の大型店では自主展開を貫きながら，新規事業についてはM&Aを駆使している。1990年には「ヤオハン・インターナショナル・ケータラース」が中華レストラン会社を買収した。1991年には有力ハムメーカーをM&Aによって取得し「八佰半食品製造貿易社」を設立，さらに同年「ケーキショップ・セオナ」，靴・鞄の専門店「ミリーズ」を買収した。翌1992年にはM&Aによって「ヤオハン・ウイムジー社」を設立し，ゲームセンターを展開している。日本企業，とりわけ小売企業には稀な手法によって事業領域を拡大中である。

　そして今後ヤオハンが最も力を注ごうとしているのが中国である。1995年オープンのヤオハン上海店は売場面積108,000㎡の巨大百貨店であり，また上海において国際卸売センターIMMも開設する予定である。さらにその後北京IMM，加えて上海―南京間へのスーパーマーケットの大量出店，ファーストフードチェーンの集中出店など，中国の消費市場の立ち上がりを標的とした戦略展開を予定している。まさにヤオハンは世界を舞台にグローバル化への道をひた走ろうとしているのである。

2．ヤオハン突出の理由

　大手小売企業をはるかに凌いで，ヤオハンはなぜこんなにも海外に積極的に進出することができたのであろうか。ローカルスーパーで海外進出を試みている企業は他にもある[4]。しかしそれらとは比較すべくもないほど大規模に展開し，しかも海外市場を国内と並ぶ，あるいはそれ以上の戦略ターゲットと位置づけている企業は他に例がない。なぜヤオハンだけが図抜けているのだろうか。

《国 内 劣 位》

　その理由を知るためには，ヤオハンの創業後の歩みを簡単に振り返っておく必要がある。ヤオハンの歴史は昭和5年，熱海市に和田良平・カツ夫妻が青果物販売店として八百半商店を始めたときにまで遡ることができる。わずか12坪の店からのスタートであったという。その後昭和31年，社名を八百半商店から八百半食品デパートに変更するとともに現金正札販売を開始し，経営の近代化に取り組み始めた。この年をもってヤオハンは創業元年としている。やがて現代表和田一夫は昭和36年アメリカ流通視察に出かけることになる。これがヤオハンの大きな転機になった。帰国後社名を八百半デパートに変更し，一夫は社長に就任し新しいスタートを切った。同時にセルフサービス方式を採用し，軽衣料品取扱いの開始・チェーン化の開始と積極的攻勢をかけ始めた（昭和37年）。

　多店舗化は着実に進行し，昭和37年には伊豆山店（2号店）・昭和40年には小田原店・翌41年には伊東店・そして昭和45年には修善寺・富士宮店を含めて全8店舗に，さらに昭和49年には御殿場店を出店し，全12店舗体制にまで成長した（表4-3）。

　ところが一見順調に見える多店舗化ではあるが，経営を取り巻く環境は厳しさを増すばかりであった。それはスーパー業界再編の動きの活発化に象徴される。スーパー各社は多店舗化を強引に推し進め，それと同時に店舗の大型化をすすめることによって驚異の成長を遂げつつあった。いわば店舗の数と大きさを背景にした規模の拡大を戦略の核とする成長図式を確立しようとしていたのが，昭和40年代中頃であった。おりしもダイエーは首都圏レインボー作戦と名づけた東上作戦を開始し（昭和43年），西友ストアーとの間で俗に東京・赤羽戦争といわれる激烈な安売り競争を行った[5]。このような大規模スーパー同士の覇権をかけた激突が業界に大きな不安感を与えたことは疑いない。今やスーパーは規模こそが唯一の成長の頼りであり，規模に依存できない中小スーパーは吸収合併の道をたどるしかないと考えられるように

(表4-3) ヤオハンの国内劣位

ヤオハン国内	ヤオハン国外	ダイエー
昭和5年（1930）八百半商店（青果物販売）開業		
昭和31年（1956）八百半食品デパート設立		
昭和37年（1962）八百半デパート設立／セルフ方式採用・チェーン化開始 伊豆山店・熱海店（598㎡）開店 従業員220人・年商6.1億円		店舗数7店 売上高119億円 従業員1,000人
昭和40年（1965）小田原店		
昭和41年（1966）伊東店（957㎡）		
昭和43年（1968）下田店		
昭和44年（1969）富士店		
昭和45年（1970）修善寺店（2,780㎡）・富士宮店		
昭和46年（1971）8店舗・50億円	サンパウロ出店（450㎡）	店舗数75店 売上高2,071億円
昭和47年（1972）三島店（5,857㎡）・松崎店（1,315㎡）		
昭和48年（1973）熱海新店（4,012㎡）		
昭和49年（1974）御殿場店（5,597㎡）	シンガポール1号店（8,844㎡）	
昭和52年（1977）裾野店（1,452㎡）		
昭和56年（1981）	シンガポール2号店（3,759㎡）	
昭和57年（1982）	香港1号店（10,949㎡）	
平成6年（1994）3月 49店舗 1,485億円		店舗数223店 売上高2兆73億円

出典：会社案内・有価証券報告書など関連資料をもとに作成

なったのである。

　ヤオハンとて例外ではなかった。確かに計画通り静岡県下に集中的に多店舗展開することによって県下一のスーパーになったとはいえ、大手企業との企業格差は比べるまでもなく大きく水を開けられてしまっていた。（表4-3）から分かるように、ヤオハンがチェーン化を開始した昭和37年時点で，

大手ダイエーの店舗数は7店である。わずかな店舗数の差であるように思われるが，売上高はダイエー119億円に対してヤオハン約6億円（約20倍），従業員数1,000人に対して220人と大差がある。この差はその後埋まることはない。それどころかヤオハンが最初に海外に出店した昭和46年には，ダイエー75店舗・2,071億円に対してヤオハンは8店舗・50億円で，店舗数で約9倍・売上高で約41倍に差が広がっている。そして平成6年ではダイエー223店舗・2兆73億円に対し，ヤオハン49店舗・1,485億円（ただし外食関連を除く）となっている。このように，はたしてローカルチェーンとして生き残っていけるのであろうかという強い危機感がヤオハンを支配していたことは想像に難くない。業界再編成に飲み込まれる恐怖，かりに独自路線を貫けたとしても不十分な国内販売力ゆえにちらつく成長の限界。こういったものが海外市場へ活路を求めさせる力となったのである[6]。

《与えられた器》

　ヤオハンが海外で活躍できるもう1つの，より興味深い理由がある。それはブラジル出店の経験と深く結び付いている。海外に活路を見いだそうとしたヤオハンは昭和46年ブラジル・サンパウロに初の海外出店をした。社内から選抜された「日の本隊」[7]と呼ばれる社員10家族が文字どおり決死の覚悟でブラジルに乗り込んだ。何もわからない手探りの状態からの出店であったが，幸いにもサンパウロ店は大成功をおさめた。そこで続いて昭和48年にはソロカバ店，昭和50年にはインテルラゴス店・コンチネンタル店と矢継ぎ早に出店を重ねた。順風満帆に見えた出店であったが，思わぬ出来事が待ち受けていた。それは石油ショックであった。石油ショックによるインフレは信じられない高率に達し，その対策としての金融引き締め政策のお陰でヤオハンは超高率の借入金利負担をせざるをえなくなった[8]。さらに関税率の引き上げも日本商品をかなり扱っていたヤオハンには痛手であり，また日曜営業が禁止されたことも大きく影響した。このような四面楚歌の状況下におかれ，

結局ヤオハンはブラジルから撤退することになった。

　この苦い経験からヤオハンが学んだものは，(1)政治・経済の安定したカントリーリスクの小さい国を選ぶこと，(2)現地で過大な借金をしないこと，(3)商品は現地調達に徹すること，であるという[9]。この点に関して土屋　豊（ヤオハンジャパン経営推進部取締役部長）は重要な指摘をしている。

「ブラジル出店に失敗したとき得た教訓の1つは，現地で過剰な投資はしないということです。だから海外では自社物件を持つのではなく，できる限りリースでいく。ヤオハン海外店のうちの70%くらいは現地から要請されて出店してきました。そういうときには，すでにできあがった物件に入居してくれといってくるわけです。ですからこっちで好き勝手に売場を作るってことはできにくいんです。建物の構造から柱の位置までできあがってしまってるんです。ですから国によっては店ごとに，ばらばらの条件になってしまって，標準的な店舗が作りにくい状況になる。それでは困る，いやだと断ると出店そのものができなくなる。まあ安くて投資回収が早けりゃ少々のことには目をつぶろう，とりあえず出ようということになる。だから店間で売面レイアウトがバラバラになる例が多いんです。」

　ヤオハンはブラジル以降の海外出店ではリース方式を採用し，自前で店を作らないことを基本戦略としている[10]。実はこれがヤオハンの突出を生み出すもう1つの秘密である。仮に自前で店を作るのであれば，当然オペレーションの効率化を目指して標準化されたタイプの店を多店舗展開しようとするはずである。それが自由にできることが自前出店の大きなメリットだと言える。ところが教訓を生かしてリース方式でいくということは，与えられた建物で我慢しなければならないことを意味する。我慢ができないというのであれば，出店機会が失われてしまうのである。だから少々のデメリットは覚悟

の上で出店せざるをえないことになってしまう。与えられた建物（＝器）であるがゆえに店舗間で売場面積に大きな差異が生じてしまうわけである。

でははたして実際に海外店舗間で売場面積に大きな差異が存在するのであろうか。これを確認したのが（表4-4）である。平成5年度のヤオハンの国内店舗・海外店舗，比較のためにダイエー・イトーヨーカ堂の国内店舗の平均売場面積とその標準偏差・変動係数（売場面積の標準偏差／平均売場面積）を示している。ヤオハン海外店舗の売場面積のバラツキを示す変動係数は，ダイエー・イトーヨーカ堂のそれと比較してかなり大きな値をとっている。ヤオハンが海外においていかに個別対応を迫られていたのかをうかがうことができる。ダイエー・イトーヨーカ堂の大手小売企業が売場面積をできるだけ標準化し，オペレーションの規模の経済を追求するチェーンストア・システムを徹底的に追及してきた事実とは好対照である。

一方，ヤオハンの国内店舗の売場面積のバラツキは，海外店舗のそれをも上回っている。このことは，売場面積のバラツキの大きい海外での店舗展開への抵抗感が，ヤオハンの場合，大手小売企業に比較して少なかったであろうことを物語っている。

つぎに平均売場面積の値に目を向けてみると，ヤオハン国内店舗の平均売面が海外店舗のそれを大きく下回っていることが分かる。加えてダイエー・イトーヨーカ堂のそれと比較すると，いっそうヤオハンの国内店舗の規模が小さいことが明らかとなる。このことは1つには，ヤオハンが海外において

（表4-4）店舗のバラツキ

	平均売場面積（㎡）	標準偏差	変動係数
ダイエー（221店）	7,596.4	4,172.8	0.55
イトーヨーカ堂（145店）	8,341.5	5,141.4	0.62
ヤオハン（国内54店）	2,993.5	2,992.2	1.00
ヤオハン（海外34店）	9,580.8	7,130.6	0.74

未経験の大型店舗作りに挑んできたことを示している。これが後に見るようにヤオハンの商品調達行動に決定的な影響を与えることになる。いま1つは，国内大手企業との間の規模格差の存在である。主として展開する小売業態に差異があるとはいえ，この事実は上述したヤオハンの国内劣位を明確に示すものである。

　海外ではこうした与えられた器ゆえの売場面積格差に加えて，国家間の消費者嗜好の差異・立地条件の差異・展開する業態差異なども存在する。このような理由から，海外においては一店一店が手作りにならざるをえない。手のかかる出店になってしまうのである。この特性は大手小売企業には極めて不利に作用する。標準化に基づくチェーンオペレーションを追求し，それを実現しつつあった大手小売企業にとって，手間のかかる手作り出店は苦労して築いた自らの優位性を放棄することにつながってしまう。これが大手小売企業が海外で消極的にならざるをえない大きな理由である。一方ヤオハンにとって国内販売網は未整備であり，チェーンオペレーションも未確立であった。この言わば劣位が，海外展開に関しては逆に優位に作用したのである。劣位であるからこそ，手作り出店にチャレンジできたというわけである。

第2節　海外での商品調達行動

1．出店時の商品調達

　ヤオハンでは海外勤務につくことは全く特別のことではないという。しかも面白いことに赴任先の国に関する知識の有無・滞在経験の有無，さらには語学力のレベルなど一切関わりなく放り出すという。今でさえこういう状況なのだから，まして海外出店経験の浅い草創期には，うむを言わさないまさに何もない状態からの出発であったろうことは容易に推測できる。はたしてどのようにして店作りをしたのであろうか。

《一からの手作り》

　ヤオハンの実質的海外第1号店であるシンガポール・オーチャード店は，1974年9月14日にオープンしている。前年12月に現地法人が設立され，早速翌月から開店に向けての準備作業が始まった。まず取り組んだことは市場調査であった。何しろ全く何も分からない白紙からのスタートであるだけに，現地を知ることが第一だったのである。いったい現地では何が売られているのか，どこでその商品が生産されているのか，消費者はどんな生活をしているのかを把握せねばならなかった。どのようにしてそういった情報をつかんだらいいのか。現地進出している商社や銀行に当たってみた。だがそこでは一般的な経済情報や現地情報はつかめたものの，店作りに関する生の情報は得られなかった。このオーチャード店出店に直接関わった鈴木　悟（ヤオハンジャパン百貨店事業本部取締役本部長）は言う。

　「最初は2―3週間の予定で現地へ出かけました。何しろ言葉から現地の消費の事情から何から何まで分からないんです。そこでまずオフィス街に1日中座り込んで人の動きをじっと見続けました。どんな物を着ているのか，靴はどんな物をはいているのか，パンストははいているのかいないのかと，1つずつチェックするんです。パンストははいていないからきっと売れるに違いないとか，スコールがあってもすぐに乾くというんで傘を持っていない人が多いから，傘が売れるだろうとか……。あるいは木の製品はいいものがあるけれどもステンレスはダメだから，ハンガー陳列は日本から持ち込まないといけないとか。総務・人事・バイヤーなどの担当者が10人位でワンセットになって，それぞれの分野をとにかく昼間ずっと調査するんです。そして夜帰ってミーティングをして，それぞれがつかんだ情報を持ち寄って売場プランを練りました。これを繰り返しながら，日本へ帰って何を準備すればよいのかを考えるんです。」

手探りの状態で何とか情報を入手しようとしている苦労がうかがわれる。商品の調達先が分らず，町にオーストラリア製の商品が目につくという理由で，オーストラリアまで出かけたことさえあったという[11]。自らの手と足で情報をかき集めたのである。

「一通り終わったらつぎに現地で日本人1人に対して1—2人の現地人を雇います。そして再び現地人と共同で生活して，今度はローカルの視点を導入するわけです。昼間はそんな風に現地の視点から見直して，夜は夜でまた日本人同士がミーティングをして，レイアウト・売り方・商品構成・売場サイズなどを決定していくんです。ここまでが非常に手間と時間がかかりますね。」

シンガポール1号店の売場面積はおよそ14,000㎡であった。出店準備の時点で，日本国内では最大で7,000㎡弱の店が若干あるだけにすぎなかった。何といきなり2倍の規模の店を，しかも海外で作ろうというのである。商品を揃えて売場を埋めるだけでも相当の大仕事だった。無謀ともいえる試みである。加えてシンガポールは生鮮食料品の宝庫だった。とにかく現地の市場で何でも格安で手に入るのである。スーパー・ヤオハンとしてはまともに勝負していては全く勝ち目がなかった。そこで価格では勝負せず，商品に工夫することで付加価値をつけようとした。たとえば現地の市場では鳥は生のまま売っているが，それを骨を抜いてパン粉をつけてすぐに食べられるように加工したり，魚のすり身をそのまま売るのではなくフィッシュボールにしてすぐ揚げられるようにしたり，牛肉は塊ではなくスライスしたりして加工度を上げたという。

「実際に商品を引っ張ってこようとするとなかなか大変でした。トラックに積んで運ばれていく商品を追跡して仕入先を見つけ出したり，いき

あたりばったりで探したことが多かったですね。日本の商品が良いからといって，何でもかんでも持ち込もうとするのはだめです。たとえば日本の夏物の服を持ってきたら，しばらくはいいけれども日本が冬になると商品がなくなってしまう。こっちはずっと夏ですから夏物がずっといる。そこで夏の国へ行って引っ張ってくるわけです。あるいは寝具・インテリア用品は日本のものはだめです。こっちは当然洋風文化ですから，やはり日本とは生活習慣の違いがあって微妙に違ってるんです。そういうことが最初は分からないですから，失敗もいろいろやりました。毎日暑いので日本の感覚で扇風機と水着をドンと品揃えしたら全く売れない。でもよく考えたら当たり前の話で，こっちは年中夏だから暑いからといって日本みたいに一気に売れるわけはなくて，買換えで少しずつ売れるだけなんです。また2槽式の洗濯機（セミオート）を大量に仕入れたんです。ところがこれが全くだめ。なぜかというと，こっちでは金持ちは全自動，庶民は洗濯板だったんです。要するに途上国には中間層がないんです。上か下しかなかったんです。」

ヤオハンが海外出店可能かどうかを判断する1つの基準は国民1人当たりGNPのレベルである。およそ1,500ドルを越えたあたりが出店可能ポイントだという。シンガポール出店時はまさに1,500ドル，マレーシアでは1,600ドルであった。そして中国がそろそろそのあたりに達している。感覚的には2,000ドルを境にして，安いからそこで物を作ろうという生産基地的国から消費基地的国へと性格が変わっていく。ところがこれはあくまで平均値であって，このレベルに達したからといって消費者すべてが均質化したというのではない。そこには鈴木が指摘するように富のアンバランスが存在している。日本のスーパーは所得増加に伴う中間大衆層の広がりを背景に急成長したが，1,500ドルあたりではまだ中間層が厚くないのである。だからこそ，より大変になってくる。店作りは言ってみれば手探りの試行錯誤の連続によって始

められるのである。

《先が読める》

　いきあたりばったりの店作りだとはいっても，いつまでもヤマカンでするわけではない。徐々にコツがつかめてくるのである。それはチグハグを突くことである。鈴木は言う。

「もちろんいつも失敗ばかりじゃないんですよ。当たりもあるんです。当たったものではショーツがあります。ファッションというのは面白いもので，所得が上がったからといって頭の先から足元まで一斉にバランスよくセンスが良くなるというものではないんです。たとえば上着は良くなったが下着がだめとかね。パンストははくけれども，毛糸のパンツを一緒にはいているとかするんです。このズレを見つけることが大切なんです。他には傘があります。1ヶ月で10万本売りました。これもきれいな格好して歩いているのに傘もささず濡れて歩いているのを突いたんです。」

こうしてハズレは段々少なくなっていき，2年もすれば流れが分かるようになってくる。さらにやがて海外出店ノウハウの1つが蓄積されることになる。

「私はマレーシアの立ち上げにも行ったんですが，シンガポールのときと全く一緒のことをやりました。シンガポールの経験はあるけれども，またゼロからのスタートなんです。というのも人口構成が違う，食生活が違う……，やっぱり始めからなんです。でもこう言ってしまうと何の進歩もしていないように聞こえますが，そうじゃないんです。というのはシンガポールでの経験で，立ち上げ以後どう変化していったのかが分かってますから，マレーシアでは少しは楽なんです。要するに時間差は

あるんですが，予想がつくって言うんでしょうか，見えてくるんです。そしてやがて国ごとで共通する部分がかなり出てくるわけです。」

彼の言葉は，グローバル化の進展に伴う品揃えの変化に関してある重要な示唆をしていると思われる。分かりやすく言うとつぎのようになる。シンガポールでは，立ち上げ以後の試行錯誤の中から徐々に流れがつかめるようになっていく。流れが分かるとは，そのときどきでの最適な品揃えが予測でき，なおかつその品揃えが実現できることを意味する。こうしたシンガポールでの経験は，海外出店に関する貴重なノウハウとなる。出店可能と判断されるレベルに達したとき，店をオープンする。そのとき品揃えをどうすればよいのか，どのように調達すればよいのか。時間の経過につれて求められる品揃えはどのように変化していくのか。こういった点に関して学習が重ねられていく。そしてつぎにマレーシアに出店する。やはりそこでも一からの店作りだとは言うものの，今度はシンガポールで蓄積されたノウハウが発揮される。マレーシア出店はシンガポール出店の13年後であった。13年の時間差はあるものの，シンガポールでの品揃えの変化パターンはマレーシアでも相当部分妥当するのである。「これくらいの段階ではこの程度，これくらいになったらこうなる。」と予測が可能になるのである。だから楽になってくる。この国でこの先どうなっていくのかが読めてしまうのである。加えてもっと重要な現象がその後発生する。それは両国間での品揃えの共通化である。シンガポールでの品揃えとマレーシアでの品揃えが重なり始めるのである。シンガポールでもマレーシアでも，双方で共存できる品揃え部分が生まれ出すのである。いつそれが始まるのかは種々の条件によって違ってこよう。差し当たりここで重要なことは国家間で共通する部分が生まれ始めるという事実である。言うまでもなくこれはシンガポールとマレーシア間だけに限ったことではない。いまやシンガポールでは日本と同じような商品が売れ始めているという。共通する部分とは「日本と同じような部分」であり，あるいはまた

「シンガポールと同じような部分」なのである。

   2．商品調達手段の多様化
　何を品揃えしてよいのか分からない，どのように調達してよいのか分からないという全くの手探りでスタートしたヤオハンの海外での商品調達も，やがて品揃えの流れが見えてくる段階に至る。だが，品揃えの中身が見えてくるということと，実際に見えたとおりの品揃え形成ができることとは全く別の問題である。だとすると海外ではどのような手段によって商品を調達すればよいのであろうか。商品調達手段としてしばしば海外で利用されるのは，日本からの商品調達，そして欧米からの商品調達である。ヤオハンが主として店舗展開する東南アジア地域では，日本商品・欧米商品は憧れ商品である。これらの商品をそのまま持ち込めば，かなり理想的な品揃え形成ができるように思われる。しかしこれには落とし穴がある。それは1つには市場の異質性であり，他は制度的制約である。一口に日本の商品・欧米の商品といっても，国によって嗜好に大きな隔たりがある。どの国の市場でも，受容される商品はすべて同じというわけにはいかない。単純に日本商品・欧米商品でありさえすれば，何でもよいのではないのである。また国によって輸入規制・関税などの点で市場開放の程度が大きく異なる。仮に受容される商品であることが分かっていても，制度的に持ち込むことができない場合も多々あるというわけである。
　こういった状況は，最も単純な商品調達手段である海外からの憧れ商品持ち込みが常に可能であるわけでも，有効であるわけでもないことを意味している。つまり商品調達手段を1つに限定することは，海外における品揃え形成自体を制約することになる。そうであるならば，この制約を克服するためには商品調達手段を1つに限定するのではなく，多様化すればよい。商品調達手段のバラエティを増し，多様な手段のミキシングによって制約を乗り越えるのである。はたしてヤオハンは多様な手段のミキシングを実現するため

に，何を，どのようにしたのだろうか。

《やむをえない現地商品開発》

　ヤオハンではマレーシア・香港・タイなど各国で現地商品開発を行い，それぞれにオリジナルブランドをつけて販売している。たとえば香港ではポップコーン・ベルポケット・ベルキャロットなどの有力ブランドが成長しており，これらは商品グループごとにブランド付与した品揃え型ブランドである。こういった現地で開発した商品の積極的なブランド展開は，海外での商品調達では不可欠の手法のようである。ところが日本国内での小売企業の従来の商品調達は，取引先依存型調達が主力であった。商品は問屋にほぼ全面的に依存し，自らの力で商品を開発することは稀であった。唯一プライベートブランドのみが商品開発に相当するものであったが，実態は自主的な商品開発とは呼べないものであったことは既述のごとくである。それなのにどうして出店先の現地で，しかもほとんど経験のない商品開発をする必要があるのだろうか。

　「なにしろいきなりやったこともない大きな売場を作るんですから大変でした。基本的に，現地には仕入れてきてそのままで店で売ることのできる商品が限られている。というのは目指しているレベルというかグレードと現地ですぐ手に入る商品とのズレがあるからです。しかも売場を埋めるには量的にとてもじゃないけれども足りません。だからといって日本商品を引っ張ってこようとすると，消費者の好みの違いがあったり，現地と日本の季節のズレや四季のあるなしの影響で常に安定的に商品を手当てできなかったりします。あるいは日本のものは生活様式の違いから全く使い物にならない場合もあるわけです。ですから自分の力で商品を持ってこないとどうにもならないんです。現地の人を相手に商売しようと思えば，現地の人のために自分で作って持ってくる必要があるんで

す。」（鈴木　悟）

土屋　豊も同じような指摘をしている。

> 「当社の顧客ターゲットはオリエンタル&中間所得層です。したがって欧米では中心は在留邦人，1世・2世の方々です。そしてアジアでは現地の人たちです。ところが現地の人たちを相手にしようと思うと困ったことがおきるんです。というのはどうしても現地の人だけのために商品を適応させなければならない部分があるんです。嗜好の違いや体型の違いなどのためです。実はこれが非常に厄介な部分でして，国ごとでまるっきり違っているのです。よその国のものを持ってきてそれで終わりとはいかないんです。どの国へ行ってもこの問題はついて回ることです。とりわけシンガポールでは国内でも作ったことのない大きい店でしたから，全然商品が足らない。そんなわけで仕方がないから現地で自分で商品を作るしかないのです。」

どうも現地商品開発はできるならば避けて通りたい道であったようである。日本国内での経験がないことがその大きな理由であるだろう。現地向けだけに自主商品開発する場合のロットサイズに起因する高いリスクも理由の1つであろう。ともかくやりたくない手法であったことは間違いなさそうである。ところが避けて通ることは決してできなかった。それは小売企業が持たざるをえない環境適応業としての宿命だと言えそうである。ターゲットが現地を訪れる旅行者であったなら，現地商品開発はおそらく不必要であっただろう。だがターゲットを現地人に絞っている限り，現地適応しなければならない。しなければならないから，やむをえず現地での商品開発に取り組んだのである。いや取り組まざるをえなかったのである。

《品揃えレベルと共通化》

　海外展開時には，進出国の状況に商品によって適応することが必要である。ところが商品による現地適応は，多店舗展開を図る場合著しく効率性を損なうものである。チェーンストアのメリットは，多店舗化による規模の経済と標準化追求がもたらすコスト削減効果にある。海外で現地適応が求められるとすれば，チェーン化のメリットは得られないことになってしまう。ヤオハンはこのジレンマをどう乗り越えようとしているのだろうか。土屋　豊はこの点に関してつぎのように言っている。

「海外の店でどんな商品を売るかについては国ごとに違いますし，また同一国でも店ごとに違います。その理由は国ごとで現地の人の好みが違いますし，同じ国であっても立地条件・売場規模・業態の違いがあるからです。極端に言うと各国の，各店ごとに全部違うことになりますが，それでは効率がとても悪くなってしまいます。そこでチェーン化のメリットを出すために国の内部では品揃えの共通化を図っています。それは店の中心的な品揃え部分についてはということです。けれども品揃えの全部を共通化すると，逆に現地のニーズから離れてしまいますので，あとの周辺的な部分については現地に適応させています。」

佐久間祐二香港ヤオハン社長は，香港の品揃えの変化についてこう語る。

「香港では昔は田舎の店では低いレベルの品揃えをしていました。それだけ地域格差があったんです。ところがその後急激に所得水準・生活水準が上昇し，それに伴って香港全店がほぼ同一レベルになりました。なにしろ成長スピードが早いもので，店の見直しを頻繁にしないとついていけません。たとえば日本で10年に１回改装するとしたら，現地では５年に１回のペースです。SHA TIN 店などは７年で２回改装しました。

そのときには当然品揃えを含めていろいろ変化するわけです。たとえば雑貨・衣料品を中国製から日本製に変えるとか，ローカルテナントを日本テナントに，平台陳列からハンガー陳列に，ヨーロッパアイテムや有名ブランド化粧品を導入したりしました。また香港デザイナーを使った現地生産から日本人デザイナーによる現地生産への変更などもしました。」

　商品による現地適応には2つのレベルがある。それは国家レベルでの現地適応と国家内の地域レベルの現地適応である。出店行動のグローバル化の進展に伴って多国間に店舗展開し，さらに各国家内で多店舗化する段階に達したとき，現地適応問題は複雑化する。国家レベルでの現地状況の差異に適応すると同時に，地域レベルでの現地状況の差異に適応する必要がでてくる。もちろん両レベルでの現地適応の困難性には差異があるだろう。つまり国家レベルでの適応の方が地域レベルでのそれと比べて，より困難性が高いはずである。しかしながら程度の差こそあれ，いずれにしてもこの2つのレベルで適応しなくてはならないことは明らかである。

　二人はこのうち地域レベルの適応に関して多くを語っている。ヤオハンではある国の内部での各店舗間のバラツキを放置することなく，チェーンメリットを発揮するために積極的に品揃えの共通化を目指そうとしているのである。つまり一方で現地商品開発によって現地適応をしながら，他方で品揃えの共通化による規模のメリットを追求しようと試みているのである。この点は本書の中心課題の1つである「グローバル・プロセス移行の結果実現できるものは何か」を考える上で大きなヒントを与えてくれそうであるが，さしあたりここではつぎの点を付け加えておくだけに留めよう。それはヤオハンの本社と現地法人間の権限関係と現地開発組織についてである。ヤオハンでは各店舗のバイヤーが店舗レベルの一切の商品発注権と現地での商品開発の権限を持っている（もちろん組織上は商品部長が承認する形になっている）。そして仕入れ・開発ロットの拡大，納品の一本化，不正防止のために発注は現

地法人に集中させ，セントラルバイイングを行っている。また現地での商品開発を含めた現地適応を進めるため本社のコントロールは出向者決定・予算決定・業績評価のみに限定し，現地法人の自主独立性を高めようとしている。こういった仕組はチェーンメリット発揮のための品揃えの共通化を容易にするのに有効に機能しているようである。

《開発輸入と販売力劣位》

　ヤオハンが商品開発を現地で活発に行っていることは既に見たとおりである。従来はヤオハンに限らず小売企業が自らの手で商品を開発することはほとんどなかったことも既に指摘した。ただ1つの例外はPBだったが，それでさえも開発とはとても言えないものだった。ところがこのところ大手小売企業を中心に，ほとんどはじめてと言ってよいくらい本格的な商品開発が開始されている。しかも海外で開発されている。いわゆる開発輸入である。開発輸入とは，端的に言えば小売企業が全量日本に引き取ることを前提にして仕様書を作成し，外国メーカーに生産委託して商品を作ることであった。円高を背景にして急速に取り組まれ始めた開発輸入は，海外での商品調達の鍵である現地でのもの作りを進める上での基本的ノウハウを獲得する貴重な機会である。海外出店先の現地においてはもとより，国内においてさえも満足な商品開発経験のない小売企業にとって，開発輸入ははじめて本格的な商品開発に触れる実験の場として機能する。

　ところが驚いたことに，ヤオハンはこういった性格を持つ開発輸入を単独ではほとんど行っていない。大手企業が積極的な開発輸入によってつぎつぎに低価格商品を打ち出し話題を呼んでいるのと対照的である。開発輸入が商品調達手段として定着し始めたのはせいぜいここ10年くらい前である。ヤオハンがシンガポールに出店したのは20年前，香港に出店したのが10年前である。したがってヤオハンは開発輸入によって商品開発のトレーニングをすることなしに，いきなり商品開発に取り組んだということになる。このことか

らだけ見ても,ヤオハンの当初の苦闘ぶりがうかがわれる。

　とはいってもヤオハンは全く開発輸入と無縁だというわけではない。もちろん開発輸入商品を取り扱っている。ただ単独ではなく,すべて共同仕入機構のニチリウ(日本流通産業)を経由しての開発輸入である。ヤオハンは独力ではなくニチリウを媒介として商品開発に取り組み,その限りにおいて間接的にノウハウを蓄積していると言える。開発輸入を通じての経験なしに海外出店と同時にいきなり現地で商品開発を始めたヤオハンも,現在では活発化する開発輸入への間接的な取組みを通じて,より商品開発能力を高めつつあると言える。ただここで1つ問題となるのは,なぜヤオハンはグローバル展開に大きく貢献するはずの開発輸入に自ら取り組もうとしないのかである。

　その理由は実に明快である。それは日本国内が弱いからである。ヤオハンは国内に5,000㎡以上の店が10店,15,000㎡以上の店は1店しかない。売上高は最大手ダイエーの約13分の1である。開発輸入のリスクに耐えてメリットを出すためにはロットサイズは相当大きくなければならず,しかもそれだけの商品を日本国内でさばけるだけの販売力が伴っていなくてはならない。ところがヤオハンの国内販売力はそこまで到達していないのである。そこで共同仕入機構を通じての他社との共同開発によって開発輸入に手を染めざるをえないのである。

　この点は非常に皮肉である。既に検討したように,ヤオハンだけがグローバル化に突出できる大きな理由の1つは,ヤオハンの販売劣位であった。国内での販売力が弱いことが海外に活路を見いださせたのであった。それとは反対に国内販売力が弱いために開発輸入に独力で取り組めないのである。換言するならば,国内販売力劣位は二面性を持つことになる。つまりグローバルな海外出店行動に対してはプラスの効果を持つが,逆に開発輸入を通じての商品開発力強化の可能性に対してはマイナスの効果を持ってしまうのである。

《ドミナント商品開発への取組み》

　海外出店に不可欠の商品調達手段は現地商品開発であった。この調達手段の基本は，現地で売るための商品を現地で開発するというものである。海外に店舗を出店した小売企業が現地で現地のための商品開発の経験を積んでくると，ここからさらに一歩踏み出したより高度な商品開発が可能になってくる。それは現地で販売する商品を，現地ではなく第三国で生産するという開発パターンである。この開発パターンは，既に見た海外出店のグローバル化の進展に伴って各国間で共通する品揃え部分が生まれるという動きに対する有効な適応行動となりうるものである。分かりやすくするためにシンガポールとマレーシアの2国を例として考えてみよう。現地商品開発とはシンガポールで販売する商品を，シンガポール法人が主体となってシンガポールで開発するというものである。それに対し第三国商品開発とは，シンガポールで売る商品をシンガポール法人が，マレーシアで開発することを言う。この場合，マレーシアで開発するに当たっては，シンガポール法人が単独でするよりはマレーシアの現地法人の協力を仰ぐことが当然ながら効果的であろう。なぜならマレーシアはマレーシアで独自の商品開発経験を持っているからである。さらにこのとき，もし両国間で品揃えの共通部分が生まれているとするならば，これをねらって両国で販売可能な商品の開発をねらった方がロット的にメリットがある。加えて双方の商品調達手段の多様性を増すことにもつながる。こうして第三国商品開発は，実質的には国家間の共同開発・共同販売という形をとることになる。以下ではこういったパターンの第三国開発をドミナント商品開発と呼ぶことにしよう。この例ではシンガポールとマレーシアを共通品揃え部分を持ったドミナントと見なすのである[12]。

　はたしてドミナント商品開発は現実に可能なのであろうか。土屋　豊は言う。

　「ある共通項を持つ複数の国を一つのドミナントと考えて，そのドミナ

ント内で商品の共通化をすることは可能だと思います。どんな商品で共通化が可能かというと、たとえば衣料品では、必ずしもベーシックな物でないといけないというものでもないと思います。流行の先端をいくものは無理としても、少し流行からそれた商品での共通化が進むだろうと思います。またホームセンターで扱うような機能性の高い商品では比較的早くできるでしょう。その背景として現に所得水準・情報発展が進んでいる NIES 諸国の消費者の生活・服装のレベルを10年前、5年前と時系列に写真分析してみますと、民族主義的色彩・志向は総じて薄れつつあり、標準化がどんどん進んでいます。どの国の消費者も大半は欧米型に収斂されてきているのが分かります。」

シンガポール・香港で長年のバイヤー経験を持つ武井良明（ヤオハンジャパン・スーパーバイザー部衣料・住居関連担当次長）は既にドミナント商品開発を実施した経験があると言う。

「現在のところはっきり言って複数国間での商品の共通化はできていません。でも過去にいろいろ試みてはいるんです。たとえばマレーシア・ブルネイ・シンガポールが参画してやろうとしました。しかしマレーシアは輸入関税が50％以上かかるのでとても合わないということが分かって中止しました。また2年前にはシンガポール・香港・台湾・日本で婦人もののコーディネート商品を手掛けました。ところが日本は2－3週間単位での敏速な納期を求めるんですが、香港は半年・1年前からの生産ですから合わないのです。それからそれぞれでサイズが違いますし、好む色の違いもあります。シンガポールはビビッド・カラーだし、香港・日本は自然志向です。

　これまでの様々な経験からみて、ドミナント商品開発を進める上での壁は5つほどあります。第1は生産国と消費国間の距離、つまりこれが

デリバリーやデザインの打ち合わせなどでのロスにつながってしまいます。第2は各国での品揃え戦略の差異。ウチ（ヤオハン）では各国が自主性を持ちどの商品をどのようにして調達するかについてそれぞれポリシーがあるため，それが嚙み合わないことがあるんです。第3は配送コスト，つまり関税率の差です。第4は品質基準，消費者の目から見た選択基準のことで，デザイン・カラー・サイズなどが国によってかなり異なります。最後は各国のリスク負担力，どこまでリスクを負ってまで真剣に取り組もうとするかということです。」

最先端を走るヤオハンをもってしても現時点ではドミナント商品開発は成功していないようである。だが国家間の品揃え共通部分を突くことの意味は大きい。各国が商品調達手段の多様性をいっそう増すことができるだけではなく，グローバル化の進展に伴う多国間多店舗展開の全社的なグローバル・メリットがこれによって得られる可能性があるからである。

《さらなる飛躍のために》

ヤオハンはこれまで商品調達手段の多様化を積極的に進めてきている。この調達手段の多様化は，様々なルーツを持つ商品の品揃えを可能にする。ルーツが異なれば，商品はそれぞれに違ってくる。このそれぞれに異なる商品を自由に組み合わせることが，現地でのヤオハンの強みを形作るのである。そしてこのヤオハンの商品調達手段の多様化の鍵を握るのは，もの作りであった。やむをえない現地でのもの作りから，ドミナント商品開発へというもの作り手法の深化は，多様な商品品揃えを実現するための手段の多様化であった。

ヤオハンは今後もの作りをどのように深化させ，それによって何を目指そうとしているのであろうか。土屋　豊経営推進部取締役部長のつぎの言葉はこれを示唆している。

「今まではどの国においても、そんなに激烈な競争はありませんでした。だからわが社の得意とするヤオハン精神で、がむしゃらに突き進むことができたんです。それでうまくいったんです。しかし今や各国で競争が激しくなってきています。精神力だけでは乗り越えられない部分が大きくなってきています。ですからこれからは経営力をプラスする必要があります。経営力の中身は情報力・マーチャンダイジング力です。各国で所得水準が上昇し、消費のレベルが急速に変わりつつあります。それに対応するためには、どこでどんな商品ができるのか、これまで商品はどこで作られていたのか、在庫状況はどうか、物流の拠点はどこにするのがよいのか、どこにどんな生産者がいて、どれくらいの納期で、どれくらいの技術力を持っているのか、などといった情報を集約・接合することが求められます。グローバルにこういった情報を収集・分析して、それをもとにマーチャンダイジングを展開することがこれからすべきことです。」

土屋は、商品の多様な品揃えを実現するための基礎としての情報の重要性を強調している。どこで、何を、どのようにして作るのが最適なのか。そのための情報の整備がつぎなる課題だというのである。

鈴木　悟も同様の指摘をしている。

「ヤオハン・グループ全体でまとまってやれば、ロットは足りるところまで来ました。しかし今のところ各国間での差異が大きいために、それぞれの国で勝手にやっているのが現状です。どこかの国で、同じ素材を使って、そしてそれを微調整して各国へ流すことが今必要です」

さらに武井良明は力強く語っている。

134　第4章　国際流通グループ・ヤオハンのグローバル行動

「たとえばどこかの国で、ある商品を開発したとします。このとき、「その商品を売らねばならないので、グループのどの国でも必ずそれを取り扱え」という強制（送り付け）は当社ではやりません。これをやれば一応はある程度の売上を達成できるかもしれませんが、そんな無理強いはしません。だからその意味で商品の共通化が遅れている面はありますが、しかし共通化に向けて必要な実験は全部すませました。まだ成功しているとはいえませんが、問題点は分かっています。それに加えて最近は追い風も吹いています。それは円高です。以前ならばいざとなれば日本から引けるという甘えがありました。でもこれだけ円高になると日本から買うわけにはいきません。いやでも自分たちでもの作りせざるをえない状況になっています。これからは今まで蓄積した商品開発のノウハウを、グローバルなレベルで発揮するために、商品の共通化に取り組まなければならないと思います。うちのトップは「No.1企業になるより、only 1を目指せ」と言っていますが、それはまさにこういった意味です。つまりうちは日本国内で一番売る企業にはなれませんが、世界で企画して世界で販売することによって、世界でうちだけしかできないことをする企業になれるんです。」

ヤオハンは世界でヤオハンしかできないことをやろうとしている。それはグローバルなレベルでの商品開発である。各国レベルでの商品開発の経験をもとに、そのノウハウをグローバルに展開しようというのである。そのための基盤として情報力が重視され、それによってマーチャンダイジング力が強化されるのである。ヤオハンは国レベルでの商品開発能力をグローバルなレベルでのそれに昇華させることによって、よりいっそう多様な商品品揃えの形成を目指そうとしているといえる[13]。

　（付記）本章作成に際しては、1992年3月に八佰半香港百貨有限公司常務董事　佐

久間祐二氏から、また1993年8月にはヤオハンジャパン経営推進室取締役部長 土屋　豊氏、同百貨店事業本部取締役本部長　鈴木　悟氏、同スーパーバイザー部衣料・住居関連担当次長　武井良明氏から貴重なお話をうかがった（肩書きはすべてインタビュー当時のものである）。ご協力に心より感謝する次第である。

1) ヤオハンはさらに1996年6月、上海への本部移転を予定している。『毎日新聞』、1996年4月24日。
2) 『有価証券報告書総覧　ヤオハンジャパン　平成5年』。
3) 伊勢丹・そごうともに1995年7月現在の数値である（筆者のアンケート調査に基づいている）。ただしインドネシアそごうは、技術提携のみであるため除いている。またシンガポール（パラゴン）店も除いている。
4) いなげや・サミット・忠実屋・丸久などが海外出店している。
5) 篠原　勲・小澤　清 (1991), pp. 134-136。
6) 清水市の百貨店「花菱」に対する過剰投資による経営の圧迫が、ヤオハンにいっそうの危機感を与えたとの指摘もある。渡辺一雄 (1991), pp. 138-140。
7) 永住すること・就業時間は24時間と心得るべきことなどからなる「ブラジル店成功のための十ヵ条」が作られたという。小野博資 (1992), pp. 69-70。
8) 渡辺一雄 (1991), pp. 148-149。
9) 篠原　勲・小澤　清 (1991), p. 31, p. 179。
10) 同上, p. 31。
11) 小野博資 (1992), p. 125。
12) この場合のドミナント成立の条件は、共通する品揃え部分を持っていることである。たとえばアメリカと中国は少なくとも現時点で同一ドミナントを形成しているとは言えない。どことどこを1つのドミナントと見なすかは企業の戦略的決定に依存している。しかしおそらく所得水準・人種構成とその反映としての消費者の嗜好などが基準となるであろう。
13) もはやこうなると国単位の商品調達戦略の管理では不十分になる。日本のグローバル製造企業がグローバルな組織を模索しているのと同じ意味で、やがてグローバルな商品調達戦略のための組織が必要になってこよう。そしてその前提として機能する情報センター的な組織も求められるであろう。ヤオハンにとって、このような意味での商品調達戦略中枢・さらには情報センターとしてIMM構想が大きな意味を持っている。既にシンガポールに開業済みの国際卸売センターIMMや上海・北京で建設されるIMMはまさにこういった流れにおいて理解されるべきである。

第5章 「良品計画」のグローバル行動
——商品コンセプト,開発輸入,そして海外出店——

　良品計画——1989年6月30日設立,平均年齢28.5歳のこの若い企業の存在をよく知らない人がいるかもしれない。しかしそんな人でも「無印良品」の存在を知らないはずはない。わが国小売企業が永きにわたって開発に取り組みながらも,実際には不況期にいくらかのブームを巻き起こすだけで,これまで期待されたほどの成功をおさめることのなかった数多いプライベート・ブランドの中でほとんど唯一成功し,日本のPBの代表と見なすことのできるのが無印良品である。これはもともとは西友のPB戦略の核として1980年（昭和55年）にスタートした。それ以来好調に売り上げを伸ばし,1989年無印良品の開発事業を担当する独立会社として「良品計画」が誕生した。

　西友のすべてのPB戦略を一手に担当する商品開発会社というわけではなく,無印良品という単独PBだけを専門に扱うこのユニークな企業は,同時にわが国を代表する純粋グローバル企業である。いったいどこがグローバルであるのか不思議に思われるかもしれない。本章ではこの点が明らかにされる。

　分析に際して念頭においておくべきことは,良品計画が純粋グローバルの内のワンコンセプト・限定品揃え型グローバルを代表する企業であるということである。この点が前章で分析したヤオハンと異なっている。先に第1章で検討したように,既存研究はグローバルな小売企業の特徴について,おおむねつぎの2点を明らかにした。すなわち,(1)明確なコンセプトと(2)供給者への高いコントロールである。たとえば,Salmom = Tordjman (1989) はグローバル戦略を追求する小売業の代表例としてベネトン,ローラ・アシュレイ,マークス＆スペンサーなどを取り上げ,それらの特徴として(1)標準化

戦略を採用していること，(2)垂直的統合に積極的であることを指摘した。Treadgold (1988) は，グローバル化の程度の高い企業グループ（ボディショップ，ステファネル (Stefanel)，サウスランド，ベネトン，マクドナルド）を World Powers と呼び，それらの特徴として(1)文化的差異を超越できる製品・形態 (format)，(2)供給者に対する高いコントロール行使，を挙げた。Burt = Dawson (1989) は，グローバル小売戦略をとる企業（ローラ・アシュレイ，ボディショップ，ベネトン，イブロッカー (Yves Rocker)）の特徴として(1)標準化された小売コンセプト，(2)公式・非公式な統合による供給者に対する緊密なコントロール，を指摘した。一見して明らかなように，既存研究がグローバルな小売企業と見なし，例示した企業[1]はすべて一般的な用語を用いれば「専門店」を展開する企業である。つまり品揃え幅が狭く，それら商品が特定の主張に基づいて集められた店舗＝専門店を展開しているのである。本書ではこの「専門店」を，いま1つの純粋グローバルである多製品型との対比上，より象徴的に「ワンコンセプト・限定品揃え型」と呼んでいるが，基本的には同一である。良品計画は，ワンコンセプト・限定品揃え型企業として，まさしく既存研究が取り上げたグローバル小売企業と同じ範疇に属している。それゆえに，既存研究の指摘に従えば，この2つの特徴は良品計画にも共通して見いだすことができるはずである[2]。この点を考慮に入れながら，以下では(1)良品計画はどのようなコンセプトを，どのようにして形成していったのか，(2)どんな商品開発手法を使っているのか，(3)なぜ海外への出店が可能になったのか，を明らかにしつつ良品計画のグローバル行動をたどってみることにする。

第1節 「無印良品」作りと明確なコンセプト

　量販店のもの作りは昭和40年代中盤のPB開発に始まる。当時のPBはNBへの価格上の対抗を目的としたものであった。価格決定権をメーカーの

第1節 「無印良品」作りと明確なコンセプト 139

手から奪取することをスローガンにもの作りが行われたが,商品開発の経験がなくノウハウの蓄積のない量販店にとって,それはあまりにも安直な取り組みと言わざるを得なかった。その結果,開発された商品はラベルを替えただけのNBコピー商品に近いものが多く,NBより10%以上安い価格に当初魅力を感じた消費者のPB離れをやがて加速させてしまうことになった。

これがわが国における第1期PBであるとすれば,第2期はノーブランド(あるいはジェネリック)商品の登場である。昭和50年代初頭,ブランド名のみでなく商品から可能な限りの価値を削ぎ落とし,ひたすら低価格を訴求したのがこれである。NBより20—30%も安い価格を実現したが,訴求点が価格のみに限定されたことがブームを一時的なものにする原因となった。このノーブランド商品のもつ廉価性をそなえながら,同時に商品に新たな価値を付加しようとする試みの中から生まれたのが,西友の無印良品であった(当時は西友のPB)[3]。

《わけあって安い》

「PBは安いけれども,商品の魅力に乏しい」,「安いという裏には,それなりの(=マイナスの)理由があるに違いない」というのが消費者のPBに対する一般的な印象である。つまり商品の価格と品質との間にはプラスの相関関係が想定されており,低価格と高品質は両立しないものと考えられているのである。無印良品の基本的開発コンセプトは,この点の常識を覆し,価格と品質の間に新たなバランス点を見つけ出そうというものであった。そこで「良品質を保った構造的な廉価商品」であることをポイントに設定した。さらにフォーカスを絞り込むために3つの条件をつけた。それは,

(1)日常生活基礎商品で,過剰サービスを必要としない商品,

(2)安い理由が納得のいくものであり,それを明記できる商品,

(3)NBの25—30%引の安価で,安定供給が可能な商品,であった。要するに,ぜいたく品を何らかの方法で他より安く売るようなことはせず,必需

品を対象にして，安く作ることができた理由を訴求し，しかもその安さが一時的なものでなく安定したものにしようというのである。

　これを実現するためにはどうすればよいのか。無印良品では，商品の川上段階に遡り徹底して無駄を省くことによってそれを達成しようとした。無駄排除のパターンは3つである[4]。第1は，素材の選択である。海外にも目を向けて，品質がよく，より安い原料の取得ルートを開拓することによって素材面でコスト削減をねらうのである（実際に海外の素材を使うようになるのはかなり後のことである）。このパターンの例は，たとえば「黒糖かりんとう」や「鮭水煮缶詰」である。前者は，一般に見られる必要以上に甘いかりんとうから甘味の使用を減らすことによって価格を抑えたものである。後者は，形くずれした原材料を使わない従来の鮭缶に対して，実際の料理では身を崩して使用することが多いことを考慮して，これまでの基準では使用しなかった形の揃っていない鮭を使ったものである[5]。

　第2は，工程の点検である。選別工程や見ばえをよくするための工程を省くなど，製造過程を再点検する。この代表例は「われ椎茸」である。「煮物に使うときには形が整っている方がよいけれども，ダシをとったり切って使う場合には形なんてどうでもいい。」という消費者モニターの意見をもとに，形の悪い椎茸までも使用したのがこれである。それは陶器の場合に似ているという。陶器の場合，焼き上がりをA品・B品・C品などと等級づけするという。採算をとるために，優良品であるA品にはB品・C品のコストが転嫁され，さらにこれに破損率を見込むために，どうしてもAクラス商品の価格は高くなる。それならばいっそ安いB品・C品も買おうというのがこのパターンである。つまり椎茸の場合にも，従来A品だけを商品として袋詰めしていたものを，A品からC品まで1つに混ぜて袋詰めしたのである。安いC品だけを詰めて安物を売ったのでなく，A品からB品まで全部を1つに詰めたのである。すなわち従来行われていた，選別工程を省いて「無選別」にすることでコストを下げたのである。

第1節 「無印良品」作りと明確なコンセプト　141

　第3は，数をまとめて一包みにしたり，パッケージ印刷を簡素にすることなどによる包装の簡略化である。たとえば容器を缶からアルミパックにした「オレンジドリンク」や家族用に12ロールで1パックにした「トイレットペーパー」などが例である。

　以上のように，生産段階に立ち入ることによって品質を維持しながら無駄の排除によるコスト削減を図ろうとしたのである。ここで重要なことは，安さの原因（わけ）を商品に明記したことである。「少々難あり」で安いのではない。「全く難なしで安くできた」という主張をするために，そのわけをわざわざ明記したのである。「わけあって安い」という無印良品発売時のテーマは，もの作りに関わったからこそ発信できる自信の表明だった。この主張の積み重ねは，やがて無印良品のコンセプトをますます鮮明化させていくことになる。

《商品コンセプトの確立》

　無印良品は昭和55年（1980年）家庭用品9アイテム・食品31アイテムの合計40アイテムでスタートした。その後3年間に矢継ぎ早に開発された商品群によって，おそらく消費者は無印良品の商品コンセプトを鮮明に認知したことであろう。そのコンセプトとは「シンプル」・「ナチュラル」である。

　前者のコンセプトは，つぎのような一連の商品の流れによって形成された[6]。それは昭和56年秋から加わった衣料品のうちの主としてベビー服・子供服からである。ここに込められた主張がシンプル感をアピールするのに大きく貢献した。実用衣料では服の装飾・色合い・デザインなどのファッション性よりもむしろ，脱着のしやすさ・動きやすさ・耐久性などの機能面が重要だというのが基本発想である。そこでベビーよだれ掛けでは，アップリケやワッペンを一切取り除くことで廉価を実現した。またベビーパイルパジャマでは，余分な飾りを排除し，着替えがしやすい工夫を施した[7]。その他（表5-1）に見られるような商品が，シンプルなデザイン・機能重視のイメ

(表5-1)「シンプル」商品群

商　品　名	コピー（わけ）
パンティストッキング10足組	商品のみばえを良くするための高温セットを省き，ナイロン66の特徴を最大限に生かしています
男女児裏毛5分袖トレーナー	刺しゅうなど余分な飾りをはずしてお安くなりました。ラグラン袖の軽快さです
男女児長袖トレーナー	刺しゅうなどの余分な飾りをはずしました
紳士洗いざらし布帛シャツ	のりづけ，アイロンがけをせず，洗いざらしのまま。ゆったり大きめに着られます
ハンカチ（洗いざらし）3枚組	のりづけ，アイロン加工を省き，吸湿性に優れ，肌ざわりもソフトです

出典：無印良品白書プロジェクトチーム（1986），pp.39-47より修正の上抜粋

ージを打ち出した。

　後者は，やはり衣料品によって生み出された。先に無印良品は無駄を省くことで廉価を実現しようとしたことを指摘した。衣料品に関していうと[8]，生地にあるいは糸に色をつけるとそれだけコストがかかってしまう。染料が必要であるし，工程が複雑になる。これらを排除すれば，つまり色さえつけなければその分コストを抑えることができる。そこで色をつけないことにした，というのである。これが消費者に受け入れられた。今までになかった新鮮な感じが受けたのである。廉価実現のために色付けという無駄を排するという発想が，もともとの色を生かしたナチュラルな商品イメージを形成したことになる。その原点となった商品はソックスであった。染色工程を省き，もとの糸の色合いをそのまま生かした仕上がりであった。その他，カラフルな布団側で包むのでなく無地の布団側で包んだ寝具・こたつ布団，無地のクラフト紙を使ったダンボールくず入れなどがある。この「ナチュラル」路線は，全く色付けしない「生成り」を1つの「色」と位置づけることによって，昭和57年頃からのシリーズ化につながっていく（表5-2）。

　シンプル・ナチュラルというコンセプトは，さらにパッケージに再生紙を

(表5-2) 生成り商品群

商　　品	コピー（わけ）
フィッシャーマンセーター	自然の風合いを生かすために染色工程を省きました
純毛生成毛糸	良質の羊毛を使用しています。染色工程を省いた自然の風合いが魅力です
婦人アルパカ混ウールセーター	染色工程を省き，生成の風合いを生かしています。肌ざわりもソフトです
色鉛筆	生のままの無塗装の軸木を使用しています

出典：（表5-1）と同じ，pp.43-47より修正の上抜粋

使用することによって，あるいは「愛は飾らない」などに代表される斬新な広告コピーによって，いっそう強化されることになった。無印良品の商品アイテム数はその後も増加を続け，1993年時点で約2,200アイテムに達しているが（表5-3），それらにはすべてこのコンセプトが貫徹していることは言うまでもない。このように，無印良品は明確な開発コンセプトに基づくことによって，次第に鮮明な商品コンセプトを打ち出すことに成功したのである。

第2節　素材でのわけ追求 ── 開発輸入の開始 ──

《素材へのこだわり》

　無印良品は発売後，急速に商品コンセプトを鮮明にすることに成功した。商品に色をつけないことがナチュラルなイメージを形成することにつながった。そもそも「色を付ける」ことは商品の訴求力を強化させる効果を持つ。色は消費者の商品選択に際して重要な基準の1つである。ところが色を付けることにはもう1つの隠れた効果があるという。それは素材のアラを隠す効果である。色が付いていることによって少々の難は，塗りつぶされてしまう。たとえばプラスチック製品などでは，色を付けることによって素材の質の悪さ・汚れなどが隠されてしまう。逆に色を付けないということは，この隠さ

(表5-3) 無印良品アイテム数変化

	合計	衣料品	家庭用品	食品
昭和55年12月(1980)	40	—	9	31
昭和56年 4月(1981)	52	—	12	40
昭和56年10月(1981)	101	23	30	48
昭和57年 4月(1982)	129	30	48	51
昭和57年 9月(1982)	220	25	136	59
昭和58年 4月(1983)	418	62	264	92
昭和58年 9月(1983)	723	123	475	125
昭和59年 2月(1984)	1,061	214	685	162
昭和59年 9月(1984)	1,111	220	724	167
昭和60年 3月(1985)	1,113	190	745	178
昭和60年10月(1985)	1,086	187	706	193
昭和61年(1986)	1,100			
昭和62年(1987)	＊			
昭和63年(1988)	1,200			
平成1年(1989)	1,400			
平成2年(1990)	1,500			
平成3年(1991)	1,600			
平成4年(1992)	2,000			
平成5年(1993)	2,200			

出典:(1) 昭和58年9月から昭和60年10月までについては(表5-1)と同じ,p.74
(2) 昭和61年以降のアイテム数データは公表されていない
(3) 昭和61年以降の合計数については日経流通新聞記事より抜粋引用
(4) 昭和62年の合計数(＊)は不明

れた効果が期待できないことを意味する。つまり無印良品の場合には色を付けないことが,一方ではナチュラル感覚を演出するというプラスの効果をもたらしたが,他方で素材のアラが見えやすいというマイナスの効果をももたらしてしまうことになるのである。そこで無印良品の商品開発においては,

コンセプト確立以後は素材の選択が極めて重要な課題となっていった。素材に気を遣うことによって色を付けないことのマイナス効果を薄め，商品コンセプトの維持をねらおうというのである。素材にこだわる姿勢はこうして生み出されることになる。

　無印良品の開発で素材が重視されたいま1つの理由がある。それは素材でしか差別化の方法がないということである。「シンプル」コンセプトは，無印良品ではデザインがシンプルであること，商品バリエーション（サイズ・柄など）に限りがあること，飾りがつかないことなどを意味している。たとえば衣料品を考えたとき，これでは他社製品との差別化可能な次元が素材しか残っていないのである。このコンセプトを打ち出した瞬間から，素材を重要視せざるをえない状況に自らはまり込んでしまったということができよう。

　このような理由から，無印良品は素材追求への道を歩み始める。発売当初の「わけの追求・わけの明示」は，「素材にわけを求める」，「素材でわけを追求する」方向に重心を移していった。

《開発輸入の始まり》

　素材にわけをもとめる商品開発の道は，まもなく開発輸入に行き当たる。無印良品の開発輸入は発売からおよそ5年たった頃から本格化し始めた。そのきっかけとなったのは綿の調達である。綿の種類は実に多様である。原糸の長い——短い・太い——細い・色（白・ベージュ・茶色など）などその多彩さは想像を越えている。これに目をつけ，綿を求めて海外をさまよったのが開発輸入の始まりだったという。（表5－4）は開発輸入によって作られた商品の代表例である。綿からスタートした開発輸入が，さらにシルク・麻と素材の種類が拡大していることが分かる。

　無印良品の開発においては，このように素材の追求が開発輸入への道をたどらせることになった。ここで不思議に思えるのは，なぜ「素材にわけを求める」という新たな方向が，開発輸入に結びつくに至ったのかである。既に

(表5-4)　開発輸入商品

商　品　名	コピー（わけ）
ペルー綿ポロシャツ	インディオの手によって大切に育てられた良質のペルー綿を使用。肌にしっくりなじみます
麻100%洗いざらしシャツ	世界的な産地として知られる中国の良質の麻を使用しています。ゆったり大きめに着られます
絹シーツ	中国東北部の野蚕シルクを未ざらしのまま使用。自然の絹ならではの、しなやかな肌ざわりです
シルクパジャマ	中国産の絹素材（野蚕）を未ざらしのまま使用。シルクならではのしなやかな感触が、思いがけない価格で購入できるようになりました
インド手織タンガリーシャツ	インドで作りました。ざっくりと織りあげた手織りならではの味を大切にしています
ブラジル麻100%Tシャツ	麻本来の色が生きているブラジル紡績のリネン。肌ざわりも快適です

出典：(表5-1) と同じ，pp. 51-55より修正の上抜粋

見たように開発輸入とは，簡単に言うと「小売企業自らがもの作りにタッチし，しかも海外でそれに関わり，できあがった商品を日本で販売する手法」である。わざわざもの作りにタッチせずとも，しかも海外に行かなくても，「素材の追求」は可能だったのではないだろうか。無印良品の場合，なぜ自らがもの作りに関わり，しかも海外でそれをするに至ったのだろうか。

その理由は実に明快である。まず前者の理由，つまりなぜ自らもの作りを行ったのか。既に見たように無印良品では商品コンセプトが鮮明に打ち出されている。シンプル&ナチュラル。このコンセプトを守るためには，自分でする他に手はないのである。このようなコンセプトを打ち出したのはまさに自分自身である。各メーカーは全く自分たちとは別のコンセプトのもとで商品を製造している。卸売商を通じてそれらの商品を調達していたのでは，コンセプトの統一性は全く失われ，その維持は不可能になる。仮に偶然このコンセプトに合致した商品をあるメーカーが生産していたとしよう。しかしあくまでそれは特定の一商品のみに関しての偶然であって，品揃えすべき商品

第2節　素材でのわけ追求　147

ライン全体にわたって，外部メーカーの商品で間に合うことは考えられない。鮮明なコンセプトを掲げ，それを確立させたのは自分自身である。それゆえそのコンセプトを分かっているのは他ならぬ自分だけなのである。したがって自ら手掛ける以外に方法はないことになる。人任せの開発では無理というわけである。

　つぎに，なぜ海外でもの作りをやろうとしたのか。これには2つの理由が考えられる。第1は，素材が海外に多く存在したことにある。たとえば開発輸入のきっかけとなった綿。たくさんの種類の綿が，人知れず世界の各地に散在しているという。現在，中国新疆ウイグル地区・インド・エジプト・モロッコ・カリフォルニア・コロンビア・メキシコ・ペルー産の綿が利用されている。綿以外に，麻では中国雲南省・マニラ・フランスが，皮革ではパキスタン・ウルグアイが，ウールではペルー・アルゼンチン・オーストラリア・ニュージーランド・アイルランド・ウクライナ・オーストリアが産地として利用されている[9]。このように世界各地に存在する素材を使ってわけを追求しようとしたとき，必然的に海外との関わりにおいてもの作りが行われることになるのである。

　第2の理由は，国内取引におけるしがらみとの絶縁である。自らもの作りをせざるを得ないとしても，わざわざ海外でもの作りをしなくても国内で十分にできたのではないか。だがこれは不可能であったという。良品計画（当時西友）が目指しているのは製造小売業である。自ら作って自ら販売する小売業。人が作ったものを販売する従来の小売業から脱却するためには自ら作らねばならない。しかしそれを国内で行うには，あまりにもこれまでの国内での取引関係の影が重くのしかかりすぎている。長年にわたって取引関係のある業者の頭越しに素材メーカーと直接取引を行ったり，納入業者と競合する商品を自ら生産することには，抵抗が大きすぎたのである。思ったとおりのもの作りを自由にするには，何の縛りもない海外が最適だったというわけである[10]。

このように，無印良品のコンセプトを守るために海外との関わりの中で商品開発が志向されたのであり，こうしてやがて開発輸入のノウハウが徐々に蓄積されていくことになった。

第3節　開発輸入の深まりと海外出店

《無印良品ショップの海外出店》

　無印良品では独自のコンセプトを打ち出し，それを維持するために開発輸入への取組みを積極的に進めていった。それは素材を世界に求め，その加工基地を地球規模で配置する仕組の探究プロセスであった。それはどこかで誰かが作った商品をそのまま仕入れて販売するのではなく，自らの手で生産段階を川上に遡り，素材の段階からそこに自らの主張を織り込んでいく手作り作業の連続だったのである。現在こうして開発された商品が全商品に占めるウエートは，家庭用品で約20—25％，衣料品・食料品でそれぞれ40％・20％である[11]。そして近い将来この比率を家庭用品で35％，衣料品で50％程度に引き上げる予定である。

　良品計画の場合に注目すべき特徴は，この開発輸入経験の蓄積を受けて，最近海外に無印良品ショップを展開し始めていることである。（表5-5）は1995年7月時点での，海外ショップの一覧である。1991年7月の「ウエストソーホー店」を皮切りにして，イギリスでは4店舗・香港では9店舗・シンガポール1店舗を「MUJI」というショップ名で展開している。わずか4年間で合計14店舗であり，売上高も順調に伸びている。

　ここで問題となるのは，「なぜ開発輸入の経験の深まりが海外でのショップ展開につながったか」である。繰り返しになるが，開発輸入では海外でもの作りに関わるとはいうものの，生産された商品は全量日本に持ち帰って国内で販売することが前提となっている。いわば商品については，海外から日本国内へという内向きの流れがそこには見られることになる。一方海外での

第3節　開発輸入の深まりと海外出店　149

（表5-5）　良品計画海外店舗一覧

開設年月	店舗名	出店地	店舗面積
1991年 7月	MUJI WEST SOHO	イギリス	149㎡
1991年11月	MUJI OCEAN CENTRE	香港	284㎡
1992年 4月	MUJI PACIFIC PLACE	香港	152㎡
1992年 6月	MUJI COVENT GARDEN	イギリス	158㎡
1992年10月	MUJI GLASGOW	イギリス	330㎡
1993年 6月	MUJI TAIKOOSHING	香港	162㎡
1993年11月	MUJI CAUSEWAY BAY LOFT	香港	149㎡
1994年 4月	MUJI WHANPOA	香港	63㎡
1994年 7月	MUJI COLDMARK	香港	158㎡
1994年 7月	MUJI PARKLANE	香港	73㎡
1994年 7月	MUJI SHATIN	香港	142㎡
1994年10月	MUJI KENSINGTON	イギリス	142㎡
1995年 4月	MUJI BUGIS JUNCTION	シンガポール	165㎡
1995年 5月	MUJI VICWOOD	香港	129㎡

出典：筆者実施のアンケート調査結果および日経流通新聞掲載記事をもとに作成

ショップ展開は，従来国内で展開していた店舗を海外に持ち出すこと，いわば日本国内から海外へという外向きの流れととらえることができる。こうした一見逆向きに見える2つの動きが，なぜ結び付いたのであろうか。

《卸売ビジネスの意味》

その第1の理由は，商品開発に必要なロットサイズを確保するためには販売量を拡大し，それに伴ってチャネルを多様化させなければならないからである。独自の商品コンセプトに基づいた商品を廉価に生産するためには，少なくとも採算ラインを維持するために必要な最小ロットを満たすだけの販売力が伴わなくてはならない。しかしこれはたやすいことではない。商品開発段階で設定した価格ラインを実現するためには，一定量のまとまった注文を

出さなければならない。それだけの量をさばくことのできる販売力が伴っているならば，期待どおりの価格設定が実現する[12]。そうでない場合には，方法は2つしかない。その商品の開発をあきらめるか，あくまで強行するかである。後者の場合には，基本的に販売力が伴っていないわけであるから，それを補うためのいろいろな工夫が行われる。たとえば相手の求めるロットには応じられないので，多少の価格を犠牲にして，販売可能なロットに落として発注する。あるいは衣料品の場合には，そのメーカーに対して複数の服種（たとえばTシャツとシャツなど）を注文することで，求めるロットを達成する。だがこういった工夫はあくまで臨時措置であって，基本的には必要最小ロット実現のために，販売力をつけなければならない。そしてこの販売力をつける方法として，チャネルの多様化が図られることになる[13]。

良品計画は，このような意味でのチャネルの多様化を早い時期から積極的に開始している。無印良品の販売チャネルは西友全店（220店舗）・西武百貨店全店（14店舗）・ファミリーマート（6店舗）でスタートした[14]。ただしこれら店舗における商品の販売は，すべて商品ジャンルごとのコーナー展開であった。すなわち食品・家庭用品・衣料品はそれぞれ食品売場・日用雑貨売場・アンダーウエア売場に無印良品コーナーとして集められていた。この販売形態を脱し，各売場に分散していた商品を1つの売場に集める現在一般的に見られる形態に改めたのが，昭和58年オープンの「無印良品青山店」であった。直営路面店第1号である。この成功を受けて路面店は，同年「無印良品アメリカ村」，翌59年「無印良品四ツ谷」，「無印良品天神」，さらに60年「無印良品河原町」，「無印良品新潟」，「無印良品高松」と急速に数を増やしていった[15]。この路面店展開と同時に，西友の店舗内においてもインショップ形式の無印良品店舗が展開され始めた。

このようなコーナー展開から独立ショップ展開への流れは，西友（当時は無印良品は㈱西友のPB事業であった）自社内での販売チャネル多様化と考えることができる。ところがこれと並んで無印良品の場合には，発売後逸早く

「卸売り」を事業の中核の１つとして位置づけてきた。つまり無印良品を西友自社内だけでなく、社外の広いチャネルを利用して販売しようというのである。この卸売りは商品供給事業と呼ばれているが、これはさらに２つに分類される。１つはセゾングループ内への商品供給である。代表例は西武百貨店でのインショップ展開である。無印良品事業主体が西友から良品計画に移行した現在では、西友での展開もこのタイプの商品供給と見なされている。

いま１つの極めてユニークな商品供給は、セゾングループ以外への無印良品の供給、まさに卸売りである。その第１号は昭和58年の阪神百貨店における「無印良品阪神店」のオープンであった。その２カ月前に「無印良品アメリカ村店」がオープンしていたものの、この阪神百貨店でのインショップが関西での無印良品の知名度のアップに大きく貢献したといわれている。グループ外の競合企業への商品供給はその後、井筒屋・岩田屋・和歌山丸正・中部近鉄百貨店などへと拡大している[16]。無印良品の販売チャネル別の店舗数の最近の推移は、（表5-6）のとおりである。

以上のような活発な販売チャネルの多様化の中で、特にグループ外への商品供給の一手段として新たに考えられたのが、ここで取り上げている海外出店というわけである。商品の開発が国内完結型から国外関連型（開発輸入）へと移行し、それが量的に拡大し、仕組が複雑化するにつれて、ますます販売力が問われることになる。このときさらなる販売力強化のための手段が求められるようになるのである。

（表5-6）　販売チャネル別店舗数推移

	全店舗数	直営店舗数	FC店舗数	西武店舗数	西友店舗数
1990年	204	31	30	41	102
1991年	202	35	34	38	95
1992年	209	43	37	34	95
1993年	211	48	40	29	94

出典：『良品計画　会社案内1994』、p. 21

152　第5章　「良品計画」のグローバル行動

《開発輸入の経験効果》

　開発輸入と海外出店が結び付く第2の理由は，開発輸入の経験効果である。既に見たように綿の探究から始まった開発輸入は，衣料品の場合には綿素材の原産地を世界各地に求める動きと，麻・シルクなどの別種類の素材探究という2方向に深化していった。さらに衣料品だけでなく家庭用品・食料品においても開発輸入が活発化していった。その結果アジア・ECを2大開発拠点エリアとする世界規模での商品調達のネットワークが形成されることになった。素材調達地と生産地，加工地。これらを最適に結び付けるネットワークを構築することによって，無印良品は世界各地で生産され，世界各地から日本に輸入，そして販売されたのである。

　単発的な一時しのぎの開発[17]ではなく，明確なコンセプトのもとで仕組としての開発システムの構築を目指した開発輸入がこうした段階にまで至ると，そこで1つの無駄に気づくことになる。それは「アジアの生産拠点で作ったものを，コストをかけてわざわざ遠く離れた日本まで引っ張って日本でだけ売らなくても，現地で販売できるのではないか」という発想である。アジアの各地で様々な商品を開発している。それらはすべて日本向けに輸出されていく。だがせっかく開発した商品なのだから日本に持っていくだけでなく，アジアでもその商品を販売してみよう。言い替えると，「海外で作るだけではもったいない。海外でも売れるのではないか」，この「気づきの構造」[18]が開発輸入の経験効果[19]である。

　この効果が海外出店につながっていく。香港はアジア開発地域の地理的中心であり，貿易上のメリットが多い。さらに従来から取引のあるパートナーが存在した。これがアジア最初の出店地として香港を選択させた理由であった。開発輸入の経験効果によって，開発輸入の深化とともに各地に散在するようになる開発拠点ネットワーク（素材調達地・加工地・生産地からなる）の結節点に販売拠点を持つことの可能性が見えてくる。ここが重要である。重要性の第1点は，開発輸入の深まりとともに開発拠点が各地に散在していく

ということである。開発拠点がない場合，あるいはごく少数の場合には，開発拠点を結ぶネットワークは形成され得ない。したがって各開発拠点間にはいかなる流れも生じない。このような段階では販売拠点の開設は不可能である。これを如実に物語る事例がある。他ならぬ西友自身の体験である。西友は無印良品発売後まもなくの昭和58年5月にシンガポールに，さらに昭和59年12月にバンコクに出店している[20]。この時期はせいぜい無印良品の開発輸入が開始され始めた頃であり，ここでいう経験の蓄積のない頃であった。シンガポールは大丸のインショップとして，バンコクはショッピングセンターのテナントとしての軽い気持ちの出店であったという。だが両店とも1年から1年半ほどで撤退の憂き目を見た[21]。この苦い経験は，単純だがしかし極めて意味のあるメッセージを投げかけてくれる。それは「海外に店を出すことは簡単だが，それを維持することは難しい」である。とりあえず店をオープンするだけなら，何とでもなる。しかし経験効果の裏付けのない出店には，それをオペレートする支援体制が伴ってはいない。それゆえ永続きしようがないのである。ちょうどそれは後方支援のない前線での戦いに似ている。遠く外地で戦線を維持するには，ロジスティクスを欠くことはできないのである。経験効果とはこのロジスティクスの確立そのものとも言えそうである。

　ところがいったん開発輸入の深化とともに各地に素材調達地・加工地・生産地が増え始めると，それにつれて素材・半製品・完成品の各拠点間移動が頻繁になっていく。このときはじめて経験効果が生まれてくる。そしてそこには最終的に完成品として日本に向かう流れだけでなく，開発拠点間移動の中枢に流れを引き込もうとする力が働くのである。ここに新たな販売拠点を開設する余地が生まれるのである。

　重要性の第2点は，結節点は香港だけに限らないことである。各開発拠点間移動の結節点は，開発拠点の数の増加と開発輸入の仕組の複雑化に応じて増加していく。結節点の増加はすなわち，販売拠点の増加可能性を意味する。したがって出店可能な場所は香港だけに限らなくなる。アジアにおいては他

の都市にも出店可能になる。そしてこのことは EC においても全く同様である。EC 地域における開発拠点ネットワークの中枢がイギリスであったために，EC ではイギリスにはじめての店舗ができ，現時点ではイギリスにおいてのみの展開となっている。だがそれ以外の都市への出店が十分可能であることは，今や明らかであろう[22]。

《「シンプル＆ナチュラル」のグローバル効果》

　開発輸入の深まりとともに海外に店舗を展開し始めた良品計画にとって，無印良品のコンセプトは海外出店上の強い味方となって機能している。そしてその強みを維持するために，無印良品のもの作りには独特のこだわりが貫かれている。これらの点について考えておこう。

　小売企業が海外に店舗を展開することは非常に困難であるというのが，一般的な認識であることは繰り返し指摘してきた。その主たる理由は，各国市場の特性が極めて異質的であると見なされるからであった。そのため各国市場ごとに現地適応が求められ，それが店舗展開の障壁になるというのである。これを避ける方法は，たとえば各国共通セグメント方式や国別多様セグメント方式によって，自社のコンセプトを受容する市場セグメントを各国市場から切り取って，その市場をターゲットとして店舗展開することであろう[23]。だがこれらの方式を採用しても，依然として市場間の差異は残存したままである。なぜならば上述の2つのセグメント方式は，異なる各国間にある製品を受容する市場部分が何らかの形で存在し，その市場部分を標的として世界共通商品の販売が可能であることを提起しているにすぎないからである。分かりやすく言うと，確かにどの国にも高級車ベンツを受容する消費者は存在するが，どんなベンツを，どのように使用するのかについては同一ではないはずである。このように各国市場はそれぞれ個性ある独自市場を形成していると考えられる。

　小売業の場合にはこの特徴はさらに顕著である。たとえば衣料品を考えて

みると，カジュアルな，ビビッドカラーのニットセーターを受容する市場部分は確かに存在するであろう。だからショッキングピンクの丸首セーターは単品レベルでは，どの国の市場でも販売可能であろう。その意味でこのアイテムを世界共通商品化することは可能である。しかしながら実際にそのアイテムがどれだけ売れるのか，あるいは売れ筋となるかどうかは各国市場間で異なってくる。カラー・デザイン・素材・柄・サイズ・シルエットなどの商品選択上の属性が多いほど各国間の差異は大きくなり，それに対応して各国ごとで衣料品全体での品揃えに違いが出てこざるをえない。小売企業のグローバルな出店では，この点が世界共通商品化の大きな障害となるのである。つまり単品レベルでの共通化——どの店の品揃えにもそのアイテムを加えることができるという意味での標準化——は比較的可能だが，品揃えレベルでは共通化——どの店の品揃えも同一であるという意味での標準化——は困難なのである。

　以上のことは衣料品の場合だけに限ったことではない。食料品・家庭用品についても同様である。もちろん商品選択上の属性の多寡によって，各国市場間での品揃えの共通化の程度には違いがあろうが……。

　無印良品のコンセプトは，海外出店に際してのこの困難性を大きく軽減する効果を持っている。無印良品のコンセプト——シンプル&ナチュラル——は，そもそも商品のデザインをいたずらに複雑化させず極めて単純にし，カラーも素材感を生かしていわばノン・カラーにするというものであった。既に明らかであろうが，このコンセプトは商品選択属性を絞り込む働きをする。属性の数そのものが少なくなると，結果として単品レベルでの共通化はもちろん，品揃えレベルの共通化も容易になる。これによって完全な共通化が可能になることはありえないが，店舗展開をする上で市場に対する品揃え対応が非常にしやすくなることは疑いない。無印良品のコンセプトは，あらかじめこのようなグローバル効果を見込んで設定されたわけではない。だが結果的に思わぬメリットを持ったことになるのである。

《日本中心の開発部隊》

　無印良品のコンセプトは，良品計画のグローバル化に目には見えないが実に重大な影響を与えている。つまりこのコンセプトゆえに素材でのわけの追求が始まり，やがてそれが開発輸入の開始に行き着く。さらに開発輸入の深まりが海外への出店につながっていく。そしてこのコンセプトは海外出店を容易化するというグローバル効果をも発揮しているのである。「シンプル＆ナチュラル」は良品計画のグローバル化の命綱だとも言えそうである。それだけにコンセプトを維持するために，もの作りに際してある画然たる主張が貫かれている。

　良品計画はアジアとECを2大開発拠点エリアとしてもの作りを行う一方，各拠点エリア内ネットワークの結節点としての香港・シンガポール・イギリスに現地法人を設立し，店舗を展開している。本章のこれまでの分析から，商品の開発と海外出店とが1つの分かちがたい流れの中で連続的に結び付いていることが分かるであろう。ところが日本の良品計画と現地法人・店舗間では，開発・販売機能の分担関係がはっきりと区分されている。すなわち前者は無印良品の開発を行い，後者はその「オペレーション」(仕入と販売)のみを行うというのである。前者はもちろん日本国内のオペレーションも行うが，ここでのポイントは，海外に開発機能を持たせないという点である。もちろん開発機能を持たせないとは言っても，全く何も開発しないというわけではない。たとえば香港の店だけに欲しい，イギリスの店だけに欲しいという商品については，現地が開発主導権を握ってもの作りを行うことがある。ただし，こういった商品はごく一部の商品であって，全アイテムから見ればとるに足らない数にすぎないと言う。実質的には何も開発していないと言える程度である。もの作りはあくまで日本のバイヤー部隊の役割なのである。

　開発拠点の中枢に位置して店舗を構えることができるのであるから，現地が主導権を握って無印良品の開発もすればよいのではないのか。香港発の無印良品・シンガポール発の無印良品・イギリス発の無印良品もいいのではな

いのか。香港で，シンガポールで，イギリスで販売する無印良品については，現地市場を知る現地が中心となって開発する方がむしろうまくいくのではないか。だがそれは違うと言う。無印良品のコンセプトを守るためには，あくまで開発は日本のバイヤーの手で行われなければならないのである。その理由は，日本が主導権を握って開発するからあのコンセプトの無印良品ができあがるのであって，現地がそれをすると違った無印良品になってしまうからである[24]。海外での無印良品の販売においては，日本発の無印良品のもの作りが受け入れられるか否かがポイントである。香港発の，イギリス発の無印良品は，言ってみればライセンス物である。オリジナルの香りのする商品が「本物」なのである。無印良品を「本物」にすることへの挑戦が，海外で無印良品を販売することの意味なのである。

1994年春から，「フロム・ヨーロッパ」と銘打った商品が売り出された。これはポルトガルで素材から製造・縫製まで一貫生産された衣料品であり，世界のどの店舗においても共通して販売される商品である。だがこの商品を開発したのはイギリスの法人ではない。日本の開発部隊である。この「フロム・ヨーロッパ」では，彼らの手になる無印良品が，ポルトガルで物理的に生産されたことになる。彼らの「手になる」とは，無印良品のコンセプトを商品に織り込むことである。別の表現をすれば「本物」にすることであり，「香りをつける」ことである。どこで，どのように作られようと，日本の開発部隊の手になってこそ，無印良品のコンセプトは生きるというわけである。

《商品調達システムの転換プロセス》

良品計画は開発輸入を深化させ続け，そして海外に店舗を出店するまでになった。だがこれまでの検討から明らかなように，開発輸入は無印良品の発売当初から実施されたのではない。当初は海外との関わりなしに商品が開発されていた。やがて開発輸入が始まり，さらにしばらくしてようやく海外出店が可能になったのであった。ここでは当初からこれまでの無印良品の商品

158　第5章　「良品計画」のグローバル行動

調達システムの変遷を整理しておこう（図5-1）。

第1期は，無印良品が発売された当初である。「わけあって安い」商品を作る試みは，国内で生産から販売までの一切が完結していた。つまり国内で生産し，国内の店舗で販売されていたのである。明確なコンセプトに基づい

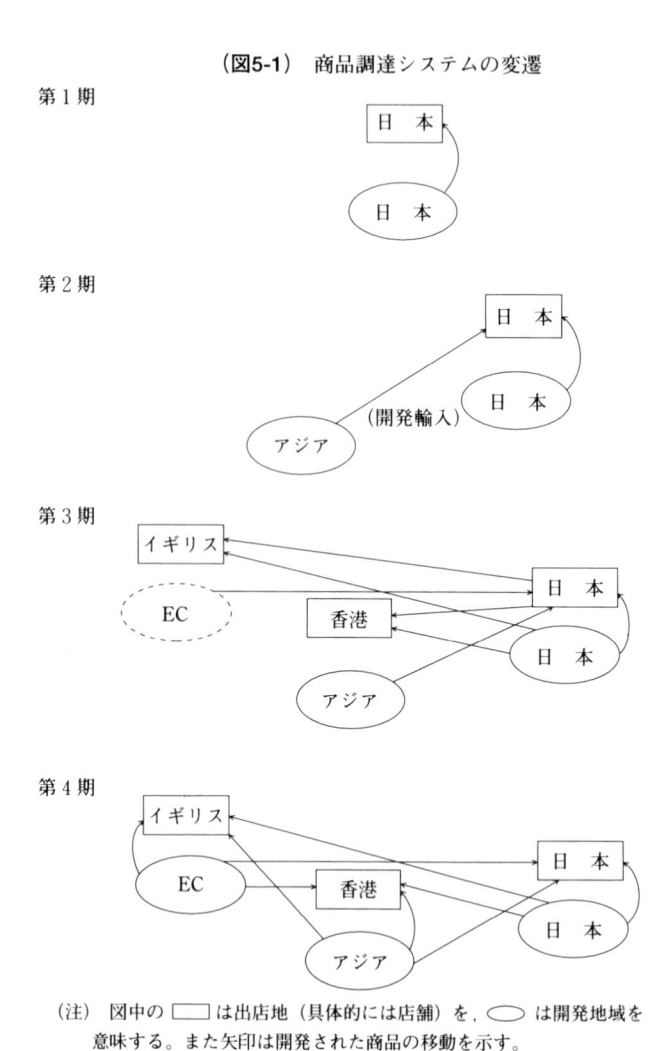

（図5-1）　商品調達システムの変遷

第1期

　　　日　本
　　　　↓
　　　日　本

第2期

　　　　　　　　日　本
　　　　　　　　↗　↑
　　　（開発輸入）　日　本
　　アジア

第3期

　　イギリス
　　　　　　　　　　日　本
　　 EC　　香　港
　　　　　　　　　　日　本
　　　　アジア

第4期

　　イギリス
　　　　　　　　　　日　本
　　 EC　　香　港
　　　　　　　　　　日　本
　　　　アジア

（注）　図中の □ は出店地（具体的には店舗）を，○ は開発地域を意味する。また矢印は開発された商品の移動を示す。

て開発されていた点はユニークではあったが，従来からの一般的な PB と同じく海外とは全く関わりがなかったのである。

　第2期は開発輸入が始まった頃である。開発輸入はアジアを開発地域としており，EC ではまだ開発が行われていない。また開発された商品は全量日本に持ち込まれ，日本で販売された。

　第3期は開発輸入の経験効果が発揮され，海外に店舗を持つに至ったときである。香港・イギリス（ロンドン）に店舗ができることによって，商品の流れは複雑化し始めた。加えて EC でもわずかながら開発輸入が開始されるようになったことも，この複雑化を招く一因になった。それまでアジアで開発された商品は全量日本に持ち込まれ，日本で販売されていた。しかし海外店舗の開設に伴って，海外店舗のための商品調達の必要性が生まれた。そこでアジアで生産された商品は一旦日本に全量持ち込まれ，その中から必要分だけが香港店舗・イギリス店舗に再度移動されることになった。EC 開発商品もまた同様に一旦日本を経由して，改めて香港・イギリスに持ち込まれた（第3期の図において，EC の開発が点線になっているのは開発輸入の中心がアジアであったことを意味している）。この段階での海外店舗用の商品調達は，開発輸入商品（日本に引き取ることを前提とした商品）のラインアップの中から，海外店舗で求められる品揃え部分を選び出して，それを海外に供給するという形で行われていたことになる。

　第4期では商品調達の流れは簡素化している。それまでアジア・EC で開発された商品はすべて一旦日本に集められていた。ところがここでは，それぞれの開発地域から海外店舗への直送が開始されている。つまりアジアで生産した商品は直接香港・イギリスの店舗に送られ，また EC において活発化した開発輸入商品も香港・イギリスへ直送されている。日本経由の商品調達から直送方式への転換は，つぎのような背景から可能になった。第1に，従来は海外店舗数が少ないため販売量がまとまっていなかった。そんなときに直送すれば，多種類だがそれぞれはわずかずつの商品が，バラバラに送られ

ることになり、送り手・受け手ともに作業が煩雑になってしまう。そこで日本でまとめて一括発送した方が効率的だったのである。だが香港・イギリスで多店舗化が進むことによって販売量が増え、開発地域からの直送が可能になったのである[25]。第2に、それまでは物流の整備が遅れていた。しかし良品計画は物流事業に自ら乗り出し、香港・イギリスに倉庫を所有するようになった。そのため各地から多頻度に配送されても十分に処理可能になったのである。第3に、各地での開発輸入量が増加した。それまでは開発輸入のウェートは低く、国内開発商品との一括配送の方が効率的であったが、その後開発輸入の深化に伴って量が拡大し、国内商品とは別途配送することができるようになったのである。

この直送方式の導入は言ってみれば物流ルートの変化であるが、この方式の転換と同時に、商品調達の面でも新たな変化が起こりつつある。それは先に見た「フロム・ヨーロッパ」が先鞭をつけた変化である。海外店舗で販売する商品は、もともとは日本向け開発輸入商品であった。繰り返しになるが、その中から選択された商品群が海外店舗用の商品となっていたのであった。ところが「フロム・ヨーロッパ」商品は、国内・海外店舗を含めた全店舗で販売することをねらいとして開発された商品なのである。「(日本向けに開発したけれども)海外でも売れるのではないか」という発想でスタートした海外店舗向け商品調達が、「(国内と同時に、同様に)海外でも売るため」の商品開発、商品調達に変化したことになる[26]。そしてこの変化が、物流方式の転換に乗って進行中なのである。

以上のことから、開発輸入の深まりとそれに伴う海外出店は商品調達システムの変化を迫り、それによって各開発拠点と販売拠点が相互の直接的結び付きの度合いを強めていくことが理解できる。

(付記)本研究に際しては、1994年7月に㈱良品計画 無印良品事業部長 兼 海外事業部管掌 有賀 馨氏から貴重なお話を伺った(肩書きは当時のものである)。

ここに厚くお礼申し上げる次第である。ありうべき誤りは，筆者に基づくものであることは言うまでもない。

1)　既存研究が例示するグローバル小売企業が，すべて同じ意味においてグローバル小売企業であるのかどうかは疑問の残るところである。たとえばMcDonaldsが小売企業ではないことは明らかである。またその他の例示された多くの小売企業は，本書が対象とする内部成長型のグローバル小売企業ではなく，フランチャイズシステムのグローバル化とでもいうべき成長図式に従った企業である。よって既存研究が指摘する2つの特徴はユニークな発見物ではあるが，しかし分析対象の選択基準に相当の曖昧さが残っていることに注意しておかねばならない。
2)　この特徴は実態を分析する中から帰納的に抽出された特徴であって，この特徴と小売企業のグローバル行動とがどのような規定関係にあるかについては何も語ってはいない。つまりこの特徴を持つことによってはじめて小売企業がグローバルに行動することが可能になるのかについては，全く明らかではない。この点についても解明する必要がある。
3)　無印良品白書プロジェクトチーム (1986), p. 22。
4)　同上, p. 37。
5)　川嶋　光 (1989), p. 85。
6)　それぞれのコンセプトが全く異なる商品群によって形成されたと主張しているのではない。ある1つの商品が両コンセプトの形成に影響を持つことはもちろん可能である。
7)　無印良品白書プロジェクトチーム (1986), pp. 39-41。
8)　実際には，このことは衣料品以外にも等しく妥当する。
9)　『良品計画会社案内 1993』, p. 10。
10)　もちろん円高・規制緩和などの影響も大きいことは言うまでもない。
11)　食料品においてこの比率が低いのは，輸入規制が厳しいことが主たる原因である。
12)　開発輸入に限らず，自社が開発・販売リスクを負う場合，たとえばPB開発の場合にこの販売力が決定的に重要な要因になる。近年の大手量販店を中心としたPB商品開発における価格破壊の実現は，このことを象徴的に示している。
13)　必要最小ロットを確保できるだけの販売力をつけることは，外国メーカーと取引する場合だけに求められるのでないことは，言うまでもない。国内メーカーとの取引に際しても同様である。
14)　無印良品白書プロジェクトチーム (1986), p. 58。
15)　同上, p. 62。

16) 西友のPBであった無印良品が、なぜ競合他社で販売可能であったのだろうか。ここに無印良品の秘密がある。通常PBは開発した企業が排他的に取り扱う。だからこそPBは商品面での差別性訴求の手段としての意味を持つ。それにもかかわらず、無印良品を外部企業で販売させることは、獲得した差別性を自ら放棄することになるように思われる。

　一般にPBが卸売りされることは極めて少ないこと、セゾングループの他のPBで卸売りされている例がないことから考えても、無印良品のケースは極めて異例である。それが可能となったのは、無印良品が「群」としてのPBであったからである。従来のPBは単品ごとに開発され、価格訴求するものが主流であった。しかし現実にはどの企業でも同様の開発を行ったために、高度に差別性を持ったPBはほとんどなく、各企業すべてが類似したPBを所有している状態であった。わざわざ販売してみたいほどの魅力あるPBがそもそも存在しなかったと言える。さらに各企業ごとにPBに見込んでいる利益率が異なっている。したがってA社のPBをB社で販売しようとしても、企業間の期待利益の差が壁になってしまう。こういった理由からこれまでのタイプのPBは卸売りしにくかった。

　ところが無印良品は単品の力ではなく品揃えの力で訴求するPBである。明確なコンセプトのもとに集められた商品が、全体として1つの魅力を形成している。ひょっとすると無印良品を単品で切り取っては、何の訴求力もないかもしれない。しかしシンプル＆ナチュラルという鮮明なコンセプトを持った「群」であるゆえに、群をそのままセットとして外販できたのである。

17) より労働コストの低い場所を求めて、転々と生産地を移動させるような開発パターンがこれに該当する。

18) 気づきの構造には、別のものもある。それは時間・コストの無駄の発見である。アジアでECで生産した商品を、遠く日本まで輸送するのに必要なコスト。その輸送にかかる時間。これが開発輸入の無駄である。

19) 開発輸入経験が深まるにつれて、情報収集能力・品質管理能力・貿易実務処理能力なども高まっていく。これらも一種の経験効果である。しかしそれだけでは海外出店の動因にまではならない。

20) 無印良品白書プロジェクトチーム (1986), p. 67。

21) 撤退の理由として他には、(1)食品・雑貨のみの品揃えでしかもアイテム数が少なかったこと、(2)海外に商品供給する物流ノウハウに欠けていたこと、なども考えられる。

22) 以上の2つの理由以外に、さらにつぎのようなことも考えられる。それは海外ビジネスに乗り出す実験の場としてリスクが少なかったからである。開発輸入を契機として海外との関わりができ始めたが、その関わりをいっそう深めていこうと考えたとき、現地にショップを出すことはさほど大きなリス

クを背負い込むことにはならないように思われた。それは無印良品ショップの規模が小さいからである。(表5-5)からも分かるように、海外店舗は150㎡程度の規模である。それは無印良品の持つ商品アイテム数が少ないためでもあるが、この程度の規模の店舗を構えることは、特に投資コストを考えたとき海外ではさほど大きな負担にはならない。加えてセゾングループのビジネスパートナーとしてイギリスには「リバティ」、香港には永安百貨店があったこともリスクを軽減するのに貢献した。リスク負担よりむしろ、インターナショナルなイメージを形成できることのメリットが海外出店に踏み切らせたのである。

23) 詳しくは、M. E. Porter (1989)、第3章参照。ただしそこでの議論は製造企業を前提としており、小売企業を意識していないことに留意しなければならない。
24) これ以外にはたとえば、現地にそれぞれ開発機能を持たせるとそれだけ大きな組織を抱えこまざるを得なくなり、企業経営の上で多大のコスト負担を迫られるということもあろう。
25) 1995年のシンガポールへの出店はさらにアジア地域での多店舗化の進行による販売量の増加をもたらすものであり、良品計画の開発輸入と海外出店がより密接にリンクし始めていることの表れであると言えよう。
26) 別の表現をすれば海外店舗は、日本に向けて投げられた開発輸入商品を販売拠点としての海外店舗でインターセプトして、そこで販売していたことになる。それに代わって「フロム・ヨーロッパ」商品は、はじめから全世界の店舗に向けて投げられた開発輸入商品なのである。良品計画は今後このタイプの商品を増やそうとしている。

第6章　グローバル・モデル
── 理論仮説の提起 ──

　本書の研究目的は，(1)小売企業はどのようにしてグローバル化するのか，(2)グローバル小売企業は何ゆえにグローバル小売企業たりえるのか，(3)グローバル小売企業は，グローバル化していない小売企業とどこが違うのか，を解明することであった。この課題解明のために，出店行動と商品調達行動という2つの戦略次元に注目しながら，両次元において高度にグローバル化した企業として「純粋グローバル」企業を想定し，その代表例としてヤオハンと良品計画を取り上げた。第4章・第5章においては，両社のケーススタディによって，より具体的に設定した下位研究目的，すなわち(1)純粋グローバル企業は，どのようなプロセスを経てその地位に到達したのか，(2)なぜそのプロセスをたどるのに成功したのか，(3)純粋グローバルへのプロセス移行の結果として何が実現できたのか，のうち主として(1)を探究した。

　本章では，両社のケーススタディを通じての発見物をもとに上記下位目的(2)を達成するために，小売企業のグローバル行動の論理を説明する理論仮説を提示する。そこではじめに，ヤオハンと良品計画のケーススタディからの発見物を両者を比較しながら整理することにする。その上で，「なぜ，どのようにして小売企業はグローバル化できるのか」についてのグローバル・モデルを検討してみよう。

第1節　2つの純粋グローバル

　ヤオハンと良品計画はともに高度にグローバル化した企業，つまり純粋グローバル企業であった。しかし両者は展開する業態の差異に依存して，前者

は多製品型グローバル企業であり，後者はワンコンセプト・限定品揃え型グローバル企業であった。ケーススタディから浮かび上がった発見物は，まさにこの特徴――共通項と差異項を併せ持つ――を反映するものである。すなわち，ともに純粋グローバル企業であるという点から想定可能な両者に共通する発見物と，一方が多製品型で他方がワンコンセプト・限定品揃え型であるという点から推測可能な，異質性を映し出す発見物が，共存している。しかし共通する発見物と共通しない発見物の混在は，このケーススタディの限界を示すものではない。むしろ逆に，これは従来の小売企業のグローバル化に関するある種の常識を覆す，極めて重要なインプリケーションに富んだ発見である。その意味で発見物は「共存」しているのである。

そこでグローバル・モデル構築に必要な限りで重要な発見物を，いくつかの観点から整理したのが（表6-1）である。

順に検討してみよう。まず第1は，出店行動と商品調達行動の時間的関連性である。ヤオハンの場合，海外への出店は国内劣位から抜け出す唯一の成長戦略であった。海外に活路を求めるという方針のもと，積極的に海外店舗展開に取り組んだ。しかし海外での店舗作りは，自らの店舗開発戦略に則って自由に創造性を発揮できるものではなかった。「与えられた器」という制約下でいかなる店を作るのかが，開発部隊に課せられた使命であった。そこ

（表6-1） ケーススタディの発見物

ヤオハン	比較項目	良品計画
商品調達と出店は並行	1．2つの戦略次元の時間的関連性	商品調達が出店に先行
現地での手作りによる独自商品獲得	2．独自商品の調達	開発輸入による独自商品獲得
複数国向け商品開発ノウハウの蓄積	3．独自商品の販売エリア	共通商品の世界同時販売
開発権限は現地	4．もの作りの担い手	開発権限は日本本社
現地適応	5．もの作りの目的	商品コンセプト確立

第1節　2つの純粋グローバル　167

で直面する商品調達上の課題をヤオハンは，1つ1つ手探りで解決していった。自社能力に合ったスケールでの店舗展開ではなく，様々な形で持ち込まれる出店要請に応じる形で出店を進めていったが，それゆえの商品調達上の悩みがあり，それを順次解決しながらの海外店舗展開であった。出店行動のグローバル化が進むにつれてやがて多国間に店舗を展開していくが，新しい国に進出する都度同様の商品調達問題に直面し，やはり同様の手法で解決を図っていった[1]。その意味で多製品型グローバル企業ヤオハンは，出店と商品調達両次元でのグローバル化を同時並行して進展させつつ，熱海の名もない純粋なドメスティック企業から，純粋グローバル企業へとグローバル・プロセスを駆け登っていったのである。

　一方良品計画は，ヤオハンとは違ったプロセスで純粋グローバルへと移行した。良品計画は1989年に創業され，海外初出店は創業11年後のことである。しかしそれ以後の海外出店は加速度的に増加している。創業から初出店までの約10年間，良品計画はひたすら商品調達のグローバル化を図っていた。そこでのコンセプトは「シンプル&ナチュラル」であった。このコンセプトの確立と維持のため自ら商品開発を行い，しかもその流れは広く海外に素材を求め，海外に自由なもの作り機会を求めることにつながっていった。これが開発輸入であった。やがてこの開発輸入経験の蓄積が海外での商品販売，そのための拠点としての海外出店へと発展していく。良品計画は，このように商品調達行動のグローバル化を先行させ，その能力の高まり・蓄積が閾値を越えたとき，ちょうど弓をいっぱいに引き絞った瞬間に矢が放たれるがごとく，爆発的に出店行動のグローバル化が進んだのであった。

　第2は，独自商品の調達である。ヤオハンは海外に出店すると同時に，商品調達問題に直面した。それは上に述べたように，これまで日本国内でも手掛けたことのないような大規模な売場を埋めなければならないという未経験の課題であった。あるいはそれは，自社の設定した店舗レベルに見合う商品が，現地の既存商品にはほとんど見当たらないという問題でもあった。さら

にそれは，日本の商品を現地に持ち込んでも体型や嗜好の差異のため，そのままでは売り物にならないという問題でもあった。こうした一連の商品調達問題を解決するために，ヤオハンは自らの手になる現地でのもの作りに取り組んだ。ある場合には現地向けに既存商品を加工・補正することであったり，一からの現地向け商品開発であったりである。できるならば既存商品の直接的な調達ですませたいところであったが，やむをえず自ら取り組んだ商品開発になった。しかしそれがヤオハンにしかない独自商品として現地に受け入れられるという効果を持つことになったのである。

　良品計画の場合でも，状況は似ている。それは，自らの手でもの作りをすることによって独自商品を獲得したという点においてである。後に詳しく述べるが，もの作りを始める動機は異なっている。しかし独自商品の獲得をもの作りによって実現したという点において共通している。繰り返しになるが良品計画では，創業当初からもの作りにひどくこだわってきた。その姿勢が，無印良品というわが国随一のPBの成功につながった。自ら生産機能を取り込むと言いながら，実際に有名全国ブランドの表面的模倣に終始してきた過去のPBと決定的に異なるのは，この点である。良品計画のもの作りへのこだわりは，やがて当然のごとく「もの作りの場」を海外に求め始める。開発輸入の開始であった。そしてさらにこの開発輸入のシステムをより深化していくことで，他を圧する差別化商品としての独自商品，つまり無印良品が洗練されていったのである。

　第3は，独自商品の販売エリアである。海外出店当初から現地主体の商品開発を始めたヤオハンは，やがてもの作りの場を，進出先の現地だけでなくそれ以外の第三国にまで広げ始めた。現地で販売するための商品は，現地だけに限ることなく最適地で生産することになったわけである。それと同時にこの第三国生産は，現地単独で取り組むのではなく複数の国で共同で取り組むドミナント商品開発として，実施されていった。今のところドミナント商品として成功したものはほとんどないが，ヤオハンはこれを実行に移すべく

第1節　2つの純粋グローバル　169

必要な実験はすでにすませており，あとはドミナント商品を受け入れ可能な市場部分の成長を待つばかりになっている。このようにヤオハンは，もの作りを通じて，出店先現地に独自商品を販売するだけでなく，複数国にまたがって共通に販売する商品の開発へと向かう準備を着々と進めつつある。

一方，良品計画は開発輸入を駆使したもの作りの積み重ねを通じて，各地の海外店舗に商品を供給・販売することを可能にしただけでなく，すべての海外店舗で同時に同じ商品を販売することを実現した。日本向けの開発輸入商品が一度日本に集められ，そのうちの必要なものが改めて海外の店舗に供給される体制は変更された。世界各地で作られた商品は，必要に応じて各地から各海外店舗に直送されるようになった。さらにそれだけでなく，生産の段階から各海外店舗で共通して販売することをねらいとした商品が開発され，世界に向けて供給されるようになっている。

以上のようにヤオハンも良品計画も，もの作りによって生み出された独自商品を，特定海外店舗で販売するだけの商品から複数海外店舗で共通して販売できる商品へと，販売対象市場を広域化する動きを見せ始めている。

第4のケーススタディからの発見物は，もの作りの担い手である。この点に関してヤオハンと良品計画は好対照を見せている。ヤオハンは海外出店と同時に現地でのもの作りに着手していた。現地で販売する商品については，現地市場をにらみながら現地のスタッフが一から開発した。何をどのように作るのか，どこから調達するのかはすべて現地が主体となって決定していった。日本本社はそれらの点については完全に現地にまかせきりであった。それに対して良品計画は全く逆に日本本社がもの作りに関する一切の権限を握っていた。世界のどこで，どのような仕組で開発しようと，商品開発に関わる限りすべての主体は日本本社であった。現地はただ日本本社の開発部隊によって開発された商品の仕入と販売に専念するのみであった。

最後の発見物は，もの作りの目的に関してである。ヤオハンの顧客ターゲットはオリエンタル＆中間所得層である。主たる出店先のアジアにおいては

当然，現地の人たちが対象となる。ヤオハンが多製品型グローバル企業として商品調達に関して最も苦労したのは，品揃えをどのようにして現地人に適応させるかであった。もしヤオハンが品揃えの現地適応を考慮に入れないのであれば，海外出店後直ちに直面した商品調達問題など，全く問題視されることはなかったであろう。ただ苦労なく入手できる既存商品を，あたかも日本国内で品揃えするかのごとく，経験どおりに調達していればよかったはずである。ところがヤオハンはこの問題に悩みぬいている。その悩みは，ヤオハンが現地への適応を意識した瞬間に始まったと言える。この悩みを解消するために，海外で未知のもの作りに手を染めたのである。いかに現地に品揃えを適応させるか，これがもの作りの目的であった。

　一方良品計画は，市場との対応においてもの作りを始めたわけではなかった。もの作りは無印良品の商品コンセプトを確立するために当然必要なものであった。仮に自らの手によるもの作りなしで商品コンセプトを確立しようとしても，それは無理であった。自らが掲げたコンセプトを満たす商品は，他人のもの作り能力に依存していたのでは実現不可能である。コンセプトを掲げた自らがもの作りに乗り出すことのみが，コンセプトを確立し，それに沿った品揃えを形成する唯一の方法であった。良品計画はこのために深く深くもの作りに関わったのである。

第2節　グローバル・パス

1．暗黙の前提

　本書は，グローバル企業の類型化およびその差異分析に焦点を当てるものではなく，出店次元と商品調達次元のグローバル化の程度がともに低い企業（純粋ドメスティック）が，両次元がともに高い純粋グローバル企業へと駆け登っていく経緯に強い関心を持っている。分析フレームに示したように，本書はグローバル化をプロセスととらえている。ただしここで言うプロセスと

第 2 節　グローバル・パス　　171

は，スタートラインに立つ純粋ドメスティック企業が，純粋グローバル企業へと移行していく歴史的過程を意味している。この過程をケーススタディによって記述的に分析することによって，小売企業がグローバル化していくメカニズムを説明する仮説を提起しようとしている[2]。

　ところがこのような意味でグローバル化のプロセスを検討するに際して，実は暗黙にある前提をおいていた。それは純粋グローバルに向かうプロセスは，1つであろうという前提である。あらゆる企業はひとたび純粋ドメスティックから純粋グローバルへと移行を始めたならば，それらはすべて共通した1つのグローバル化に向かう王道を歩むであろうと考えていた。その王道が2社のケーススタディによって浮かび上がってくるであろうと予想された。しかし，この予想は完全に裏切られた。王道は姿を見せなかった。前節で整理したケーススタディからの第1の発見物は，まさにこの前提が成立しないものであったことを見事に示している。すなわちグローバル行動の2つの戦略次元に関して，ヤオハンは両者をともに並行させながら，言い換えると同時進行でグローバル化していったのに対して，良品計画は会社設立以来商品調達行動のグローバル化に向けてひた走った後，劇的に出店行動のグローバル化を進行させていた。

　ヤオハンと良品計画のグローバル化に向かうプロセスが異なるというこの事実は，全く新たな重要なインプリケーションを与えてくれる。

　第1に，ほとんどグローバル化していないスタートラインから，純粋グローバルに直接駆け登ることが可能であるということである。既に見たように，過去の研究においても国際化に向かう発展段階が論議されており，そこでは企業はいくつかの発展段階を順次経過することによって国際化するとされている。たとえば多国籍企業論では，商社・貿易会社などを利用した間接輸出に始まり，その後直接輸出→海外に販売会社設立→海外直接生産というプロセスをたどることが明らかにされている。あるいは国際ライフサイクル論においては，アメリカで革新的に生み出された製品が成熟化するにつれて，そ

の製品の主たる担い手は順次ヨーロッパ→発展途上国へと移行していくことが指摘されている。つまり国際化には何がしかの王道が存在するのである。ところがヤオハンのケースは、こうした多段階の発展過程を順次たどるのではなく、最終段階つまり純粋グローバルに向けてダイレクトに突き進むことが可能であることを示している。欧米企業にしばしば見られるようなM&Aによれば、出店行動と商品調達行動を同時に一気にグローバル化させることは、容易であるかもしれない。しかし本書が対象にする内部成長によるグローバル化の場合でも、ヤオハンのように純粋グローバルへの直接的なジャンプは可能なのである。

　第2に、グローバルに向かうプロセスは1つではないということである。既存の発展段階論では、そのプロセスはたった1つであった。すなわち国際化する企業は、すべからくそのプロセスをたどるしかルートはなかったのである。いわばグローバルへの道は単線であった。ところが同じ純粋グローバルでありながら、ヤオハンと良品計画ではプロセスが異なっていた。つまりグローバルへの道は想定したように1つではなく複線的であると考えられるのである。

　では、複線とはどのようなものなのであろうか。

2．複線的グローバル・パス

　良品計画は純粋グローバルに至る以前に、商品調達行動のグローバル化に力点を置いていた。これが「複線」を考える大きなヒントになる。すなわちグローバル戦略行動次元の1つである出店行動は当初グローバル化させず、商品調達行動次元でのグローバル化を先行して推し進めることが、純粋グローバルに向かう前段階となりうるということである。これが新たな1つの道であるとするならば、逆に商品調達行動はグローバル化させず、出店行動次元でのグローバル化を先行して推し進めることも、いま1つの道として考えることができよう。純粋グローバルに向かってまず商品調達行動を先行させ

る場合をドメスティック志向型グローバル，まず出店行動を先行させる場合をタイムラグ利用型グローバルと呼ぶことにするならば，純粋グローバルに向かう道——これをグローバル・パスと呼ぶ——は，（図6-1）のように表すことができよう。

この図についてあらかじめ注意すべきことは，第2章で示した（図2-2）とは異なり，（図6-1）は純粋グローバルに向かう各段階の通時的なパスを示しており，共時的な戦略類型を示すものではない点である。

さて（図6-1）において明らかなように，純粋ドメスティックから純粋グローバルに向かうルートは複線的であり，それはつぎの3つである。

第1は，純粋ドメスティックから直接的に純粋グローバルに到達するパスである。このパスを移行した代表例は，言うまでもなくケーススタディで取り上げたヤオハンである。出店行動と商品調達行動を同時並行的に推し進めながら，一気に純粋グローバルに向かおうとするパターンである。それまで

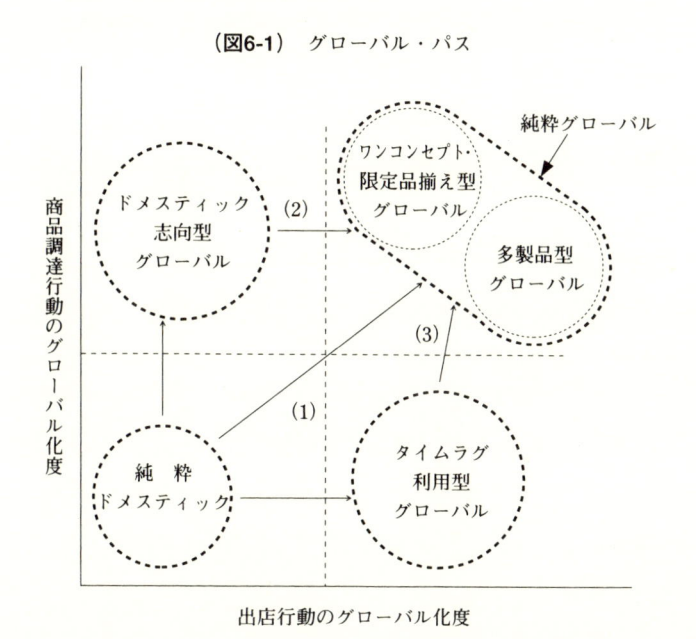

（図6-1） グローバル・パス

純粋ドメスティックであった企業が，出店行動と商品調達行動という2つの未知の戦略次元を同時に追求しようとするだけに，企業にとってはかなりチャレンジングなパスである。

　第2は，純粋ドメスティックからドメスティック志向型グローバルを経由して純粋グローバルに至るパスである。これは良品計画に代表される。ここでは出店行動のグローバル化より商品調達行動のグローバル化をまず先行させる。それによって純粋ドメスティック企業は，ドメスティック志向型グローバルのポジションにつく。その後，今度は出店行動のグローバル化に乗り出すことで純粋グローバルに至ろうとする。ドメスティック志向型グローバルに向かうプロセスで商品調達能力の蓄積を図り，十分に海外出店の機が熟すのを待って，純粋グローバルに移行しようとするのである[3]。

　第3は，純粋ドメスティックからタイムラグ利用型グローバルを経由して純粋グローバルに至るパスである。ここでは出店行動のグローバル化をまず先行させることによって，タイムラグ利用型グローバルのポジションにつく。その後，商品調達行動のグローバル化に力点をおくことによって純粋グローバルに向かおうとする。

　ここで留意しておくべきことは，タイムラグ利用型グローバルの存在についてである。本書が焦点を当てている小売企業のグローバル化，より一般的な用語法に従って，小売企業の国際化（あるいは海外進出）とはどんな現象かと問われた場合に，最も想定されやすい解は，「海外に店を出すこと」である。（図6-1）の第3のパスはこのイメージにかなり近い。もう1つの戦略次元はさておいて，とりあえず海外に店を出す。とりあえず店を出すには，できるだけリスクを低くして出店する必要がある。そのためにはできる限り従来のオペレーションを変更しないことが望ましい。あたかも日本国内で多店舗化するかのごとく，あたかも国内ですでに蓄積したノウハウでできる範囲内の店作りに限定するかのごとく……。しかもそのオペレーションが受け入れられる可能性の高い国に出店しなくてはならない。おそらくこれらの条

第2節　グローバル・パス　175

件を満たすのは，日本の小売企業の持つ技術やノウハウの方が先進的である国，日本商品を憧れ商品と見なしてくれる国であろう。とりあえず出店行動のグローバル化を先行させたこの第3のパスの中間段階を，「タイムラグ利用型グローバル」と呼ぶのはこのためである。

　はたしてこのパスをたどるのはどんな企業であろうか。その候補として，東南アジア中心に出店を続ける百貨店や急速に出店攻勢をかけている専門店がこのパスをたどっているであろうと考えることは，あながち誤りではないだろうと思われる。さらに言えば，彼らがこのルートをたどって純粋グローバルへ向かおうとしつつも，現実には多くの企業が中間段階としてのタイムラグ利用型グローバルの段階に留まっているであろうと想定することもまた同様であろう。この点については後に改めて触れることにするが，一旦海外に出店攻勢をかけたにもかかわらず，かなり大胆に店舗のスクラップを進めている小売企業が最近目立つという事実は，この点を裏付けている。たとえば専門店の「三愛」が東南アジア各地の店舗の大量撤退を表明したが[4]，この事実はまさしく，タイムラグ利用型グローバルから純粋グローバルへの移行途中には大きな「障壁」が存在し，そのために移行が容易ではなく，それどころか中間ポジションに留まることさえ限界に達した挙句に，撤退を余儀なくされたということを物語っている。「在庫品でも日本の商品を持っていけば売れた時代は終わった……。」という社長談話はこれを裏付けているように思われる[5]。

　以上，本節では(1)純粋グローバルに向かう道は複線的であり，3つのパスが想定できること，(2)第3のルートで純粋グローバルに至るには，タイムラグ利用型グローバルから純粋グローバルへの移行を妨げる大きな「障壁」が存在し，これがタイムラグ利用型グローバルに留まり続けざるをえない企業を増加させているであろうこと，が明らかになった。ここで指摘した「障壁」は，実は本書が解き明かそうとしている課題の根幹に関わる重要な問題と関連している。これについては次節以降で検討を続けよう。

第3節　グローバル駆動力

「なぜ純粋グローバル企業は，グローバル・パスをうまく乗り切ることができたのか」。この下位目的を解明することは，同時に「なぜ第3のパスをたどって純粋グローバルにたどり着くことが困難なのか」という疑問に答えることになる。ここで，純粋ドメスティック企業を純粋グローバル企業の位置まで押し上げる力を「駆動力」と呼ぶとすれば，第1・第2のパスをたどった企業には「駆動力」が備わっており，第3のパスをたどろうとした企業には「駆動力」が欠けていると考えることができる。はたして純粋グローバルへの到達を左右するこの「駆動力」とはいったい何であろうか。

この問題を解くには，小売企業が出店行動のグローバル化を進めたとき，現地においてどのような手段で商品を調達することができるのか，を確認する必要がある。これを示したのが（表6-2）である。

およそ小売企業の商品調達手段は，2つの分類軸でとらえることができる。第1は商品調達地であり，第2は生産機能遂行度である。前者はどこで商品を調達するのかに関わる。さらにこれは商品を調達する場所によって，国内と国外とに分かれる。後者はどのようにして調達するのかに関わる。「どのように」とは，ここでは生産機能への関与の程度を意味する。これは相対的に高い関与の程度を示す場合と，低い関与度の場合とに2分できる。ただし高い関与とは，必ずしも直接生産を行うことではない。どこかの誰かが生産した（＝完成品化した）商品をそのまま仕入れるのではなく，つまり生産に一切関わらないで商品調達するのではなく，生産という機能に一歩踏み込んで商品を調達することを言う[6]。

商品を調達する手段は，これら各2次元から構成される2つの分類軸からなる4つのセルに示される。小売企業はこれら4つの商品調達手段を組み合わせることによって，品揃えを形成しているのである。それぞれを詳しく見

第3節　グローバル駆動力　177

(表6-2)　商品調達手段

		生産機能遂行度	
		低関与	高関与
商品調達地	国内	Phase 1 納入業者依存型仕入	Phase 3 PB開発
	国外	Phase 2 通常輸入	Phase 4 開発輸入

[販売空間＝国内市場]

↓

販売空間の拡大

↓

		生産機能遂行度	
		低関与	高関与
商品調達地	国内	Phase 5 単純移出	Phase 7 PB海外供給
	国外	Phase 6 買付移出	Phase 8 自在開発

[販売空間＝海外市場]

てみよう。

　小売企業が国内で販売をする場合には，(表6-2)の上に示された4つの手段が利用可能である。Phase 1は，納入業者依存型仕入である。ここでは小売企業は，国内で，しかも自ら生産機能にはほとんど関与しないで商品を調達する。この調達手段はわが国の伝統的仕入形態である。中小小売商はもとより，百貨店・スーパーマーケットなど，わが国のほとんどの小売企業は

卸売企業に仕入を依存してきた。日本独特の商取引慣行もこうした伝統的な小売企業と卸売企業との商品調達関係の中から生まれてきたものであり，商品調達全体に占めるこの手段による調達ウエートは相当高いと言える。

　Phase 2は，通常輸入である。いわゆる輸入品の取り扱いは，主としてこの手段によって実現される。とりわけ百貨店においては，海外の有名ブランドの取扱いは品揃えの核であった。商社や貿易商を介した間接輸入であったり，海外へ出かけての直接買付であったり，具体的な輸入方法にはいくつかのパターンがあるが，海外からの輸入品調達がこれである。

　Phase 3は，PB開発である。前2者とは異なり，PB開発は国内で商品調達するものの，生産機能との関わりの程度が深いことに特徴がある。「安かろう悪かろうのコピー商品」的性格の強かった従来のわが国のPBがどの程度生産機能に関わっていたのかについては若干の議論があろう。しかしこれが自らが仕入れる商品の川上への接近を志向していることは明らかである。

　出店行動のグローバル化も商品調達行動のグローバル化もともに未着手の小売企業の場合，Phase 1からPhase 3までの調達手段の利用が可能である。しかしおそらくこれら3つの手段の利用容易性には差異があると思われる。小売企業にとってもっとも利用が容易であるのは納入業者依存型仕入であろう。小売企業にとってはほとんどリスクなしで，簡単に品揃え形成ができるに違いない。さらに通常輸入・PB開発の順で利用が容易であろう。なぜなら小売企業は基本的に，生産者が作った商品に手を加えることなくそのまま販売してきたからであり[7]，商品に直接何らかの手を加えるという意味で，PB開発は通常輸入よりさらにいっそう手が込んでいるからである。したがって2つの戦略行動次元でともにグローバル化が進んでいないすべての小売企業が，これら商品調達手段を等しく利用しているというわけではない。とはいえ可能性という点から言えば，これらを利用することはできるのであって，小売企業はこれら3つの手段の組み合わせによって品揃えを形成しうると言える。

ところが最近の小売企業は，いま1つの重要な調達手段を確保し始めている。それがPhase 4の開発輸入である。第3章で見たように，開発輸入による商品調達が全調達に占める割合は未だ大きいとは言えないが，確実に増加傾向にある。さらに消費者の低価格志向の高まりを背景にして，開発輸入によって入手した商品の品揃えに占める意義は増している。開発輸入への取り組みを開始した小売企業は従来の3つの手段に加えて第4の調達手段を獲得し，これら4つの商品調達手段を駆使することによって，より多様性に富んだ品揃え形成を実現しているのである。このように，開発輸入という新たな調達手段を獲得することによる商品調達手段の多様性の高まりこそが，商品調達行動のグローバル化なのである。

　ところがこうした開発輸入の開始に伴う商品調達行動のグローバル化に加えて，出店行動のグローバル化への道にも足を踏み入れた小売企業は，さらに商品調達のグローバル化を突き進めることになる。それを示すのが（表6-2）の下の表である。国内でのみ販売活動していた小売企業が出店行動のグローバル化を図ることによって海外に店舗を持つことは，その販売空間を海外に広げることを意味する。この販売空間の拡大に伴って，海外店舗での商品調達（日本本社から見ると海外への商品供給）が重要な課題となり，この問題解決のために小売企業は商品調達手段を飛躍的に多様化させる。海外での商品調達のために多様化した手段はつぎのとおりである。

　まずPhase 5は，単純移出である。これは日本国内において主として利用してきた調達手段である納入業者依存型仕入形態を，そのまま海外に持ち出そうとするものである。その点からいって最も安易な調達手段だと言えるかもしれない。単純移出にはさらにいくつかのバリエーションがある。たとえば日本本社が納入業者から調達した商品をそのまま海外に持ち込むタイプ（典型的には残品処理の場合）や海外法人のバイヤーが日本へ商品買付けに行き，購入した商品を日本本社経由で海外に持ち出す場合などがある。さらにここでは，海外進出した現地日系メーカーからの調達や最近増加しつつある

海外進出した日系卸売企業[8]からの現地での仕入なども，単純移出に含めている。

Phase 6 は，買付移出である。日本へ輸入した海外ブランドを海外店舗に持ち出す場合や，エクスクルーシブ・ブランドとして販売権を持つ商品を海外に供給する場合などがこれに相当する。

Phase 7 は，PB 海外供給である。国内で独自に生産したオリジナルブランドとしての PB を，自社の海外店舗で販売することを言う。

最後に Phase 8 は，自在開発である。自在開発とは「日本に持ち込むことを前提としない開発輸入」であり，海外法人の設立されている現地で現地向けに商品開発したり，それ以外の第三国で現地向けに開発するものを言う。より具体的に言うと，たとえばベトナムで子供服を開発輸入している小売企業があるとする。この企業は日本市場に商品を持ち込むことを前提にして日本市場向けに商品の仕様書を作成し，現地のメーカーに委託生産し，全量を日本に輸出している。一方自在開発とは，この小売企業が「開発した商品を日本に持ち込む」という前提をはじめから排し，基本的に「日本に持ち込まない」ことを前提としてベトナムで子供服を生産することを言う。日本に持ち込まないということは，すなわち日本以外の「どこか」に持ち込むことを意味している。その「どこか」には，こだわらない。生産地であるベトナム市場であってもよいし，中国であっても，韓国であってもよい。要は日本以外の市場でありさえすれば自在開発なのである。

小売企業は出店行動のグローバル化に向かった瞬間から，よりいっそう商品調達手段の多様化の必要に迫られる。それまでの日本国内での販売を前提とした商品調達手段では，海外での商品調達（＝海外への商品供給）は賄えない。新しい商品調達手段の獲得が，海外市場での販売を実現するために不可欠の要件となってくるのである。そこで小売企業は，新たなる商品調達手段の獲得に苦心し始める。それが Phase 5 から Phase 8 までの調達手段である。小売企業はこうして 8 つの商品調達手段を獲得し，これらの商品調達

手段の多様なミキシングによって,海外店舗における多様な品揃え形成[9]を実現することになる。

　このような「商品調達手段の多様なミキシングによる多様な品揃え形成」実現に際して,注目すべきは開発輸入と自在開発である。これら以外の調達手段が既存手段の延長線上で実現可能であるのに対して,両者は小売企業の商品調達手段としては極めて新しく,かつ革新的な意味合いを持っている。開発輸入は,小売企業が本格的に自ら商品開発に手を染めた最初の手法であり,しかも海外において生産を行うという点で画期的である。一方自在開発は,開発輸入の発展型である。開発輸入と自在開発の相違点は,既に指摘したように「販売市場をどこに設定するか」のみである。ところが自在開発は開発輸入と比較すると,その実現容易性に大きな隔りがある。その原因は,開発輸入が開発主体である小売企業にとって既知の市場を対象にしているのに対して,自在開発は小売企業にとっては全く未知の海外市場に向けた商品開発だからである。自在開発はある意味で開発輸入の高度化した形態であると言えるが,しかし単純に開発輸入経験を積めば自然に自在開発が可能になるというわけではない。そこには大きな飛躍がある。ハード的な意味での生産に関して言えば,自在開発は開発輸入の単純な高度化形態であるかもしれない。しかしソフト的な意味で言えば両者の間には容易には越えられない隔絶があると言わざるをえない。同じ自在開発と言っても,ベトナムを向いた商品開発と韓国を向いた商品開発ではソフトに大きな差がある。ベトナムを向いた自在開発に成功したとしても,韓国を向いた自在開発に成功するとは限らないのである。常に既知の日本市場を対象にする開発輸入とはこの点で大きな違いがあるとはいえ,開発輸入と自在開発は,ともに小売企業自らの手になる「もの作り」手段である。おそらくわが国の小売企業が,生産過程の川上にまで大きく入り込んだ,はじめての本格的商品開発であると言えよう。商品調達行動のグローバル化に伴う商品調達手段の多様化において,この2つの革新的なもの作り手段が新たに登場するという事実こそが,まさに

小売企業のグローバル化の核心を明示している。

　ヤオハンと良品計画のケーススタディは，この点を如実に示している。ヤオハンは自在開発にかなり早い時期から取り組んでいた。企業規模の点から，開発輸入は共同仕入機構（ニチリウ）を通じて行っていたが，現地で現地のための自在開発を開始し，さらに複数国の市場を対象にした自在開発にも取り組もうとしていた。かたや良品計画は，商品調達行動のグローバル化を開発輸入によって実現してきた。さらに世界市場を同時ににらんだ自在開発への取り組みにも着手するまでに至った。ここではまさに開発輸入と自在開発が駆使されていた。両社は自在開発については，単に現地で現地向けの開発をするだけでなく，複数の国を同時に対象とした相当高度なレベルにまで自在開発を昇華させるに至っていたのである。

　以上のことから，純粋ドメスティックから純粋グローバルへの移行においては，商品調達手段の多様なミキシングを実現することが肝要であり，しかも開発輸入・自在開発に代表される「もの作り」がその鍵を握っていることが明らかになった。この「もの作り」能力をハード的にもソフト的にも高めていくことを「深化」と呼ぶとすると，「もの作りの深化」こそがグローバル化への道を突き進むに際しての駆動力となるのである。ケーススタディに見たヤオハンの海外出店当時から一貫した現地における商品開発努力，良品計画の海外進出以前の長年にわたる開発輸入への取り組み，さらに海外進出後も緩むことのない自在開発追求の姿勢は，まさしく小売企業による「もの作りの深化」を示すものである。このように，グローバル・パスを純粋グローバルに向かって駆け上がるとき，その駆動力となるのは「もの作りの深化」なのである。

　ここでグローバル化の駆動力に関して，忘れてはならないことがある。それはもの作りを深化させるには時間がかかるという事実である。たとえば開発輸入1つを取り上げても，まずこれは小売企業には未経験の商品調達手段である。しかも開発輸入をめぐる環境条件はかなりの早さで変化し続けてい

る。ただ単に日本国内だけを向いて価格の安い商品を入手するためだけの表面的な開発輸入であれば，時間は不要かもしれない。スポット的な開発輸入の連続で事足りるであろう。しかしここでの議論の流れのように，グローバル化への道を駆け上がるための開発輸入は，そう簡単ではない。激しい環境変化の中で開発輸入の仕組を構築することは，相当な難題なのである。ましてさらにそれを自在開発に深化させていくことは，ほとんど想像を絶する世界である。時間と根気と明確な目的意識がないならば，チャレンジすることさえ臆してしまうかもしれない。このようにもの作りおよびその深化には，かなりの時間が必要であることを忘れてはならない。だからこそヤオハンは出店当時から時間をかけてトライアル・アンド・エラーを繰り返してきたのであり，良品計画は海外進出前に延々と開発輸入の習得につとめたのである。

　この節を閉じる前に，これまで論じてきた駆動力と第3のパスをたどろうとする小売企業との関連を検討しておこう。そこでまず（表6-3）を見てみよう。これは，海外店舗が現地で取り扱う商品種類と調達ルート，および

（表6-3）　海外店舗の取扱い商品と商品調達手段

商品種類	調達ルート	調達手段
(1) 日本商品	・日本からの直輸入（本社経由を含む） ・現地進出日系メーカー（または機関） ・現地進出卸売商	単純移出 単純移出 単純移出
(2) 欧米商品	・欧米からの直輸入 ・日本からの間接輸入 ・現地の代理店	通常輸入 買付移出 納入業者依存型仕入
(3) 現地商品	・ローカルメーカー（またはその代理店） ・現地での自主開発 ・現地での日本主体の開発輸入商品	納入業者依存型仕入 自在開発 開発輸入
(4) 第三国商品	・第三国のローカルメーカー ・第三国での自主開発 ・第三国での日本主体の開発輸入商品	通常輸入 自在開発 開発輸入

（注）　1．現地とは、店舗の所在する国
　　　　2．第三国とは、現地・欧米・日本以外の国

調達手段との関連を示したものである。およそ海外の店舗では4種類の商品が品揃え可能である。それらは，日本商品・欧米商品・現地商品・第三国商品である。これらをどのようなウエートで組み合わせるかが，海外での品揃え上の課題である。これら4種類の商品は，いくつかの調達ルートから購入しうる。たとえば日本商品の場合には，主として日本からの直輸入・現地に進出したメーカー（または機関）[10]・現地に進出した卸売商からである。さらにこれらは先の商品調達手段に対応させれば，すべて単純移出によることになる。

この表から一見して，海外で多様な種類の商品からなる品揃えを形成するためには，多様な調達手段のミキシングが必要であることがうかがえよう。中でも日本商品や欧米商品などの商品は，従来からの延長線上の調達手段によって比較的容易に調達できるのに対して，現地商品や第三国商品は開発輸入や自在開発といったグローバル化の駆動力となるもの作り手段によって主として調達可能になる点が注目に値する。

さて第3のパスを目指す小売企業，つまり出店行動のグローバル化を先行させた後に商品調達行動のグローバル化を進めようとする小売企業は，（表6-3）に示された多様な調達手段のうちの限られた手段のみを利用していると考えることができる。このタイプの企業の代表例は百貨店や専門店である。百貨店はヨーロッパにもかなり出店しているが，ローカルの消費者をターゲットにした出店は，東南アジアに集中している。また専門店も同じく東南アジアに積極的に店舗展開している。単純に言えば彼らの商品調達の基本は，日本で販売した商品と同じ商品の取扱いであったり，日本のテナントの現地導入であったり，日本的な取引慣行の採用であったりする。現在，専門店の出店先には日系百貨店や日系スーパーが多い。専門店にとっては，リスクを低くしながら成長する海外市場をねらうのには，勝手知ったる取引方法や商品調達手段に依存することが合理的である。また多くの日系百貨店やスーパーにとっても同様なのである。その結果，現地消費者の憧れである日本

商品や欧米商品，それらを中心にして店が運営される傾向が強くなる。わざわざ困難を伴う「もの作りの深化」を目指す必要はないのである。

　純粋ドメスティックから純粋グローバルへの第1・第2のパスをたどる小売企業は，商品調達手段の多様化を進め，同時に開発輸入・自在開発の探究，すなわちもの作りを深化させることによってグローバル化の駆動力を発揮した。ところが今問題としている第3のパスをたどる小売企業は，商品調達手段としてこれらもの作り以外の手段を主として利用しているのである。まさに日本と現地とのタイムラグを利用して日本的な商品調達手段を使うことによって，グローバル化を進めてきたというわけである。しかしタイムラグは永続性を持たない。成長するアジアでは急速にそのラグは消失していく。しかも開発輸入や自在開発には時間がかかる。もの作りは簡単には深化しない。当然，第3のパスをたどって純粋グローバルに行き着くことはできない。このパスをたどろうとした多くの小売企業は中間段階で停滞することが多くなるであろう。これがタイムラグ利用型グローバル企業である。しかも場合によっては，海外店舗を維持することができない事態に追い込まれることもありうる。駆動力となるはずの「もの作りの深化」を経験しない弱味，そしてその能力獲得には多くの時間が必要であるという事実。これが純粋グローバルへの道にそびえる壁を越えられない理由なのである。

　以上の議論から，「もの作りの深化」がパスを移行する上での鍵を握っていることが明らかになった。そうであるならば，つぎなる疑問は「駆動力としてのもの作りの深化は，グローバル・パス移行プロセスでどのような意味を持っているのか」である。

第4節　グローバル・ジレンマ

　「もの作り」を深化させることが，小売企業のグローバル化推進の駆動力であることが既に明らかになった。それでは「もの作りの深化」は，純粋グ

ローバルへの道を歩む上でどんな意味，あるいは効果を持っているのであろうか。本節ではこの点を検討する。結論を先取りするならば，純粋ドメスティックから純粋グローバルに向かうパス移行プロセスにおいて，小売企業はあるジレンマに陥ってしまう。このジレンマを抜け出すのに有効な解決策が「もの作りの深化」なのである。これなくして小売企業は純粋グローバルに到達することはできない。それゆえ「もの作りの深化」は，純粋グローバルになるための鍵を握っていると言えるのである。

1．自在開発の主体

自在開発では，開発輸入よりもさらに高度なノウハウが求められる。その理由は，開発した商品の持ち込み先が，開発輸入の場合には日本であるのに対して，自在開発では日本以外の異質な市場だからである。だからこそ自在開発は開発輸入の深化した形態なのであり，開発輸入以上のものの「作り込み」が求められるのである。

ところで，このような開発輸入の深化型としての自在開発を行うのは誰であろうか。誰が開発の主体となるのであろうか。これに関して2つのケースは好対照をなしていた。すなわちヤオハンでは，海外出店先の現地が主体となって，現地に向けた自在開発を行っており，さらに同じく現地が主体となって，現地以外の複数国市場向けの自在開発に取り組もうとしていた。いずれにせよ開発主体は現地である。それに対して良品計画では主体は徹底して日本本社であった。世界のどこで開発を行おうと，どんな複雑な開発であろうと，こと商品開発に関する限り主体は日本本社であった。現地は単にそのオペレーション（＝仕入・販売）にのみ専念しているのであった。

純粋グローバルを目指すグローバル・パス移行上の鍵を握る「もの作りの深化」，そこでの開発輸入の深化型としての自在開発の主体に2つのパターンがあり，ワンコンセプト・限定品揃え型グローバル企業の良品計画においては主体が日本本社にあり，他方多製品型グローバル企業のヤオハンにおい

ては商品開発の主体が現地にあるという事実。これが実は,「もの作りの深化」の意味を検討する上で想像以上に重要な意味を持っている。

2. 日本本社主体と標準化—適応化

そこでまずワンコンセプト・限定品揃え型グローバル企業の場合を考えてみよう。しばしばグローバル小売企業の例として指摘される企業,たとえばベネトン,ボディショップ,ルイ・ヴィトン,ローラ・アシュレイ,グッチ,シャネルなどはすべてワンコンセプト・限定品揃え型グローバル企業である。彼らにとってコンセプトの形成・確立・維持はショップ展開上の最大の課題であり,その中心的地位を占めるのが商品である。商品にいかにコンセプトが一貫して込められているかが何より基本であり,それに付随してブランド・店舗装飾・販売方法等を通じて全体としてコンセプトを演出していこうとする戦略をとっている。それゆえ,コンセプト形成の中軸となるもの作りに対するこだわりにはかなりなものがある。そこで,ワンコンセプト・限定品揃え型グローバル企業は生産段階に深く介入し,生産管理をはじめとして厳密なコントロール力を発揮することで,コンセプト維持を図ろうとする。一般にグローバル化した小売企業としてまず頭に浮かぶのがこのタイプの企業であろう。

彼らはいま1つ際だった特徴を示している。それは市場の切り口に関してである。コンセプトを明確にして出店行動をグローバル化させていく場合,当然の帰結としてこのコンセプトが世界のあらゆる国のあらゆる消費者に等しく受け入れられることはありえない。コンセプトが鮮明であればあるほど,おそらくそれを受容する市場の範囲は狭くなっていくであろう。そこで彼らは,コンセプトが受容されるであろうと想定される市場細分を各国の全体市場から部分的に切り取って,その市場に対して浸透を図ることになる。これが各国共通市場といわれるものである[11]。ワンコンセプト・限定品揃え型グローバル企業は,このような各国共通市場部分を標的として,地球規模でそ

れら部分市場を総計することで，全体として市場規模（マス）を確保しようというわけである。

このようなコンセプト明確化・各国共通市場部分標的という特徴は，既に第1章で見た国際マーケティング論でかねてから議論されてきた「標準化か適応化か」という課題を見事に容易にクリアしてしまう。すなわち彼らはコンセプトを鮮明にして，そのコンセプトを受容してくれる市場を対象にしている。コンセプトの明確化が，標準化と直結することは説明を要しないであろう。商品は言うに及ばず，店舗装飾・ブランドなどすべての面で，すべての共通市場部分に対して標準化を徹底するからこそコンセプトが維持されるのである。個々の市場に個別に適応していたのでは，統一的なコンセプトは形成されえない。良品計画が開発の主体を日本本社にすることに徹底してこだわったのは，現地に任せると一貫したコンセプトを形成・維持できないことに気づいていたからである。開発主体を日本本社に一本化するからこその，コンセプト形成・維持なのである。良品計画は，開発輸入から自在開発へ至るプロセスにおいて，終始もの作りに執心してきた。それはワンコンセプト・限定品揃え型企業にとって，もの作りの深化へのこだわりがコンセプトを明確化し，そのことが標準化に直結するからなのである。

さらにコンセプト明確化・各国共通市場部分標的は，思わぬそして重大な効果を持つ。つまりワンコンセプト・限定品揃え型グローバル企業にとって幸運なことに，市場がコンセプトを受け入れるということは，まさに市場適応そのものを意味するのである。彼らにとってコンセプトが受け入れられるということは，自動的に標準化と適応化が達成されることを意味する。コンセプトと標的市場とのマッチングさえうまくいけば，標準化―適応化問題は，彼らには全く問題とならないのである。

3．現地主体の悩み ――グローバル・ジレンマ――

ところが多製品型グローバル企業にとって，この問題はそれほど簡単なも

第 4 節　グローバル・ジレンマ　　189

のではない。基本的に，多製品型グローバル企業には一貫したワンコンセプトを形成することはできない。衣・食・住にわたる数万を越えるアイテムを1つのコンセプトでまとめることは不可能に近い。まして日本本社がそれらを統一的にコントロールすることなど無理である[12]。ワンコンセプト・限定品揃え型グローバル企業が統一したコンセプトを形成・維持し，本社がもの作りの深化をコントロールできる大きな理由は，まさしくその取り扱いアイテムの少なさにある[13]。たとえばローラ・アシュレイの日本でのショップの平均売面は約120㎡，平均アイテム数は40—50であり，ルイ・ヴィトンの平均売面（ただし事務所スペースを含む）は約200㎡，平均アイテム数は500である[14]。そこで，ワンコンセプト・限定品揃え型グローバル企業と比較して圧倒的に取扱いアイテム数の多い多製品型グローバル企業は，もの作りの主体の地位を現地に譲るのである。もちろんすべてのアイテムで，現地が主体になるわけではないかもしれない。しかしかなりの範囲で現地に主体的な機能を遂行させることになることは疑いない。

　開発主導権を現地が握る。この事実は限りなく大きいインパクトを与える。それがグローバル・ジレンマである。ここに多製品型グローバル企業は，純粋グローバルに向かうプロセスで最大の困難に直面することになる。すなわち，開発の主体が現地の手にゆだねられた瞬間に，まさにそのとき，ワンコンセプト・限定品揃え型グローバル企業がいとも簡単にクリアした標準化—適応化の自動的達成は夢物語に終わってしまうのである。

　ジレンマとはつぎのごとくである。開発の主導権を握ることになったものの，言うまでもなく現地にも本社に代わって全社的にワンコンセプトを形成できるはずはない。ここに多製品型グローバル企業の現地法人は，「小売企業は基本的に，市場へ適応しなければならない」という伝統的な小売業の呪縛に絡みとられることになる。すなわち，ワンコンセプト・限定品揃え型グローバル企業の僥倖ともいえる「もの作りの深化」を通じるコンセプトの形成と標準化の実現，そしてそれによる標準化と適応化の自動的同時達成とい

う夢から覚めて，まず第1に現地市場への適応を迫られることになる。現地，すなわち各国の市場間では市場の異質性が高いことは言うまでもない。その異質性の高さを克服して，各国市場に適応しなければならない。しかももの作りを止めるわけにはいかない。なぜならこれこそが純粋グローバルへの道をたどる駆動力なのであるから。「もの作りを深化させながら，現地に適応する」。これが多製品型グローバル企業に課せられる第1の課題である。

　しかしこれだけに留まらない。もう1つの大きな課題は，標準化の実現である。ワンコンセプト・限定品揃え型グローバル企業は，ワンコンセプトを形成し，それに基づいて商品を標準化した。そして各国共通市場部分を集計してマス化し，その総体としての市場に標準化した商品を販売した。ここでは標準化に不可欠な規模（＝マス）が確保されている。これから分かるように，標準化を実現するには，規模の確保が必要である。多製品型グローバル企業は，もの作りを深化させるにあたって規模の経済を発揮できるだけの商品ロットを確保し，それをもって商品の標準化を実現しなくてはならないのである。

　「もの作りを深化させながら，現地適応する」。そして「規模を確保して標準化を実現し，もの作りを深化させる」。この2つの課題は，まさしく国際マーケティング論が長年にわたって議論を重ね，未だ結論を見いだせない「標準化—適応化問題」そのものである。多製品型グローバル企業は，現地が主体となって他国と比較して異質的な市場に向けて適応化しなければならない。だがそうすると，商品はその現地市場にだけ向けられた商品になってしまわざるをえない。そのままでは，他の市場には合わない。逆説的だが，合わないからこそ適応化なのである。そこでは当然のこととして商品ロットが確保できず，もの作りは非常に不効率なものになってしまう。もの作りの深化を実現するには，ロットを拡大し，商品を標準化して規模の経済を実現することが求められる。ところが標準化すると，異質な市場への適応力が著しく低下する。このグローバル・ジレンマをどのように克服するのか。

このジレンマを乗り越えたもののみが，純粋グローバル企業となりうるのである。

第5節　グローバル・ジレンマと市場の共通化

矛盾する課題の解決を迫られた多製品型グローバル企業は，どのようにしてこれに対処するのだろうか。その謎を解くためには，時間の概念を導入することが有効である。本書ではグローバル化をプロセスととらえ，純粋ドメスティック企業から純粋グローバル企業への移行を動態的に把握しようとしてきた。そこでは時間の経過に伴う移行過程そのものに分析の光が当てられた。これと全く同様に，多製品型グローバル企業のジレンマ解決行動を探る際にも，時間の視点を取り入れる必要がある。その時間とは環境変化の時間である。多製品型グローバル企業がジレンマを解決するのは，グローバル・パス移行途上においてであり，その間には直面する環境も当然大きく変化を遂げる。この環境変化への対応行動として，多製品型グローバル企業はジレンマ解決を図るのである。

1. 品揃えの重複 ── 所得水準上昇の第1の効果 ──

ある多製品型グローバル企業が，出店行動のグローバル化の次元で，今3カ国に出店しているとしよう。それらをA国・B国・C国とする。このとき，各国の平均的品揃え（単独店舗の場合はその店舗の，複数店舗の場合はそれら店舗を平均した品揃え水準をいう）は，ほとんど重複しない。なぜなら国家間で所得水準，あるいはそれによって規定される消費水準に格差が存在するからである[15]。現地適応せざるをえない小売企業が，各国の消費水準に対応した品揃えを形成しようとするのは当然であり，その結果各国の市場間での平均的品揃えには差異が生じるのである。ところがやがて各国の所得水準は上昇を始める。するとそれにつれて，各国間で平均的な品揃えに共通する

部分が発生し始める。参入当初はほとんど見られなかった品揃えの重複がはっきりと発生するのである。これを示したのが（図6-2）である。ここで円筒型の底面は平均的品揃えを表し、高さは当該国の所得水準を示している。A国・B国・C国間でn年前にはほとんど存在しなかった品揃えの重複部分が、現在ではかなり見られるようになっているのが分かる。

（図6-3）は同じ円筒型の底面——平均的品揃え——だけを取り出したものである。これをよく見ると、所得水準の上昇に伴って発生した品揃えの重複部分が実は2つの部分から構成されていることが分かる。1つは2カ国の平均的品揃えが重複する部分と、いま1つは3カ国の平均的品揃えが重複する部分である。前者の白抜き部分は、A・B・C各国のそれぞれ2カ国間で共通する商品群を表している。この部分に相当する商品は、任意の2カ国、たとえばA国においてもB国においても、ともに受容される商品である。第4章で見たようなヤオハンが取り組もうとしていたドミナント開発商品とは、このような商品だったのである。この2カ国間に重複する品揃え部分をドミナント共通化と呼ぶことにするならば、このドミナント共通化部分をタ

（図6-2）　所得水準の上昇と品揃え

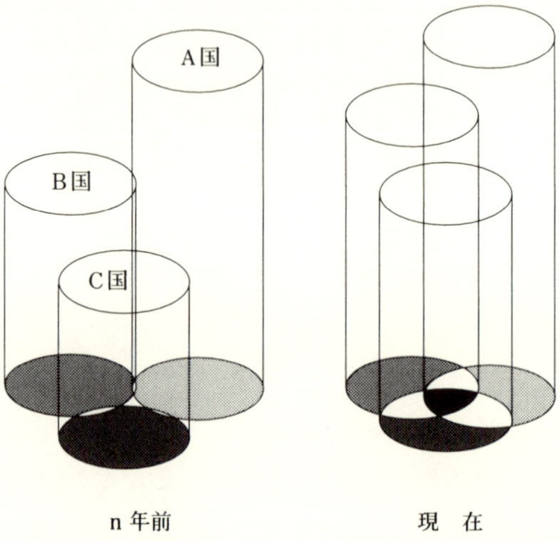

n年前　　　　　　　　現在

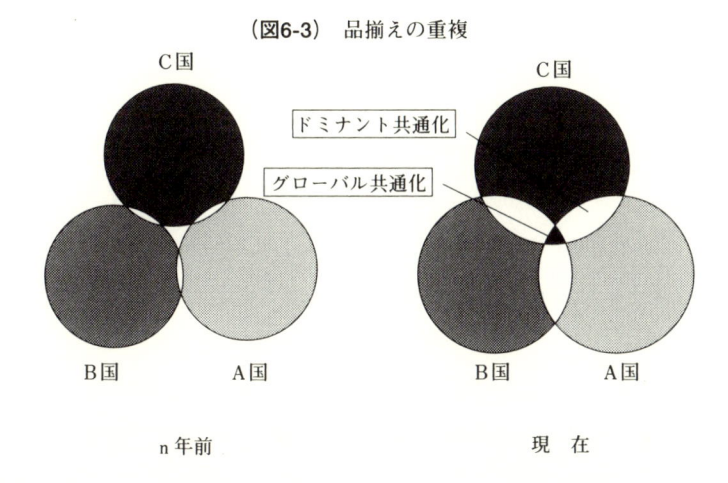

第5節　グローバル・ジレンマと市場の共通化　193

(図6-3)　品揃えの重複

n年前　　　　　　　　　現　在

ーゲットとして両国向けに商品を販売することが可能になる。これと同じように，3カ国の品揃え水準が重複する部分は，すべての国で共通する商品群の存在を示している。3カ国すべてで受容される商品が，この部分には存在する。この品揃え部分をグローバル共通化と呼ぼう。ここではすべての国向けの商品の販売が可能なのである。

　上に述べたように各国において，所得水準は着実に上昇する[16]。これが品揃えの重複部分を発生させる。平均的品揃えの重複は，国家間で双方に共通して販売可能な商品群が存在し，その商品群を双方の消費者がともに選択する可能性があることを意味する。多製品グローバル企業はこの平均的品揃えの重複部分──ドミナント共通化・グローバル共通化──を標的として，標準化した商品を開発（あるいは販売）することができる。それ以前はほとんど品揃えの重複はなかった。当然各国独特の市場に対して独自の品揃え形成の必要があった。しかし品揃えの重複が発生し始めると，各国間でともに受入可能な商品群の存在が明らかになってくる。ここに各国間での共通市場部分の集計化が可能になる。このトータル市場部分では，商品を標準化することによって規模の経済が享受できるというわけである。

2．中心品揃えと周辺品揃えの変化 ── 所得水準上昇の第2の効果 ──

　所得水準の上昇は，上で見たように国家間で平均的品揃えの重複をもたらし，商品の共通化可能領域を発生させる効果を持つ。ところが所得水準の上昇は，さらにもう1つの興味深い品揃えの変化をもたらす。それは「中心品揃え」の拡大である。この新しい概念によって，多製品型グローバル企業のジレンマ解決のための行動をうまく説明することができる。

　「中心品揃え」とは，何であろうか。それは「他国の市場との間で共通化できると多製品型グローバル企業が考えている品揃え部分」である。そして同時にこの品揃え部分は，店作りに際して核となり，商品構成上どうしてもはずすことのできない基本的商品群になる。他方，品揃え全体から中心品揃え部分を除いた残余部分を周辺品揃えと呼ぶことにすれば，周辺品揃えとは，「他国市場との間で共通化できないと多製品型グローバル企業が考えている品揃え部分」である。この品揃え部分は，それぞれ独自性を持った現地市場向け商品である。そして定義から明らかなように，前者は市場の共通化が可能であって標準化商品の販売が見込める品揃え部分であり，後者は市場の共通化は不可能であって現地適応を必要とする品揃え部分である。

　ここであらかじめ注意しておくべき第1は，これら概念がある国の内部における中心―周辺ではなく，国家間での品揃え共通化の可能性に基づく概念であるという点である。中心品揃え―周辺品揃えの区分は，国内でも可能である。たとえば標準的な味付けのカップ麺は中心品揃えであり，関西味・九州味のカップ麺は周辺品揃えであるといったように……。しかしここでは国内ではなく，あくまで国家間の所得水準の差異およびそれに起因する国家間での品揃え共通化の可能性の程度に関する概念に限定している。第2は，中心―周辺を判断する主体についてである。定義からも明らかなように，この判断は現地の品揃え決定権を持った主体，多くの場合は当該多製品型グローバル企業の現地法人がその判断を下すという点である。現地から遠く離れた日本本社が何らかの観点から中心と周辺を区分するのではなく，現地での経

第5節　グローバル・ジレンマと市場の共通化　195

験的判断による区分によっているのである。

　さて，所得水準の上昇が品揃えにもたらすいま１つの興味ある効果とは何であろうか。それは所得水準の上昇が，ある国の平均的品揃えにおけるこの２つの品揃え部分のウエートを変化させるということである。所得水準の上昇につれて，中心品揃えのウエートが高まり，周辺品揃えのウエートは低くなっていく。これを示したのが（図6-4）である。両者のウエートの変化が意味することは重要である。すなわち，現地適応を必要とする品揃え部分が少なくなり，逆に適応を必要としない共通化可能な品揃え部分が拡大するということである。ケーススタディで示したように，ヤオハン香港では所得水準の急上昇という追い風を受けて店舗間の品揃え水準が均一化したという。これはまぎれもなく現地適応が必要な周辺品揃え部分のウエートが減少し，共通化可能な中心品揃え部分の品揃え全体に占める割合が増加したことを意味するものである。

　以上述べたように，所得水準上昇の第１の効果によって品揃えに重複する

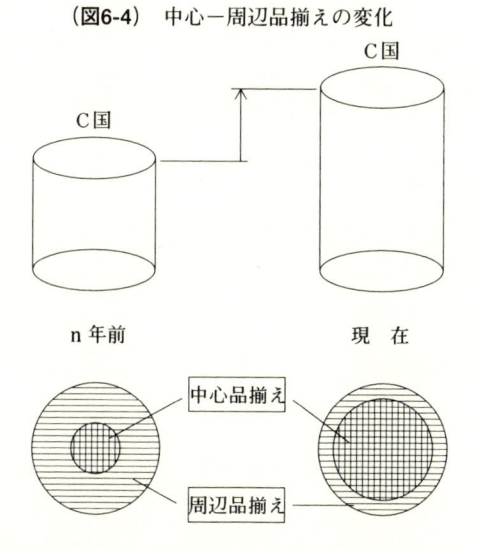

（図6-4）　中心－周辺品揃えの変化

部分が発生し，この共通化市場部分に対して商品の標準化が可能になる。また第2の効果によって，同様に共通化可能な品揃え部分が増加する。加えてこの効果は反面で，現地適応しなければならない品揃え部分を減少させる。多製品型グローバル企業が抱えた「標準化─適応化」をめぐる過酷なジレンマは，所得水準上昇効果によってその過酷さの程度を大きく軽減されるのである。ここにジレンマ克服の可能性は飛躍的に高まると言える。別の表現をするならば，多製品型グローバル企業の課題である「標準化─適応化」問題は，実は彼が取り扱う品揃え全体レベルで対応しなければならない問題ではなかったということになる。それは，品揃えの重複と中心─周辺品揃えの変化から発生する標準化すべき品揃え部分と適応化すべき品揃え部分それぞれで，独立処理可能な問題なのであった。

3．品揃えの共通化とグローバル・ジレンマ

国家間での平均的品揃えの重複と中心品揃え─周辺品揃えのウエート変化という2つの動きは，ともに所得水準の上昇によってもたらされた。この2つの効果は，所得水準の上昇につれて同時に発生するのである。したがって2つの効果は統合して説明することができる。それによって，グローバル・ジレンマを克服するために標準化すべき品揃え部分と適応化すべき品揃え部分の存在をいっそう鮮明に示すことができる。(図6-5)はこの2つの効果をオーバーラップさせたものである。

この図は，それぞれに中心品揃え─周辺品揃えを持つ各国の平均的品揃えが重複している状態を示している[17]。オーバーラップさせることによって，(図6-3)で指摘したドミナント共通化とグローバル共通化が，さらにそれぞれ2つの部分に細分化できるということが分かる。共通化可能な品揃え部分は，複雑な構造をしているのである。この点について考えてみよう。

まずドミナント共通化は，

(1)ドミナント─中心品揃え共通化（2カ国間に共通している中心品揃え部分）

第5節　グローバル・ジレンマと市場の共通化　197

(図6-5)　品揃えの共通化

[図中ラベル: C国／周辺品揃え／グローバル／中心品揃え共通化／グローバル／周辺品揃え共通化／ドミナント／中心品揃え共通化／ドミナント／周辺品揃え共通化／中心品揃え／B国／A国]

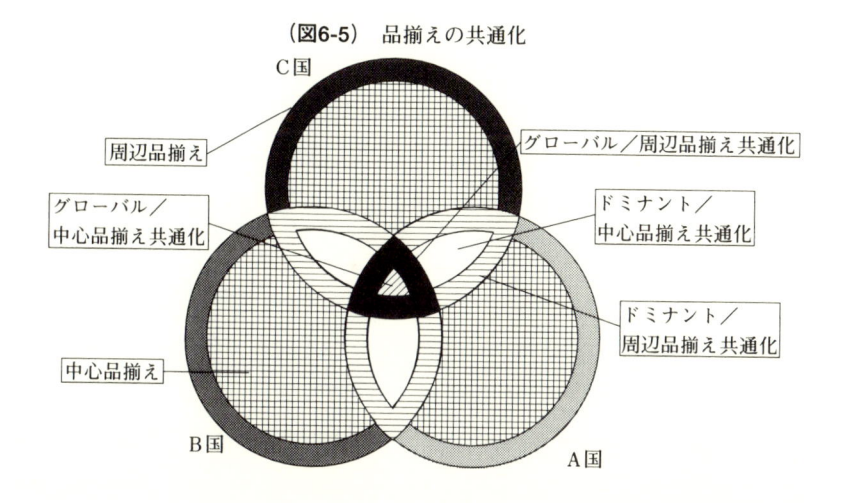

(2)ドミナント—周辺品揃え共通化（2カ国間に共通する周辺品揃え部分），とから成り立ち，グローバル共通化は，

(1)グローバル—中心品揃え共通化（3カ国に共通する中心品揃え部分）

(2)グローバル—周辺品揃え共通化（3カ国に共通する周辺品揃え部分），とからなる。

　これら4つの共通化部分では，すべて標準化による規模の経済の獲得を目指しての商品共通化が可能となる。ドミナント共通化についてこの点を確認してみよう。

　ドミナント共通化は，A国とB国・B国とC国，C国とA国間でそれぞれ実現可能である。そこでは，これら部分を標的として共通した商品の販売ができる。ところがそのようにして共通化された商品群が持つ意味は，当該国によってそれぞれ異なっている。A国とC国で考えてみよう。（図6-5）のドミナント共通化部分内の白抜き部分は，両国にとってともに中心品揃え部分の一部を形成している。両国にとって，ここを標的として販売される商品は，品揃え構成上はずすことのできない中核商品となっている。これがドミナント—中心品揃え共通化であり，両国にとっての意味は同一である。と

ころがA国・C国のドミナント共通化部分のうちの横線部分は，両国それぞれで違った意味を持っている。この部分は3つの細分からなっている。第1は，両国にとってともに周辺である品揃え部分，第2はC国にとっては中心品揃えとなっているが，A国にとっては周辺品揃えである部分，第3はC国にとって周辺品揃えであるがA国にとって中心品揃えとなっている部分である。このうち第2・3のドミナント部分は，ドミナント—中心品揃えに向かう過渡的段階としてとらえることができる。だが過渡的とは言いながら，既に共通化が可能な領域なのである。つぎなるドミナント—中心品揃え共通化は，この部分からの転換ということになる。

全く同じことがグローバル共通化についても妥当する。A国・B国・C国すべてで一致した意味を持つグローバル—中心品揃えと，それぞれの国家間で異なる意味を持つグローバル—周辺品揃えが存在するのである。

以上のように，所得水準の上昇という要因がもたらす2つの効果——国家間の平均的品揃えの重複と中心品揃え—周辺品揃えウエートの変化——は，グローバル・ジレンマを解消させることができる。すなわち，多製品型グローバル企業は，ドミナント共通化・グローバル共通化部分に対して標準化による規模の経済の追求が可能であり，また共通化していない各国の品揃え部分に対しては適応化が可能である。標準化・適応化は，同一市場部分で同時に追求されるべき課題ではない。標準化と適応化は，複雑な各国間の品揃え構造に対応しながら，もの作りの深化を核とする多様な商品調達のミキシングによって多面的に追求されるのである。

4．ジレンマ克服と「読みの構造」

多製品型グローバル企業は，グローバル・ジレンマを克服することができる。その原理はこれまでに述べたとおりである。ではこのジレンマ克服を現実のものとするためには，何をすればよいのであろうか。

純粋ドメスティックから純粋グローバルへのパスを駆け上がろうとする多

製品型グローバル企業は、いやそれだけでなく広く純粋グローバルを目指す小売企業は、つぎの2つの「匙加減」に配慮しなければならない。第1は、「内にらみの匙加減」である。これは所得水準の上昇に伴う品揃えの変化に対する目配りである。つまり出店行動のグローバル化によって進出した海外店舗の品揃え全体のうちで、中心品揃え―周辺品揃えのウエートとそれぞれの品揃え部分への商品の振り分けを匙加減することである。どの国の品揃えとも共通化できない商品であるにもかかわらず、それを中心品揃えに振り分けたりする誤りは避けねばならない。現地市場向けに特別対応すべき部分はどれかについても同様の誤りを避けねばならない。その上で的確な判断に基づいて、配分する商品とその調達手段を決定する必要がある。何をどのようにして調達するのかについては、もの作りの深化を中心とした多様な商品調達のミキシングが決め手になることは言うまでもない。

　第2は、「外にらみの匙加減」である。現地国におけるどの品揃え部分が、どの国のどの品揃え部分と共通化可能であるのか。どこが共通化できないのか。共通化していない品揃え部分に向けて共通化を図る誤りを避けねばならない。逆に、共通化できるにもかかわらずいつまでもそれを放置する誤りも避けねばならない。こうした共通化部分への目配りとそこへ向けての商品の振り分けを匙加減する必要がある。ここでももの作りの深化を中心とした多様な商品調達のミキシングが鍵を握ることは言うまでもない。

　純粋グローバルを目指す小売企業が配慮すべきこの2つの匙加減は、実際にはそう簡単なことではない。だがこの匙加減はグローバル化の進展とともに少しずつ容易になってくる。その理由は、「読みの構造」が機能し始めるからである。グローバル・パスを移行するプロセスで、経験に基づいた「読み」ができるようになり、その読みの実現可能性が高まっていくからである。ヤオハンのケーススタディの中で、「先が読めるんですよ」といったバイヤーのコメントは、まさにこれを物語っている。小売企業は絶えず現地市場とインタラクションをしている。どの商品が手を加えることなくそのまま受け

入れられ，どの商品がそのままでは駄目なのか。どのように手を加えればよいのか。もうそろそろ，そのままでも受け入れられるようになっているのか，まだ駄目なのか。いつ頃，どこと共通化できそうか。どんな商品でそれが可能か，などなど……。このような現地市場と小売企業とのやり取りは非常に迅速に，かつ頻繁に行われる。もの作りの深化を中心とした多様な商品調達のミキシング能力を具備した小売企業は，変化を認知さえできれば商品調達手段の変更あるいは調達先の変更によって，この変化に極めて容易にフレクシブルに対応ができる。海外においては過去の取引きのしがらみは一切ない。国内の取引関係をそのまま引きずることはないのである。したがって海外では日本国内と比べて，はるかに機動力にあふれる行動がとりやすい。加えて市場変化の認知は，当該現地市場とのやり取りの経験だけに依存して容易になるのではない。本国日本での永年にわたる経験も大きく作用するし，さらに海外の他国での経験も同様である。読みの構造が匙加減を容易にし，それがジレンマの克服を現実化するというわけである。

1) もちろん出店経験を積み重ねることによって，市場の先が読めるようになってくる。そのため直面する商品調達問題の克服は，少しずつ容易になってくることを忘れてはならない。
2) プロセスモデルを強調する研究にはたとえば，黄　磷（1992 a）がある。黄は，歴史的な視点を重視しながら，空間構造のプロセス・モデルを提示して流通空間構造の変動を分析しようとしている。ただし黄が統計的・実証的アプローチをとっているのに対し，本書は記述的・定性的アプローチをとっている。
3) 良品計画のケースを見る限り，ドメスティック志向型グローバルから純粋グローバルへの移行は時間的に短期間で可能であり，その移行は一気呵成に見える。機が熟すという意味は，出店を可能にする現地市場の成熟化ということではなく，出店行動のグローバル化を可能にする企業内部の経験の蓄積という意味である。そしていうまでもなく経験とは，商品調達行動の経験である。
4) 『日本経済新聞』，1995年4月20日。
5) 『日経流通新聞』，1995年3月14日。専門店が海外で大幅にスクラップ＆ビ

ルドを行う理由はもちろんこれだけではないであろう。たとえば現地での競争激化による収益の悪化および競争地位の低下，あるいは現地の地価の上昇などに起因するコストアップなども大きな原因である。しかしこれとても「とりあえずの出店」のある種の証明であり，先に述べた第2のパスが機の熟すのを待っての出店行動のグローバル化であったのとは対照的であると言える。

6) ただし関与の程度が高いか低いかは，あくまで相対的なものであって絶対的な基準があるわけではない。
7) もちろん流通加工によって，需要適合のために川下段階で商品に手が加えられることは従来から行われてきた。しかしこれはあくまで最終的な微調整であって，同じく手を加えるといっても川上段階に介入するPB開発とはその実施容易性にかなりの差があると思われる。
8) 海外進出したわが国の卸売企業に関しては，向山雅夫（1991 a）参照。
9) 品揃え形成に関しては，荒川祐吉（1960），Alderson（1957）参照。
10) たとえば農協・各種組合などである。
11) これについては，M. E. Porter（1989）第3章参照。
12) これは海外に限ったことではない。日本国内において多製品型小売企業が統一した1つのコンセプトを形成・維持することも全く同様に，極めて困難である。
13) 多製品型グローバル企業に対して，ワンコンセプト・限定品揃え型グローバル企業としたのは，この点を強調するためである。
14) 電話による聞き取り調査の結果である。ただしルイ・ヴィトンの場合，細々とした小物・アクセサリーをすべて含むと約1,000アイテムになるという。
15) さしあたりここでは，東南アジアへのヤオハンの出店を例として想定するとよい。
16) 所得水準が着実に上昇するという前提は必ずしも一般性を持たないことは自明である。しかし，それがすでに期待できない段階に達した国——たとえば先進諸国——であっても，ここでの議論は全く影響を受けない。先進諸国においては，既に平均的品揃えの共通化が相当の程度まで進んでいるのであり，そこにおいて商品の共通化が達成される可能性は極めて大きいからである。

　これに関連して，ここでの議論は経済成長期の市場への参入に関してのみ妥当するのではないことにも留意すべきである。成熟期の市場への参入に際しても，全く同じである。上に述べたように，成熟期の市場間には既に商品共通部分が存在するのである。ただ異なるのは，成長期の市場においては平均的品揃えの重複部分の発生に時間が必要であり，成熟期の市場では既にそ

れが存在するという時間性に関してである。そしてこの時間性こそが非常に重要である。時間がかかるゆえに，その間に商品開発のノウハウの蓄積ができ，先が読めるのである。それがもの作りのよりいっそうの深化を可能にするのである。成熟期の市場への参入に際しては，時間性がないがゆえにノウハウもなく，先も読めないのである。それゆえ先進諸国においては，平均的品揃えの重複部分の存在にもかかわらず，商品共通化が困難であり，さらにその結果として出店行動自体も緩やかなものにならざるをえないのである。

17) ここでは簡略化のために，各国家間における中心品揃えと周辺品揃えの割合は一定と仮定している。しかし実際にはこの仮定は成立しないことが多く，そのウエートは国家間でばらつきがあると考えられる。

結章　小売企業グローバル化の構図

第1節　純粋グローバルへの道

1．なぜ純粋グローバルになれたのか

　本書が設定した第1および第2の研究目的，すなわち(1)小売企業はどのようにしてグローバル化するのか，(2)小売企業は何ゆえにグローバル小売企業になりうるのか，について簡単に議論を要約しておこう。

　小売企業のグローバル化は，2つの戦略行動次元のグローバル化によってとらえることができる。それは出店行動次元と商品調達行動次元である。この両次元において高度にグローバル化を推進した小売企業を「純粋グローバル」と呼ぶとすれば，これに属する小売企業には2つのタイプを想定することができる。1つは多製品型グローバルであり，いま1つはワンコンセプト・限定品揃え型グローバルである。本書は研究目的を達成するために，先端的事例のケーススタディを分析手法として採用した。前者を代表する企業としてヤオハンを，後者を代表する企業として良品計画を取り上げ，2つの戦略行動次元に注目しながら両者がグローバル化に踏み出す前段階（純粋ドメスティック）から純粋グローバルに至るまでのプロセスを詳細に追求した（第1研究目的の達成）。

　2つの先端的企業が純粋グローバルへ移行するプロセスを追うことから，1つの大きな発見物が得られた。それは両者が全く違ったプロセスを経て純粋グローバルに至ったという事実であった。純粋グローバルに向かう道は1つであるという暗黙の想定は崩れてしまった。多製品型グローバル（ヤオハン）は，出店行動と商品調達行動両次元で同時にグローバル化の程度を高め

ることで純粋グローバルにたどり着いた。それに対して良品計画は、商品調達行動のグローバル化の程度をまず高め、しかる後に出店行動のグローバル化の程度を高めることで純粋グローバルになったのであった。純粋グローバルに向かうパスは1つではなく、複数存在していたのである。ところが興味深いことに、パスが異なっているにもかかわらず純粋グローバルに向けてパスを移行させる力――グローバル駆動力――は、実は共通しているのである。その駆動力とは、「商品調達手段の多様なミキシングによる多様な品揃え形成」であった。商品調達行動のグローバル化を進めるための調達手段は、つぎの8つである。

(1) 納入業者依存型仕入
(2) 通常輸入
(3) PB開発
(4) 開発輸入
(5) 単純移出
(6) 買付移出
(7) PB海外供給
(8) 自在開発

純粋グローバル企業は、これら8つの調達手段を駆使することによって多様な品揃えを形成しつつ、パスを登り詰めていったのであった（第2研究目的の達成）。これら多様な手段のうちで、その中核となり、また多様な品揃え形成の基軸となるのが「開発輸入」および「自在開発」である。両者は「もの作り」の手法である。従来、小売企業のもの作りといえばPB開発であった。しかし開発輸入は、これまでの「物まねもの作り」とは一線を画すものである。さらに自在開発は開発輸入の高度化した手法であって、この2つの手法を我がものとすることを「もの作りの深化」を呼ぶとすれば、これこそが純粋グローバルへの道を順調にたどれるか否かを決定的に左右する鍵なのであった。

ここで予期される誤解を解いておく必要がある。本書は，グローバル駆動力として「もの作りの深化」をとりわけ強調してきた。しかしこれは，「純粋グローバルになるためには，すべての品揃えを独自開発した商品で埋めなければならない」というメッセージを意味しているのではない。既に明らかであろうが，「もの作りの深化」は多様な商品調達手段の1構成要素にすぎない。ただ純粋グローバルとして多様な品揃えを形成する上で，この手段が他の手段との比較において圧倒的に重要な意味を持っているということを意味しているのである（これについてはさらに次節で検討する）。

　ところが，グローバル駆動力を発揮するに際して，小売企業はグローバル・ジレンマに囚われる。それはつぎのようなものであった。純粋グローバルを目指す小売企業は，否応なしに小売企業の宿命である現地適応の必要に迫られる。各国現地市場の異質性を克服して，小売企業は現地適応しながらもの作りを深化させねばならない。一方もの作りの深化を実現するには，開発ロットを拡大し，商品を標準化することによって規模の経済を実現することが求められる。ところが前者の追求は後者を阻害し，逆もまた同様である。いかにして両者を同時実現すればよいのか。これが純粋グローバルに到達する途上で，克服を迫られるジレンマなのであった。

　このジレンマを軽々と乗り越える術（すべ）を身に付けていたのは，ワンコンセプト・限定品揃え型グローバル企業である。このタイプの企業はコンセプトを鮮明にし，それを受容するであろう各国の特定市場細分を標的としている。したがってもし標的市場細分がコンセプトを受け入れるとするならば，それは当該企業が市場に適応していることを意味する。それと同時に，ワンコンセプト・限定品揃え型グローバル企業は，コンセプトを受け入れる各国の市場細分を地球規模で総計することによって市場規模を確保することができる。このように彼らにとっては，コンセプトと標的市場とのマッチングが純粋グローバルに向けての最大の課題であって，それがクリアされるならばグローバル・ジレンマは全くといってよいほど問題にならないのである。

いわば彼らはジレンマを自動克服するメカニズムを内包していることになる。

それに対してこのジレンマ克服に徹底的に悩むのは，多製品型グローバル企業である。コンセプトの明確化を実現することが不可能な彼らは，独自の克服法を見つけ出す以外に方法はない。彼らは，「読みの構造」に基づく環境変化への対応行動としてジレンマ克服を図っていた。ここでいう環境変化とは，所得水準の上昇に伴う各国の品揃えの変化である。多製品型グローバル企業は，各国の所得水準の上昇に伴って，(1)各国の平均的品揃えが重複し始めること，(2)中心品揃え部分のウエートが高まり，周辺品揃え部分のウエートが低くなること，(3)これら2つの変化の結果，各国間で共通化可能な品揃え部分が発生することを見いだし，それらの変化を読むことができるようになる。彼らは多様な属性を持つ共通化可能な各品揃え部分に対応して，標準化と現地適応を使い分けることで，ジレンマを克服するのである。

以上のごとく，小売企業は「『もの作りの深化』を核とする『商品調達手段の多様なミキシングによる多様な品揃え形成』を駆動力として，グローバル・ジレンマを克服することで純粋グローバルへのパスをひた走る」のであった。

2．再検討：「もの作りの深化」の重要性 ―― 大丸のグローバル行動との比較 ――

上で見たようにヤオハンと良品計画の2つのケーススタディは，純粋ドメスティックから純粋グローバルへの2つの移行パスの存在を明らかにした。しかしそれと同時に第3のパスの存在をも示唆した。それは出店行動のグローバル化を商品調達行動のグローバル化より先行させ，その後に商品調達行動のグローバル化に力を注ごうとするパスであった。このパスの存在は，小売企業のグローバル化の現状を最もよく露呈するものである。というのも，本書で取り上げた先端的事例としてのヤオハンと良品計画は，まさに先端事例にふさわしく純粋グローバルへ向かう第1・2のパスを颯爽と歩んでいた。ところがそれ以外の多くのいわば非先端的事例は，この第3のパスを進もう

としており，それらの足取りはひどく重い。そして前章で指摘したように，現時点において，多くはこのパスの中間段階であるタイムラグ利用型グローバル段階で悪戦苦闘しているのである。なぜこの中間段階で苦しむのか。それは言うまでもなく，出店行動のグローバル化を先行させるあまり，グローバル駆動力を発揮できないからであり，グローバル駆動力を我が物とするには時間が必要だからである。この点が，純粋グローバルへの移行を実現した先端的事例との決定的な違いである。

以下では，わが国小売企業の中で最も長い海外出店経験を持つ大丸を取り上げ，その商品調達行動，とりわけもの作りに焦点を当てながら，これまで何を行い，今何をしようとしているのかを検討することによって，純粋グローバルに向かう駆動力の中核としてのもの作りの深化の重要性について改めて考えてみよう。

2-1. 出店行動のグローバル化とその特徴

（表1）は，大丸の海外店舗一覧である。また（表2）は，海外に出店し

（表1） 大丸の海外店舗一覧　　　　　　（1995年7月現在）

出店先国	出店都市	店名	出店年月	売場面積(㎡)
香　　港		本　　館	1960年11月	5,366
香　　港		別　　館	1983年12月	5,588
タ　　イ	バンコク	ラジャダムリ*	1964年12月	8,350
タ　　イ	バンコク	プラカノン	1980年10月	4,652
タ　　イ	バンコク	シーナカリン	1994年3月	22,000
シンガポール		リャンコート	1983年11月	12,280
シンガポール		ジャンクション	1993年11月	4,100
オーストラリア	メルボルン	メルボルン	1991年9月	21,392
フランス	パ　　リ	パ　　リ	1974年3月	744
フランス	リヨン	リ　ヨ　ン	1975年9月	136

（注）＊ラジャダムリ店は1994年2月，閉店された。
出典：筆者実施のアンケート調査結果および日本百貨店協会，「海外の店舗・駐在員事務所の設置状況」（各年版）をもとに作成

(表2) 百貨店各社の海外出店状況　　　(1995年7月現在)

	出店地域別店舗数				海外初出店年次
	欧州	アメリカ	アジア	合計	
伊勢丹	2	0	18	20	1972年
東急	0	3	4	7	1972年
三越	7	5	3	15	1971年
松坂屋	1	2	1	4	1975年
そごう	2	0	11	13	1984年
高島屋	2	1	3	6	1973年
西武	0	0	2	2	1989年
小田急	1	0	0	1	1992年
名鉄	0	0	1	1	1984年
近鉄	0	0	1	1	1991年
阪急	0	0	1	1	1989年
松菱	0	1	0	1	1990年

出典:(表1)と同じ

ている百貨店業界各社の出店地域別店舗数と海外初出店年次をまとめたものである[1]。

　これらを比較して，大丸の出店行動のグローバル化にはつぎのような特徴があることが分かる。第1に，大丸はアジアを中心に出店している。大丸の現有海外9店舗のうち6店舗はアジアへの出店である。同様にアジア中心に海外出店しているのは，伊勢丹・そごうであり，三越の欧米中心の行動と対照をなしている。第2に，海外初出店が他社を圧倒して早期である。大丸は香港に1960年，タイに1964年に早くも出店している。他社の中で最も早い三越が1971年（パリ）であるのと比較すると，10年以上も先駆けた出店であった。さらにこれらの表からはうかがえないが，この点を詳しく見てみると，アジアへの進出4カ国のうち，香港・タイ・オーストラリアには業界一番乗り，シンガポールには伊勢丹に次いで2番手で乗り込んでいる（付録資料参

照)。いかに大丸のアジア進出が他社に先行していたかが分かる。また簡単に他業態との比較をしてみると，ヤオハンのブラジル進出が1971年，ジャスコが1985年，いなげや1988年，良品計画1991年，三愛1986年などである。このことから，大丸は百貨店業界だけではなくわが国小売企業の中で，戦後最も早く海外に出店を開始したパイオニア企業だということが明らかである。

　このような早期出店はどのような背景で実現したのであろうか。まず香港大丸は，1959年香港の建設会社錦興置業公司が，日中協会を通して大丸との合弁設立を希望してきたことがきっかけであった[2]。そこで大丸は準備委員会を設けて検討した結果，同年7月日中合弁の香港大丸（大丸55％出資）が発足した。開店日には一日10万人近くが押し寄せるほどの盛況であったという。当時香港では，定価販売ではなく店頭での顧客との交渉で価格が決定されていた。大丸の正札販売・行き届いたサービスは，地元に好意と信頼感を与えることとなり，香港の他の百貨店も大丸流の商法をまねるほどであった。

　タイ大丸の出店もやはり地元からの要請がきっかけであったという。長いタイ駐在経験を持つ大丸商品本部　海外業務部長　木村健二は，つぎのように語る。

>　「当時のサリット首相夫人が来日した帰路香港に寄られました。そこで香港大丸の店を御覧になって，『これはいい店だからバンコクにも欲しい』と，ご主人である首相におっしゃったらしいです。それで大使館・外務省経由で大丸に話が来たんです。それで検討の上で出たわけですが，タイ大丸はタイではじめてエスカレーターのある建物になりました。それに立地場所はタイ王室の土地でしたし，高級住宅地に隣接していました。」

　開店披露の日には大僧正以下9名の高僧によってタイ王室儀式による開扉の儀を行ったという。香港同様，驚異的な人出を記録し，ランバイ皇太后のテ

ープカットで開店後，1時間で超満員のため一時閉店せざるをえないほどであった[3]。

両店出店のこのようないきさつから見ると，大丸の海外進出は戦略的ビジョンのもとに展開されたとは，必ずしも言えないように思われる。出店を要請した現地は，地元に見られない近代的業態としての「百貨店」の誘致を望んでおり，その矛先が日本の老舗百貨店である大丸に向けられたのだと言えそうである。香港大丸の商法は現地においては革新的手法だったのであり，タイ大丸に見られるように百貨店は王室や高所得層の人々に歓迎されたのである。百貨店は現地に，とびきりのプレステージ・ストアとして導入されたのであろう。そしてそのプレステージの源泉は，大丸が保持していた百貨店経営ノウハウそのものであった[4]。現地の一部の階層にとって，百貨店は手を伸ばしたくなる「憧れ」の存在だったのであろう。だが大衆にとって百貨店は，おそらく相当の「高嶺の花」だったであろうと思われる。この点について，大丸営業戦略室部長　真鍋　享は，

「このころには現地には何もないわけですよ。百貨店という商売，いろんな商品をたくさん集めてきて，一か所で販売するというような形態そのものがなかったわけです。だからそれ自体が物珍しいし，革新的だったわけですね。先ほども触れましたように，タイの場合，場所も王室管理局が管理する土地を借りて営業していたわけですし，ほんとにごく一部の人たち向けのものだったわけですね。」

と述べている。以上のように，(1)大丸の業界の先陣を切る海外出店は現地の要請に応える形での進出であり，(2)それを受容する顧客はごく一部の高所得者層であり，(3)それゆえ大丸が持っている百貨店ノウハウ（日本で通用しているノウハウ）をそのまま適用することが可能だったのである。こういった点から見て，現地の「憧れ」が大丸の出店を支えたと言えるかもしれない。

2-2. 商品調達手段の変化

2-2-1. 日本依存から現地依存へ

　大丸の海外出店初期段階と現在とでは，現地で販売されている商品の調達手段はどのように変化しているのであろうか。先に見た香港とタイの出店当時の取扱い商品の構成は，つぎのようであった。つまり香港では取扱い商品の約50％，タイでは70％あるいはそれ以上が日本商品であったという。これはある意味で至極当然である。なぜなら大丸は「憧れ」の百貨店であり，しかもその憧れの主たる構成要素はそこで販売されている商品だったのであるから。タイではさらに残る30％は，ほとんど欧米商品であったという。現地の商品はほとんど取り扱わなかったらしい。その理由は，現地には見るべき商品が存在しなかったからである。しかしそれ以上に，顧客ターゲットが高所得者層であるため，百貨店は高級品取扱い店であらねばならなかったということが大きな理由である。他の店で販売している現地商品は顧客からは求められていなかったというわけである。これら日本商品は，もちろん日本から直接輸入されていた。こうした日本商品の取扱い比率は，その後もかなり高い比率を占めて推移してきていた。しかし，このところ大きな変化が生じつつあるという。

　「たとえば香港向けには，かつてから相当日本から持っていってたんです。ところが円高の影響で日本からの輸出が激減しつつあります。1990年が輸出のピークで，1994年にはピーク時の3分の1くらいに減少していますね。今まででしたら，婦人服なんかでは，バイヤーが3カ月に1回くらい日本に帰ってきて，10日から2週間くらいかけて商品を買い付けていました。でもこの頃はめったに帰ってきません。タイなんかももともと関税の高い国なんですが，こう円高になっては輸入はまるでダメです。」（木村健二　談）

現在大丸はヨーロッパ以外では香港・タイ・シンガポール・オーストラリアの4カ国に進出しているが、各国での日本からの商品調達比率は、数％から25％程度に留まっている。かつての主力調達手段が日本からの輸入であったのと比べると、その変貌ぶりに驚かされる。

それでは商品調達手段はどう変わったのだろうか。今の主たる調達手段は、現地調達であるという。ここで言う現地調達とは、日本からの輸入と現地での独自商品開発以外の手段による調達である。したがってここには日系メーカー・問屋、外国メーカー、一部現地メーカーなどからの調達が含まれ、これら現地調達の比率は70％から80％に達するという。商品調達手段は、日本からの輸入への依存から現地調達へと大きく変化しているわけである。こうした調達手段の変化を促した原因は、およそ3つ考えることができる。

第1は、既に見た円高である。急激な円高は日本からの輸入を必要最小限に留めさせるのに十分であった。第2は、顧客ターゲットの変更である。海外進出当時のターゲットである高所得者層から、現在は中間大衆に標的がシフトしている。かつては、百貨店は「憧れ」を抱いていた高所得者層を標的としており、そのため中間大衆には手の届かぬ「高嶺の花」であった。しかし今や中間大衆にとって、百貨店は手を伸ばそうと思えば手の届く「憧れ」と化したのである。ただ日本の商品そのものはまだ彼らにとっては手が届かない。そこで形を変えた日本商品が必要となる。第3は、現地メーカーの技術アップである。現時点では先に述べたように、現地メーカーからの調達は一部のみである。しかし現地進出した日系メーカー・外国メーカーは、積極的に現地の工場を利用して生産している。それに伴って現地メーカーの力は確実に上昇し、それがまた日系・外国メーカーの現地進出を加速化させているのである。

こうした憧れ商品としての日本商品の輸入への依存度減少は、大丸に新たな課題を投げかけつつある。それはどんなものなのであろうか。

2-2-2. 現地調達の課題

　かつて現地顧客は高所得者層であった。彼らは日本商品に憧れていたため，日本商品をそのまま調達することが，海外での有効なマーチャンダイジング（MD）であった。限られた一部の消費者層が抱いた憧れを満たす商品も，それを販売する場所も，現地には存在しなかった。そしてその商品・販売場所を提供できるのは大丸だけであった。言ってみれば現地が望む「商品とその販売場所」と現実のそれとのギャップをうまく突いたのが初期の出店行動のグローバル化であった。ところがその後の平均的な所得水準の上昇は，顧客ターゲットの大衆化を招いた。これによって大丸は，現地でマスを相手にしたMDを求められることになったのである。

　ここに大丸は大きな壁に突き当たる。それは日本の百貨店のレベルが，現地大衆の求めるMDレベルと斉合しないという事実である。日本でのMDと現地大衆の求めるMD間に齟齬があり，大丸はその調整を迫られている。顧客ターゲットの変化は，かつてのギャップを突く出店行動のグローバル化を困難にさせている。その原因は，高所得者層が手を伸ばそうと思って伸ばせる範囲と，中間大衆のそれとの間の差異である。日本からの直接輸入商品，つまり日本の百貨店で今まさに通用している商品は，中間大衆にはまだ荷が重すぎる。日本のMDレベルが圧倒的に上なのである。だからそのままでは通用しない。つまり日本の消費者と現地大衆とでは，求める商品のレベルが異なるのである。いわば「消費水準のギャップ」とでも言うべき差異が存在する。このギャップをどのようにして埋めるのか，これが課題である。悪いことに，最近の円高はこの課題の克服をより困難にしている。現地大衆が求めるレベルの商品を日本から持ち込むことが，極めて難しくなっているからである。

　大丸はこのギャップを埋めるのに，2つの手法を用いてきた。第1は，国内メーカーからの安値商品調達である。現地のレベルに合いそうな商品——それは在庫品であったり，見切り品・持ち越し品であったりする——を日本

のメーカーから調達して，それを現地に持ち込むのである。今日本で通用する商品ではなく，しかもそれを円高を乗り越えうる価格で調達することで，ギャップを埋めようというのである。第2の手法は，取引先の変更である。従来から百貨店は百貨店問屋といわれる納入業者から商品を調達してきた。初期の日本での現地バイヤーの買い付け先は，この百貨店問屋であった。しかしこういった問屋からの調達では消費水準のギャップを埋めることはできない。現在，現地バイヤーはたとえば量販店問屋などといわれる納入業者を通じて商品調達しているという。日本での取引き経験のない納入業者からの調達に依存することが多くなってきているのである。ところがこういった手法も，急速に進む円高の影響もあって，ここ2，3年の間に通用しなくなってきている。現地の消費レベルに見合った商品であっても，日本から輸入していたのでは価格レベルが合わなくなってきているのである[5]。

　大丸はこの課題を克服するための新たな手段として，1994年香港にバイイングオフィスを設立した[6]。そのねらいの1つが，海外店舗向けの商品開発であるという[7]。日本からの輸入が困難になりつつあることを背景に，中国で開発した商品の調達とその海外各店舗への供給を行おうというのである。大丸はようやく一歩を踏み出した。その効果は今後明らかになるであろうが，少なくとも大丸のこれまでの2つの手法は，新たなギャップを利用した「消費水準のギャップ」克服法であったと言える。すなわち，日本と現地との間に存在した水平的ギャップを，日本国内での垂直的ギャップで埋めようとしたのである。日本の百貨店が取り扱う商品そのものでは，現地の水準を大幅に上回っている。このギャップを埋めるためには，現地に適応した別の商品が必要である。だがその商品を日本の百貨店は持っていない。そこで外部に商品を求めようとした。それが量販店問屋であり，在庫品・見切り品・持ち越し品であった。それらを通じて調達できる商品は，国内の百貨店には合わないが，現地には合うのである。そういった商品が，国内には存在する。その日本国内に存在する商品水準のギャップを利用して，消費水準のギャップ

に挑もうとしているのである。その意味で，ギャップを利用した MD であることに大きな相違はないのである。しかし香港のバイイングオフィスの開設は，これとは大きく異なっている。従来の手法が，そもそも日本国内を向いて作られた商品を海外に援用しようとしたのに対し，新たな手法は最初から現地を向いて商品調達をしているのである。大丸はギャップを利用した商品調達からの脱皮に向けての貴重な歩みを始めたと言えそうである。

2-3. 開発輸入への取組み

　グローバル駆動力としてのもの作り，その中心的手法である開発輸入に対して大丸はどのような取組みをしてきたのであろうか。大丸の開発輸入への取組みは，1982年頃から婦人服で開始された。以後順調に実績を積み，1994年度では約13億1千万円，大丸の総売上高のおよそ0.3%を占めるに至っている。開発組織も1994年に変更され，従来はスタッフ機能であった開発バイヤーが，現在はライン機能として売場の動きをつかみながら開発実務を担当できるようになり，より組織的な取組みが可能になった。以下では大丸の代表的な開発輸入商品を取り上げ，開発の実態を検討してみよう。

2-3-1. 婦人服「ニゼール」

　ニゼールは大丸の婦人服分野において最も長い歴史を持つ開発輸入 PB である。このブランドの開発は，実はもの作りへの取組みとしては極めて先進的なものであった。その事情を，開発輸入への関わりの深い大丸商品本部婦人服第1部バイイングマネジャー　天野公朗は，つぎのように述べる。

> 「当時，1982，3年頃ですが，海外各店で婦人服の調達が不足していましたので，現地で開発をかねてそれを何とかしようと考えました。そこでタイ・香港・シンガポールが共同で取り扱うべく，タイで生産を開始したのが始まりです。バンコクの周辺を中心にして，夏物を2年間くらいやってみました。これら各店舗では『イーズ・アップ』というブランドでプロパー商品として販売しました。ところがこれが好評でしたので，

10年ほど前に，1986年だったと思いますが，日本に向けてこれを展開することになりました。それが『ニゼール』です。日本では催事向け商品として導入しました。」

　天野の語るニゼールの開発事情は，開発輸入に関する新たな発見をもたらしてくれる。第1は，開発輸入のきっかけに関してである。一般に開発輸入とは，当初から日本国内向けに開発される商品のはずである。ところがニゼールの発端は日本に向けた開発としてではなく，海外各店舗に向けた開発としてスタートしている。現地が主体となって，自分たちのために作り始めた「イーズ・アップ」の成功が，やがて日本国内への発展的導入としての「ニゼール」の成立につながっている。現地発の開発商品の日本進出ともいえる例なのである。大丸としては開発輸入の滑り出しの取組みであったニゼールが，実は海外で，海外のために始まった開発商品としての実績を踏まえていたというわけである。だが，このユニークな開発事情はニゼールが最初で最後のケースであり，それ以来現地発の開発商品が日本向けの開発輸入商品に転換したことはないという。

　第2の発見は，大丸では開発輸入商品を用途別に使い分けているということである。日本向けの商品としての開発輸入商品であるが，その商品をどこで，どのように販売するのかはあらかじめ明確に決定されているのである。その用途は大きく分けて3つある。それらは，プロパー商品・催事商品・通販商品である。プロパー商品とは，大丸が通常の売場で，通常の商品として販売するためのものである。催事・通販とは，その名のとおりセール用に，また通信販売用に用いるものである。現地ではプロパー商品であったイーズ・アップが日本ではニゼールという催事商品として利用されたことは，先に述べた「消費水準ギャップ」の存在が，開発輸入商品の用途に影響を与えていることを示している。開発輸入商品は，現地の生産能力や消費水準ギャップを反映して，使い分けられていることになる。

このようにユニークな背景から日本向けに本格的に開発され始めたニゼールであるが，タイで一貫して開発する（タイの生地を使って，タイで縫製する）という仕組での開発輸入はやがて終了する予定だという。天野はその理由についてつぎのように言う。

　「タイでは綿100％の商品が中心ですが，第1に価格はなるほど安いんですが素材に進歩がないんです。日本では催事向けといえども生地のレベルが相当に上がっていまして，そのレベルに現地がついてこないんです。夏物ですと日本では合繊とかレーヨンとか，混紡糸が強いんですが，そういった素材でいいものがないんです。これが第1の理由です。
　第2は，現地工場の技術力がついてこないことです。アパレルの生産地が韓国あたりからタイに移行して，さらに量販店や通販関係などが一斉にタイにシフトし始めたんです。そうすると現地の工場は，彼らから受ける大量発注をこなすようになってしまって，百貨店を相手にした小ロットの，しかも流行を追うような仕組についてこなくなってしまったんです。」

日本の催事商品のレベルが上昇したにもかかわらず，現地工場はそれに対応する能力を備えていないという状況が，ニゼール開発を中止させるのである。今後ニゼールブランドは存続するものの，生産は国内メーカーへシフトさせるという。

2-3-2．婦人服「ディ・ファナビ」
　ディ・ファナビは，平場の活性化のための戦略商品として1994年9月に開発された。これまでミッシー・ミセス層を対象としているとは言いながら，平場には実際にはこの層向けの商品が欠如していた。売場の年齢層の若返りを図ることが，ここ数年の大きな課題であった。アパレルに頼んでもあまりいいものが出てこないため，自社で開発しようということになったと言う。

またしばしば指摘されるように,百貨店の平場は差別化できていなかった。こういった点を解消するために,オリジナル商品として「ディ・ファナビ」を開発輸入することになった。

　「仕組としては,ヨーロッパ素材を使って香港で生産（実際には中国生産),上代は国内の7—8掛けをねらいました。ただどうしても春先・秋口などのつなぎの季節商品ができにくいので,幹の部分（60％）は海外・枝葉（40％）は国内をミックスして生産しています。大丸としては企画を担当し,具体的には商品マップやイメージマップを出し,サイズ・スペックを決めます。パターンや仕様書作成・生産管理などは香港大丸の取引先のアパレル「紀乃国屋」が担当します。」（天野公朗　談）

ディ・ファナビの開発輸入で興味深いのは,パートナーとしての「紀乃国屋」の果す役割である。大丸単独ではミニマム・ロットを確保することが困難であるため,現地の日系アパレルである紀乃国屋と手を組んだという。つまり,大丸単独では不足するロットを,紀乃国屋が引き受ける分と合わせることでクリアしようとしているのである。紀乃国屋は引き受けたロット分については,香港大丸の自社ショップで販売しているという。大丸はパートナーの販売力を利用しながら,ロット問題を解決しているのである。こうして開発された商品は,基本的には大丸本社へ輸出され,一部は香港大丸の紀乃国屋を通じて販売される。現時点では,海外各店でこのディ・ファナビは,販売されてはいない。

　「シンガポール・タイなどではディ・ファナビは売っていません。素材が良すぎますし,価格が高すぎます。やはり現地のニーズとのずれが大きなネックになります。ロットの問題は,海外の各店舗で共通して販売することよりも,国内の関係店や三越との提携[8]を通じてクリアできま

す。本社から海外店に共通販売しようと声をかけることはありませんし，現地からもそういった声はかかりません」（天野公朗　談）

　平場活性化の切り札として開発されたプロパー商品ディ・ファナビは，好調に推移しているようである。だが開発に際しては，現地パートナーの販売力に依存している部分が見られる。ロット問題は国内との関係の強化によってクリアされようとしており，海外店舗とのリンケージは，今後に残された大きな課題なのである。

2-4. 比較検討 ——「もの作りの深化」——

　大丸は，1960年香港・1964年バンコクと非常に早期に海外出店を開始した。それに対してもの作りへの取組みは，1982年頃の開発輸入の開始まで待つことになる。その間にもパリ（1974年）・リヨン（1975年）・バンコク（プラカノン/1980年）と海外出店は続いていた。明らかに大丸は出店行動のグローバル化を先行させていたのである。

　この時期の海外での商品調達手段は，主として日本商品の日本からの輸入であった。それに次ぐのが，欧米ブランド商品の輸入であった。現地の顧客ターゲットにとっての憧れ商品を品揃えし，販売することが百貨店の使命でもあったのである。それゆえ，現地メーカーの生産した商品は身近な手の届く商品にすぎず，調達する必要が全くなかった。商品調達手段との関連で言えば，単純移出や通常輸入によるものがほとんどすべてだったのである。そこではもの作りは，全くといってよいほど行われてはいなかった。ヤオハンが出店当時から現地でのもの作りに執着し，あるいは良品計画が海外出店に乗り出す以前にもの作り手法の1つである開発輸入経験の蓄積を積極的に図ったのとは好対照である。ところがこうした日本および欧米からの輸入依存型の商品調達が，やがて現地での商品調達へと形を変えていく。円高や標的顧客層の変更に起因してこのシフトが急速に進んでいく。ところがここでも，もの作りはほとんど進行してはいない。というのも現地での商品調達の中身

は，現地に進出した日系メーカーや同様に現地に所在する欧米ブランドの代理店を通じての調達だからである。言ってみれば，品揃えする商品種類自体には変化がなく，ただ調達ルートおよび調達手段のみが変化したにすぎないのである。

このように，日本からの輸入依存型から現地調達依存型へ商品調達方法が変化したとは言うものの，基本的には自らもの作りには関わらない商品調達行動が圧倒的主流を占めていることに変わりないのである。換言すると，大丸の商品調達手段は限定的であって，多様な調達手段のミキシングが実現できていないのである。これが第3のパスをたどろうとする大丸の「もの作りの深化」に関する第1の特徴である。

第2の特徴は，開発輸入が深化せず，自在開発がほとんど行われていないことである。大丸は1982，3年頃から開発輸入に取り組み始めた。さらに1994年の社内組織変更に伴って，制度的にも開発輸入に力を注ぐ態勢が整ってきている。しかし現状では開発輸入はあくまで日本国内向けのもの作り手法の域を脱してはいない。それは大丸の開発輸入の戦略商品の1つである「ディ・ファナビ」が，海外店舗において香港を除いて全く販売されていないという事実に象徴されている。しかも香港で販売されていると言っても，それはロット問題処理のための工夫にすぎないし，あるいは香港法人が例外的に拾い上げた程度にすぎない。少なくとも意図的に，海外で開発した商品を海外各店舗で販売することをねらったものではない。開発輸入商品を開発現地で販売する，あるいは開発現地以外の第三国で販売する。さらに当初から開発現地あるいは第三国で販売するために商品を開発すること（＝自在開発）には手をつけていないのである[9]。

開発輸入が深化して自在開発が行われるようになると，そこにはいくつかの海外店舗で共通した商品が販売できる可能性が高くなる。大丸において，複数の海外店舗間で意図的に共通化して販売された開発商品の唯一の例は，「ニゼール」であった。その点から言うとニゼールの取り組みは極めて革新

第1節　純粋グローバルへの道　221

的であったと言える。ニゼールが大丸における開発輸入経験のごく端緒的段階での試みであったことを考慮すると，その先進性を推し量ることができる。しかし問題は，本来もの作りの深化した段階で始まるであろう商品の共通化が，経験の未熟な段階で突然開始された点にある。もの作りを深化させることの困難性，商品共通化を実現することの困難性は既に指摘したとおりである。その困難性に大丸はいきなり遭遇してしまったことになる。ニゼールが，海外店舗で共通して独自開発商品を取り扱う最初で最後の経験になってしまったのは，このためかもしれない。

　大丸のこの第2の特徴も，ヤオハン・良品計画の場合とはかなり違っている。良品計画は一貫して開発輸入に熱心に取り組んでいた。そして今や良品計画にとって，開発される商品と販売される場所には何の関連もないのである。つまり海外で開発輸入された商品は，当該開発地に所在する海外店舗であるかそれ以外に所在する海外店舗であるか，さらには日本の店舗であるかを一切問わず，すべての店舗で販売されている。良品計画では世界のすべての店舗を前提としてもの作りが行われており，その意味で開発輸入はかなり深化し，自在開発が行われているといえる。一方ヤオハンの場合には，開発輸入自体は共同仕入機構を通じて実施しているため，大丸との直接比較はできない。しかし，ヤオハンは海外出店と同時に現地でのもの作りに活発に取り組んできた。またその経験をもとに，海外の複数店舗間で共通して販売する商品の開発への実験を行い，実施上の問題点の把握や可能性の検討をすませている。さらに海外各店舗および日本の店舗間で商品を共通化するための仕組として国際卸売センターIMMを既に設立し，その展開を意図している[10]。

　これまでの検討を結論的に要約すれば，第3のパスを移行中の大丸は「商品調達手段の多様なミキシングによる多様な品揃え形成」を実現できておらず，またその実現のための鍵を握る「もの作りの深化」を達成できていないことになる。ただ大丸は，この事実に気づいていないわけではない。海外で

の小売競争の激化は，現地に品揃えの差別化を進める必要性を認識させつつあり，また社内の商品開発体制も整備された。既に述べた香港でのバイイングオフィス設立は，商品調達能力強化に向けての積極的取組みの始まりを意味している。今まさに大丸は，商品調達行動のグローバル化を追求しようとしているのである。

第2節　グローバル行動の到達点

1．純粋グローバルは何を実現したのか ──グローバル優位性──

　本書が設定した第3の研究目的，つまり「グローバル小売企業は，グローバル化していない小売企業とどこが違うのか」を最後に検討してみよう。

　純粋ドメスティックから純粋グローバルへのパスを見事に走り抜けた小売企業は，それに失敗した企業と比較するとどこかが違うはずである。見事に走り抜けた企業は，ある状態を達成しているであろうと思われるのに対して，失敗した企業はその状態を達成できずにいる。成功した企業と失敗した企業間だけではなく，成功した企業自身においても純粋グローバルに到達する以前と到達後では，その状態が変化している──その状態になれていないか，なれたかの変化──に違いない。では「その状態」とはいったいどんな状態であろうか。純粋グローバルに到達した小売企業のみが達成できるこの状態を「グローバル優位性」と呼ぶことにすれば，このグローバル優位性を獲得できているかできていないかが，純粋グローバル企業とそうでない企業との相違点ということになる。純粋グローバルを目指す小売企業は，換言すればこのグローバル優位性の獲得を目指していると言える。純粋グローバルへのパスを走り抜けゴールに到着した小売企業は，「グローバル優位性」なる優勝メダルを手にするというわけである。それでは，はたしてそれはどんなメダルなのであろうか。

　グローバル優位性は，グローバル・ジレンマを克服する過程を通じて獲得

第2節　グローバル行動の到達点　223

が可能になる。すなわち純粋グローバル企業は，グローバル・ジレンマの克服に力を注ぐからこそグローバル・パスを移行することができるのであって，その克服努力の報償としてグローバル優位性が獲得できるのである。それでは純粋グローバル企業は，このような意味でのジレンマ克服過程において具体的に何をしているのであろうか。

　純粋グローバル企業[11]は，各国における所得水準の上昇につれて各国市場間で共通化可能な品揃え部分と，共通化不可能な品揃え部分との存在に気づくようになる。これら2つの品揃え部分に対して，純粋グローバル企業は2つの対応方法によってジレンマの克服を目論む。まず共通化可能品揃え部分に関して見てみよう。

　共通化部分に対する第1の方法は，既存メーカーの製品を調達することによる対応である。既に第6章で検討したように，共通化可能部分にはグローバルな共通化部分とドミナントな共通化部分がある。とりわけ多国間で共通化した品揃え部分——グローバルな共通化部分あるいは多国間にまたがるドミナント共通化部分——については，この方法が有効である。多国間で共通化可能な部分で既存メーカーの製品を中心に品揃えを形成することの結果，純粋グローバル企業は規模の経済が獲得できる。そして同時にこの品揃え部分においては，標準化が達成されていることになる。つまりメーカーの製品に手を加えることなくそれをそのまま共通化可能品揃え部分に加えるために，各国で標準化が達成されることになる。このことから，この品揃え部分は当該純粋グローバル企業だけに独自の品揃えでは，必ずしもない。なぜならこの品揃え部分に対応した商品は，既存のメーカーの製品であるため，競合他社でも同じものが調達可能だからである。したがってこれによっては，他社に対する差別化は実現できないことになる（＝非差別化）。

　第2の方法は，もの作りの能力を発揮して独自に商品を開発することによる対応である。ここでは範囲の経済が作用する。これによって純粋グローバル企業は標準化を達成している。しかもこの商品は独自商品であるため，こ

れら商品の集合としてのこの共通化可能部分の品揃えは，競合他社には決して存在せず，その意味で差別的といえる。

　つぎに，共通化不可能品揃え部分への対応方法を見てみよう。共通化不可能品揃え部分とは，各国固有の特性を保持した品揃え部分であり，中心品揃え部分と周辺品揃え部分とからなっている。第1の対応方法は，既存メーカーの製品で中心品揃え部分に対応することである。ここで言う既存メーカーとは，主として現地のローカルメーカーである。中心品揃え部分とは，現地はどこかの国と共通化可能だと考えながら，実際にはどことも共通化できない部分である。つまりそれだけ独自性の高い市場部分が存在していることになる。この部分に対しては，現地市場を熟知したローカルメーカーの製品を品揃えすることによって市場に適応化することが可能である。しかしこの部分は市場規模が限定されているため，規模の経済も範囲の経済も発揮されることはない。また既存メーカーの製品によって対応するため，競合他社との差別性を実現することはできない。ただこの品揃え部分は，将来共通化する可能性の極めて高い領域であり，その意味で「外にらみの匙加減」が微妙になる部分であると言える。

　共通化不可能な品揃え部分に対する第2の対応方法は，独自商品による周辺品揃え部分への対応である。周辺品揃え部分はどの国とも共通化できず，それどころか既存メーカーの手でも対応できにくい品揃え部分である。おそらくその国の固有の特性が最も強烈に残存し続けているのが，これであろう。そのため純粋グローバル企業はこの部分に対しては，自らもの作りに関わることによって徹底した現地適応をすることになる。その結果，競合他社とは差別的な品揃えが実現できる。

　最後に，以上のすべての品揃え部分を含めた全体品揃えレベルではどうであろうか。純粋グローバル企業から見て，共通化可能な品揃え部分においては標準化が，共通化不可能な品揃え部分においては適応化が達成されている。つまりここでは標準化と適応化が同時達成されているのである。国際マーケ

第2節　グローバル行動の到達点　225

ティング論がこだわり続け，二者択一の議論に終始してきた標準化―適応化問題は，ここでは見事に解消しているのである。両者はトレードオフ関係にあるのではなく，併存可能なのである。まさにこれが純粋グローバル企業のみが実現可能な競争優位ということになる。

さらに標準化と適応化が同時達成されたその全体品揃えは，差別性を発揮する品揃え部分と非差別的品揃え部分から形成されている。さらに各品揃え部分は，それぞれ共通化可能品揃え部分と共通化不可能品揃え部分という2つの対応部分から構成されている。これら合わせて4つの品揃え部分は，純粋グローバル企業の「内なる匙加減」と「外なる匙加減」との絶妙の調和に裏打ちされて形成されたものである。差別性―非差別性という視点から見たこれら4つの品揃え部分の絶妙のミキシングは，他社の匙加減では決して生み出せない独自の味である。その意味で，純粋グローバル企業は，全体品揃えレベルの差別化を実現していることになる。以上をまとめたものが（表3）である。ここから明らかなように，純粋グローバル企業は共通化可能―共通化不可能品揃え部分に「もの作りの深化」を中心とした「商品調達手段の多様なミキシングによる多様な品揃え形成」で対応している。そしてその

（表3）　グローバル優位性

	標準化―適応化	差別化―非差別化
共通化可能品揃え メーカー対応商品	規模の経済 標準化	非差別化
独自対応商品	範囲の経済 標準化	差別化
共通化不可能品揃え メーカー対応商品 ＝中心品揃え	適応化	非差別化
独自対応商品 ＝周辺品揃え	適応化	差別化
全体品揃えレベル	標準化と適応化の同時達成	品揃えの差別化

結果，標準化と適応化の同時達成と全体品揃えレベルでの差別化，つまりグローバル優位性を獲得しているのである。

2．今後の課題

本書は小売企業のグローバル行動に関する端緒的考察にすぎない。それだけに今後解明すべき課題は山積している。その主なものはつぎのごとくである。

第1に，中心—周辺品揃え概念を精緻化させなければならない。本書では，グローバル・ジレンマの克服法を明らかにする際の核概念として「中心—周辺品揃え」を抽出した。この概念は小売企業のグローバル行動を分析する際には極めて有効な概念である。しかしながら現状では，現場の担当者に共有化されたある種の知識または「勘」——あるいは暗黙知——の領域を脱してはいない。はたして具体的に(1)どんな商品が中心品揃えであり，周辺品揃えであるのか，(2)中心—周辺のウエートは，現地の品揃え形成上具体的にどのように変化していくのか，(3)変化の規定因は所得水準の上昇のみか，などについて少なくとも明らかにしておく必要がある（これには現地での詳細な実態調査が必要となろう）。とりわけ中心—周辺ウエートの変化を規定する要因の包括的な検討と，それがどのように，なぜウエートの変化をもたらすのかの論理を解明する必要がある。かの「フォード効果」はその後の仮説検証の繰り返しの結果，国を越えて，時間を越えてかなり広範に妥当する仮説であることが明らかになっている。ちょうどこれと同じように，中心—周辺品揃え概念は，よりいっそうの概念精緻化の努力によっては小売企業のグローバル化に際して広範に妥当する第2の「フォード効果仮説」になる可能性を持っているかもしれない。

第2に，競争の視点を積極的に導入しなければならない。本書はグローバル化に向かう小売企業の主体的行動に分析の力点を置いてきた。しかしその一方で，グローバル行動が競争圧力によってどのように形成され変化を迫ら

第2節　グローバル行動の到達点　227

れるのか，それが純粋ドメスティックから純粋グローバルへのパス移行にどんな影響を与えるのかなどの競争要因について十分な検討ができなかった。アジアの小売市場は世界各国の小売企業が虎視眈々とねらう巨大市場である。わが国の小売企業だけでなく，ヨーロッパ・アメリカの企業が本格的進出を画策している。またアジア小売企業が自国以外のアジア市場へ進出する動きも出始めている。さらに現地ローカル企業の成長も著しい。いまや各国入り乱れてのグローバル競争が開始されようとしている。おそらくこうした視点の導入が今後不可欠となろう。

　第3に，グローバル化に関する国際比較研究を行わねばならない。本書は日本企業の内部成長型グローバル化に焦点を当ててきた。しかしM&Aによるグローバル化を主体とする外国企業との間には，かなり大きなグローバル論理の差異があるように思われる。はたして日本的グローバル・モデルとはどのようなものだろうか。その比較分析がぜひとも必要である。

　第4に，製造企業と小売企業のグローバル化比較研究を行わねばならない。従来のグローバル化研究は，ほとんどすべてが製造企業のグローバル行動を対象としてきた。本書はそのような中で，小売企業に焦点を当てた数少ない研究の1つであった。しかしながら製造企業のグローバル化と小売企業のグローバル化とを比較するという視点は，本書では本格的には取り込まないままであった。製造企業との比較分析によって小売企業のグローバル化の独自の論理がより鮮かに浮かび上がることが期待される。

　第5に，海外と本国との相互依存関係の解明である。製造企業を対象としたグローバル化研究においては，本社と海外子会社とのインタラクションに注目が集まっている。小売企業においても，「グローバル化によって海外における活動が活発化することが日本国内における小売活動にどんなインパクトを与えるのか」，「グローバルなネットワークを持つことで何ができるのか」を検討することが求められる。またその際には，海外での行動と現地ローカル小売企業の行動とのインタラクション，それがグローバルなインタラ

クションに与えるインパクトにも注意を払う必要がある。

残された課題は多く，しかも課題解明への道は険しい。「純粋グローバル理論構築」へのパスを駆け登るには，強力な「グローバル研究駆動力」を身に付けねばならない。

(追記) 大丸のケーススタディに際しては，1995年8月に大丸本社営業戦略室部長 真鍋 享氏，同商品本部 海外業務部専任部長 奥野皖央氏，同商品本部 海外業務部長 木村健二氏，同商品本部婦人服第1部 バイイングマネジャー 天野公朗氏，同商品本部 紳士服スポーツ部 バイイングマネジャー 村田精敬氏，から貴重なお話を伺った（肩書きはすべて当時のものである）。ここに厚く感謝する次第である。

1) この日本百貨店協会の調査では，展開する業態・進出方法などに各社間で差異があり，調査結果にいくぶんかのばらつきがある。また出店年次についても，法人設立時とするか開店日とするかで微妙な差も生じている。こういった若干の誤差を内包する可能性があるものの，この調査が現存する最も包括的かつ信頼性の高いものであることは疑いない。なおここでは，百貨店の戦後の海外出店のみを対象とし，戦前・戦中のそれは除外している。
2) 『大丸二百五拾年史』(1967), pp. 583-584。
3) 同上, pp. 584-585。
4) 「THE DAIMARU KOHO」昭和63年4月29日号には，「今までは私共が持っている百貨店経営のノウハウを現地に適応していくという意味合いが強かったのですが，今回の出店（オーストラリア出店＝筆者注）は逆に……」という表現が見られる。
5) いま1つ大きな課題がある。それは海外店舗間の相互調整である。ここで指摘した課題は，海外各店舗が直面する共通課題である。ところがこの共通課題への対応は，完全に個別対応であるという。国内メーカーからの買付にせよ，量販店問屋からの仕入にせよ，すべて海外各店舗のバイヤーが独自で行っている。もちろんその大きな理由は国ごとのニーズの差異の存在であり，容易に調達を一本化することはできないということである。さらに各店舗ごとで日本からの調達にたいする必要度が異なることも，協調取組みを妨げるのであろう。しかしながら明らかに共通する悩みを持つ以上，これらを調整することによって規模の利益を目指すことが必要である。
6) 『日経流通新聞』, 1994年6月23日。
7) さらに，開発輸入の活発化・本社への商品情報提供もねらっている。

8) 『日本経済新聞』, 1994年12月28日。
9) もちろん全く現地での独自商品開発が行われていないわけではないが, そういった商品の販売額構成比は極めて低いものに留まっている。
10) 国際卸売センター構想の意義について詳しくは, 向山雅夫 (1993), 向山雅夫・黄 磷 (1996) 参照。
11) 以下では, 多製品型グローバル企業を念頭において議論している。それはグローバル・ジレンマに悩むのが多製品型グローバルだからである。しかしグローバル・ジレンマを自動的に乗り越えることのできるワンコンセプト・限定品揃え型グローバル企業についても議論は全く同様に妥当する。ただ議論は多製品型グローバル企業の場合よりはるかに単純である。

参 考 文 献

Abernathy, W. J. and J. M. Utterback, "Patterns of Industrial Innovation," Technology Review, June-July, 1978.

Abernathy, W. J., K. B. Clark, and A. M. Kantrow, Industrial Renaissance, Basic Books, 1983.（望月嘉幸監訳,『インダストリアル・ルネサンス』, TBSブリタニカ, 1985）

Akaah, I. P., "Strategy Standardization in International Marketing: An Empirical Investigation of Its Degree of Use and Correlates," Journal of Global Marketing, Vol. 4, No. 2, 1991.

Alderson, W., Marketing Behavior and Executive Action, Irwin, 1957.（石原武政・風呂　勉・光澤滋朗・田村正紀訳,『マーケティング行動と経営者行為』, 千倉書房, 1984）

Alexander, N., "Retailers and International Markets: Motives for Expansion," International Marketing Review, Vol. 5, No. 4, 1990.

Ayal, I., "International Product Life Cycle: A Reassessment and Product Policy Implications," Journal of Marketing, Vol. 45, No. 4, 1981.

Bartlett, C. A. and S. Ghoshal, Managing Across Borders: The Transnational Solution, HBS Press, 1989.（吉原英樹監訳,『地球市場時代の企業戦略』, 日本経済新聞社, 1990年）

Boddewyn J. J., R. Soehl, and J. Picard, "Standardization in International Marketing: Is Ted Levitt in Fact Right?" Business Horizon, Vol. 29, No. 6, 1986.

Brown, S. and S. Burt, "Retail Marketing: International Perspectives—Introduction," European Journal of Marketing, Vol. 26, No. 8/9, 1992 a

Brown, S. and S. Burt, "Conclusion—Retail Internationalization: Past Imperfect, Future Imperative," European Journal of Marketing, Vol. 26, No. 8/9, 1992 b

Burt, S., "Trends in the Internationalization of Grocery Retailing: the European Experience," The International Review of Retail Distribution and Consumer Research, Vol. 1, No. 4, 1991.

Burt, S., "Temporal Trends in the Internationalization of British Retailing," The International Review of Retail, Distribution and Consumer Research, Vol. 3, No. 4, 1993.

Burt, S. L. and J. A. Dawson, "The Internationalization of British Retailing," A paper prepared for IFOR, January, 1989.

Buzzel, R. D., "Can You Standardize Multinational Marketing?," Harvard Business Review, Nov.-Dec., 1968.

Calantone, R. J., M. Lee. and A. C. Gross, "Evaluating International Technology Transfer in a Comparative Marketing Framework," Journal of Global Marketing, Vol. 3, No. 3, 1990.

Cavusgil, S. T., "On the Internationalisation Process of Firms," European Research, November, 1980.

Chakravarthy, B. S. and H. V. Perlmutter, "Strategic Planning for A Global Business," Columbia Journal of World Business, Summer, 1985.

Chang, L. and B. Sternquist, "Product Procurement: a Comparison of Taiwanes and US Retail Companies," The International Review of Retail, Distribution and Consumer Research, Vol. 4, No. 2, 1994.

Dawson, J. A., "The Internationalization of Retailing," in R. D. F. Bromley and C. J. Thomas, Retail Change, UCL Press, 1993.

Davies, B. J. and P. Jones, "International Activity of Japanese Department Stores," The Service Industries Journal, Vol. 13, No. 1, 1993.

Dougals, S. P. and C. S. Craig, "Evolution of Global Marketing Strategy: Scale, Scope and Synergy," Columbia Journal of World Business, Fall, 1989.

Douglas, S. P. and Y. Wind, "The Myth of Globalization," Columbia Journal of World Business, Winter, 1987.

Drucker, P. F., "Marketing and Economic Development," Journal of Marketing, Vol. 22, No. 1, 1958.

Elinder, Erik., "How International Can Advertising Be?," International Advertiser, December, 1961.

Ellis, B. and S. W. Kekkey, "Competitive Advantage in Retailing," The International Review of Retail, Distribution and Consumer Research, Vol. 2. No. 4, 1992.

Eroglu, S., "The Internationalization Process of Franchise Systems: A Conceptual Model," International Marketing Review, Vol. 9, No. 5, 1992.

Fatt, A. C., "A Multinational Approach to International Advertising," International Advertiser, September, 1964.

Ghoshal, S., "Global Strategy: An Organizing Framework," Strategic Management Journal, Vol. 8, No. 5, 1987.

Goldman, A., "Growth of Large Food Stores in Developing Countries," Journal of Retailing, Vol. 50, No. 2, 1974.

Goldman, A., "Transfer of a Retailing Technology into the Less Developed

Countries: The Supermarket Case," Journal of Retailing, Vol. 57, No. 2, 1981.

Hallsworth, A. G., "Retail Internationalization: Contingency and Context?," European Journal of Marketing, Vol. 26, No. 8/9, 1992.

Hamel, G. and C. K. Prahalad, Competing for the Future, HBS Press, 1994. (一條和生訳,『コア・コンピタンス経営』, 日本経済新聞社, 1995)

Hassan, S. S. and L. P. Katsanis, "Identification of Global Consumer Segments: A Behavioral Framework," Journal of International Consumer Marketing, Vol. 3, No. 2, 1991.

Ho, S. and L. Ho, "Development of Supermarket Technology: The Incomplete Transfer Phenomenon," International Marketing Review, Vol. 5, No. 1, 1988.

Hollander, S. C., Multinational Retailing, Michigan State Univ., 1970.

Hu, Y., "Global or Stateless Corporations Are National Firms with International Operations," California Management Review, Vol. 34, No. 2, 1992.

Jain, S. C., "Standardization of International Marketing Strategy: Some Research Hypotheses," Journal of Marketing, Vol. 53, No. 1, 1989.

Johanson, J., "The Mechanism of Internationalisation," International Marketing Review, Vol. 5, No. 4, 1990.

Johanson, J. and J. Vahlne, "The Internationalization Process of the Firm-A Model of Knowledge Development and Increasing Foreign Market Commitments," Journal of International Business Studies, Spring/Summer, 1977.

Kacker, M., "Coming to Terms with Global Retailing," International Marketing Review, Vol. 3, No. 1, 1986.

Kaynak, E. (ed), Global Perspectives in Marketing, Praeger, 1985 a.

Kaynak, E., "Global Spread of Supermarkets: Some Experiences From Turkey," in Kaynak, E. (ed), Global Perspectives in Marketing, Praeger, 1985 b.

Kaynak, E. (ed), Transnational Retailing, Walter de Gruyter, 1988.

Kaynak, E., "The Role of Global Retailers in World Development," in Kaynak, E. (ed), Transnational Retailing, Walter de Gruyter, 1988.

Kaynak. E. and P. N. Ghauri, "Retail Distribution Systems in Sweden," in Kaynak, E. (ed), Transnational Retailing, Walter de Gruyter, 1988.

Kerin, R. A. and N. Varaiya, "Mergers and Acquisitions in Retailing: A Review and Critical Analysis," Journal of Retailing, Vol. 61, No. 1, 1985.

Knee, D. and D. Walters, Strategy in Retailing: Theory and Application, Philip Allan, 1985. (小西滋人・武内　成・上埜　進訳, 『戦略小売経営』, 同文舘, 1989年).

Kogut, B., "Designing Global Strategies: Profiting from Operating Flexibility," Sloan Management Review, Vol. 27, No. 1, 1985 a.

Kogut, B., "Designing Global Strategies: Comparative and Competitive Value-Added Chains," Slone Management Review, Vol. 27, No. 4, 1985 b.

Kogut, B., "Research Notes and Communications A Note on Global Strategies," Strategic Management Journal, Vol. 4, No. 4, 1989.

Kumer, V., R. A. Kerin, and A. Pereira, "An Empirical Assessment of Merger and Acquisition Activity in Retailing," Journal of Retailing, Vol. 67, No. 3, 1991.

Kustin, R. A., "A Special Theory of Globalization: A Review and Critical Evaluation of the Theoretical and Empirical Evidence," Journal of Global Marketing, Vol. 7, No. 3, 1994.

Langeard, E. and R. A. Peterson, "Diffusion of Large-Scale Food Retailing in France: Supermarche et Hypermarche," Journal of Retailing, Vol. 51, No. 3, 1975.

Laulajainen, R., "Two Retailers Go Global—the Geographical Dimension," The International Review of Retail, Distribution and Consumer Research, Vol. 1, No. 5, 1991.

Laulajainen, R., "Louis Vuitton Malletier—A Truly Global Retailer," 『経済地理学年報』, 第38巻第2号, 1992.

Laulajainen, R., K. Abe, and T. Laulajainen, "The Geographical Dimension of Global Retailing," The International Review of Retail, Distribution and Consumer Research, Vol. 3, No. 4, 1993.

Leontiades, J., "Going Global—Global Strategies vs National Strategies," Long Range Planning, Vol. 19, No. 6, 1986.

Levitt, T., "The Globalization of Markets," Harvard Business Review, May-June, 1983.

Malnight, T. W., "Globalization of An Ethnocentric Firm: An Evolutionary Perspective," Strategic Management Journal, Vol. 16, No. 2, 1995.

Millman, A. F., "Technology Transfer in the International Market," European Journal of Marketing, Vol. 17, No. 1, 1983.

Morrison, A. J., D. A. Ricks, and K. T. Roth, "Globalization Versus Regionalization: Which Way For the Multinational?," Organizational Dynamics, Vol. 9, No. 3, 1991.

Nakagawa, T., "Asian Retailing Revolution and Japanese Companies—The Thailand Case—, International Economic Conflict Discussion Paper (Nagoya Univ.), No. 34, 1987.

Ody, P., "Internationalism: The Route to Growth," International Journal of Retail & Distribution Management, Vol. 17, No. 2, 1989.

Peebles, D. M., J. K. Ryans. Jr, and I. R. Vernon, "Coordinating International Advertising," Journal of Marketing, Vol. 42, No. 1, 1978.

Pellegrini, L., "Alternatives for Growth and Internationalization in Retailing," The International Review of Retail, Distribution and Consumer Research, Vol. 4, No. 2, 1994.

Pellew, M., "Physical Distribution in International Retailing," International Journal of Retail & Distribution Management, Vol. 18, No. 2, 1990.

Perlmutter, H. V., "The Tortuous Evolution of the Multinational Corporation," Columbia Journal of World Business, January-February, 1969.

Porter, M. E. (ed.), Competition in Global Industries, 1986.（土岐　坤・中辻萬治・小野寺武夫訳, 『グローバル企業の競争戦略』, ダイヤモンド社, 1989年）

Quelch, J. A. and E. J. Hoff, "Customizing Global Marketing," Harvard Business Review, May-June, 1986.

Rao, T. R. and G. M. Naidu, "Are the Stages of Internationalization Empirically Supportable?," Journal of Global Marketing, Vol. 6, No. 1/2, 1992.

Reddy, N. M. and L. Zhao, "International Technology Transfer: A Review," Research Policy, Vol. 19, 1990.

Reich, R. B., "Who Is Them?" Harvard Business Review, March-April, 1991 a.

Reich, R. B., The Work of Nations, Knopf, 1991 b.（中谷　巌訳, 『ザ・ワーク・オブ・ネーションズ』, ダイヤモンド社, 1991年）

Robinson, T. M. and C. M. Clake-Hill, "Directional Growth by European Retailers," International Journal of Retail & Distribution Management, Vol. 18, No. 5, 1990.

Salmon, W. J. and A. Tordjman, "The Internationalization of Retailing", International Journal of Retailing, Vol. 4, No. 2, 1989.

Segal-Horn, S., "The Globalization of Service Firms," in Peter, J. (ed), Management in Service Industries, Pitman, 1989.

Segal-Horn, S. and Davison, H., "Global Markets, the Global Consumer and International Retailing," Journal of Global Marketing, Vol. 5, No. 3, 1992.

Sorenson, R. Z. and U. E. Wiechmann, "How Multinationals View Marketing

Standardization," Harvard Business Review, May-June, 1975.

Sparks, L., "Reciprocal Retail Internationalization : The Southland Corporation, Ito-Yokado and 7-Eleven Convenience Stores," Service Industries Journal, Vol. 15, No. 4, 1995.

Sternquist, B., S. Tolbert, and B. Davis, "Imported Apparel : Retail Buyer's Reasons for Foreign Procurement," Clothing and Textiles Research Journal, Vol. 7, No. 4, 1989.

Sternquist, B. and M. Kacker, European Retailing's Vanishing Borders, Quorum Books, 1994.

Tiong, C. and J. Teoh, "Retail System in Singapore," in Kaynak, E. (ed.), Transnational Retailing, Walter de Gruyter, 1988.

Treadgold, A., "Retailing Without Frontiers : The Emergence of Transnational Retailers", International Journal of Retail & Distribution Management, Vol. 16, No. 6, 1988.

Treadgold, A., "The Emerging Internationalization of Retailing : Present Status and Future Challenges," Irish Marketing Review, Vol. 5, No. 2, 1990/91.

Treadgold, A., "The Developing Internationalization of Retailing," International Journal of Retail & Distribution Management, Vol. 18, No. 2, 1990.

Treadgold, A. d. and R. L. Davies, The Internationalization of Retailing, Longman, 1988.

Tse, K. K., Marks & Spencer, Pergamon Press, 1985.

Vernon, R., "International Investment and International Trade in the Product Cycle," Quarterly Journal of Economics, Vol. 80, No. 2, 1966.

Vernon, R., "The Product Cycle Hypothesis in a New International Environment," Oxford Balletin of Economics and Statistics, Vol. 41, No. 4, 1979.

Waldman, C., Strategies of International Mass Retailers, Praeger, 1977.

Walters, P. G., "International Marketing Policy : A Discussion of the Standardization Construct and Its Relevance for Corporate Policy," Journal of International Business Studies, Summer, 1986.

Welch, L. S., "The International Marketing of Technology : An Interaction Perspective," International Marketing Review, Vol. 2, No. 1, 1985.

Wells, L. T. Jr., "A Product Life Cycle for International Trade," in Thorelli, H. and H. Becker (eds.), International Marketing Strategy, Pergamon Press, 1980.

White, R., "Multinational Retailing : A Slow Advance?," International Journal

of Retail & Distribution Management, Vol. 12, No. 2, 1984.
Whitehead, M. B., "Internationalization of Retailing: Developing New Perspectives," European Journal of Marketing, Vol. 26, No. 8/9, 1992.
Williams, D. E., "Motives for Retailer Internationalization: Their Impact, Structure and Implications," Journal of Marketing Management, Vol. 8, No. 4. 1992 a
Williams, D. E., "Retailer Internationalization: An Empirical Inquiry," European Journal of Marketing, Vol. 26, No. 8/9, 1992 b.
Wind, Y., "The Myth of Globalization," The Journal of Consumer Marketing, Vol. 3, No. 2, 1986.
Witt, J. and C. P. T. Rao, "The Impact of Global Sourcing on Consumers: Country-of-Origin Effects on Perceived Risk," Journal of Global Marketing, Vol. 6, No. 3, 1992.
Wrigley, N., "Retail Concentration and the Internationalization of British Grocery Retailing," in Bromley D. F. R. and C. J. Thomas (eds.), Retail Change, UCL Press, 1993.
Yin, R. K., Case Study Research: Design and Methods (second edition), SAGE Publications, 1994. (近藤公彦訳,『ケース・スタディの方法』, 千倉書房, 1996)
Yip, G. S., "Global Strategy……In a World of Nations?," Sloan Management Review, Vol. 31, No. 1, 1989.
Yip, G. S., Total Global Strategy, Prentice Hall, 1992.

赤松　要,「わが国産業発展の雁行形態―機械器具工業について―」,『一橋論叢』, 第36巻, 第5号, 1956。
荒川祐吉,『現代配給理論』, 千倉書房, 1960。
伊丹敬之,『グローカル・マネジメント』, 日本放送出版協会, 1991。
上原征彦,「価格革命の行方と日本経済」,『RIRI 流通産業』, 第26巻第12号, 1994。
小野博資,『なぜヤオハンの小売商法だけが海外で成功するのか』, 明日香出版社, 1992。
金井壽宏,『企業者ネットワーキングの世界』, 白桃書房, 1994。
川勝平太,『日本文明と近代西洋』, NHK ブックス, 1991。
黄　磷,『流通空間構造の動態分析』, 千倉書房, 1992 a。
黄　磷,「グローバル・マーケティングにおける標準化戦略と市場革新行動―多国籍企業のマーケティングに関する研究の系譜―」, 小樽商科大学経済研究所,『第1回国際地域経済ジョイントセミナー報告書』, 1992 b。

川嶋　光, 『西友・商品企画部』, 世界文化社, 1989。
木綿良行, 「開発輸入の意味とその問題点」, 『企業診断』, 12月号, 1994。
佐藤郁哉, 『フィールドワーク』, 新曜社, 1992。
茂垣広志, 「グローバル戦略と調整メカニズム」, 『横浜経営研究』, 第XIV巻, 第4号, 1994。
篠原　勲・小澤　清, 『ヤオハン烈烈』, 東洋経済新報社, 1991。
清水　滋, 『小売業のマーケティング』, ビジネス社, 1982。
周左喜和, 「グローバル戦略の展開と経営資源の相互利用」, 『組織科学』, Vol. 22, No. 1, 1988。
周左喜和, 「グローバル成長のダイナミック・プロセス」, 『組織科学』, Vol. 23, No. 2, 1989。
鈴木安昭, 「小売業の『国際化』」, 『青山経営論集』, 第3巻第2号, 1968。
太陽神戸銀行調査部, 「本格化する百貨店の東南アジア進出」, 『調査資料』, 1991。
髙宮城朝則, 「小売企業の国際化行動分析─フランス・ハイパーマーケットの事例研究─」, 『商学討究』, 第41巻第3号, 1991。
田村正紀, 『マーケティング行動体系論』, 千倉書房, 1971。
田村正紀, 「新しい競争─アジア型エクセレント・プロダクトの台頭」, 『ビジネス レビュー』, Vol. 37, No. 1, 1989 a。
田村正紀, 『現代の市場戦略』, 日本経済新聞社, 1989 b。
田村正紀, 「価格革命の構造」, 神戸大学経営学部ディスカッションペーパー, NO. 9507, 1995。
角山　栄, 『アジアルネサンス』, PHP研究所, 1995。
外川洋子, 「深化する開発輸入」, 『RIRI 流通産業』, 第21巻第9号 1989。
日経流通新聞社編, 『流通現代史』, 日本経済新聞社, 1993。
日本輸出入銀行海外投資研究所, 『直接投資と経済政策─理論の新展開と国際経済問題─』(直接投資研究会報告書), 1995。
沼上　幹, 「個別事例研究の妥当性について」, 『ビジネス レビュー』, Vol. 42, No. 3, 1995。
野中郁次郎, 『知識創造の経営』, 日本経済新聞社, 1990。
野中郁次郎, 「グローバル組織経営と知識創造」, 『組織科学』, Vol. 25, No. 4, 1992。
濱口恵俊, 「グローバリゼーションにおける日本型システムとその価値前提」, 『組織科学』, Vol. 24, No. 4, 1991。
向山雅夫, 「NIESからの繊維2次製品輸入実態と流通機構の変革」, 『商工金融』, 1989年6号, 1989。
向山雅夫, 「流通企業のグローバル行動」, 『流通科学大学論集─流通・経営編─』, 第2巻第2号, 1990。

向山雅夫,「卸売企業の海外進出―日本的取引慣行の国際化と中小卸売商の成長可能性―」,『商工金融』, 1991年6月号, 1991 a。
向山雅夫,「グローバル小売企業への軌跡―エトアールマルゼンのケース―」,『流通科学大学論集』, 第4巻第1号, 1991 b。
向山雅夫,「国際卸売センターの機能と要件―IMMとATCを中心に―」, 田村正紀・石原武政・石井淳蔵編著,『マーケティング研究の新地平』, 千倉書房, 1993。
向山雅夫,「海外進出企業のマーケティング管理―国際マーケティング研究における標準化問題を中心に―」, 小林靖雄編著,『企業の国際化と経営』, 同友館, 1994。
向山雅夫,「価格破壊の一人歩き―見過ごされた核心を探る―」,『流通科学』, 第7・8合併号, 1995。
向山雅夫・黄　磷,「中国流通の変貌と日本小売企業の対中投資」,『流通科学大学論集―流通・経営編―』, Vol. 8, No. 2, 1996。
無印良品白書プロジェクトチーム,『無印良品白書』, スミス, 1986。
矢嶋孝敏,「専門店における商品開発」,『RIRI流通産業』, Dec., 1992。
安室憲一,「グローバル企業のロジック」,『組織科学』, Vol. 21, No. 2, 1987。
安室憲一,『グローバル経営論』, 千倉書房, 1992年。
谷地弘安,「国際マーケティング論における標準化・現地適応化研究の課題」, 神戸大学大学院経営学研究科博士課程モノグラフシリーズ No. 9302, 1993。
谷地弘安,「国際マーケティング政策標準化・適応化の問題図式―近年の研究を手がかりに―」,『六甲台論集』, 第41巻第1号, 1994。
山崎　清・竹田志郎編,『テキストブック国際経営』, 有斐閣, 1982。
山澤逸平,『日本の経済発展と国際分業』, 東洋経済新報社, 1984。
吉原英樹,「日本企業の生産技術の国際移転」,『ビジネス レビュー』, Vol. 30, No. 3・4, 1983。
吉原英樹,『中堅企業の海外進出』, 東洋経済新報社, 1984。
吉原英樹,『戦略的企業革新』, 東洋経済新報社, 1986。
吉原英樹,『現地人社長と内なる国際化』, 東洋経済新報社, 1989。
吉原英樹・林　吉郎・安室憲一,『日本企業のグローバル経営』, 東洋経済新報社, 1988。
流通問題研究協会編,「小売業における開発輸入・直接輸入の現状と展望」, 1994。
渡辺一雄,『ヤオハンの奇跡』, 東急エージェンシー, 1991。
『大丸二百五拾年史』, 1967。
『高島屋150年史』, 1987。
『株式会社 三越85年の記録』, 1990。

付録資料：総合海外出店リスト

	企業名	出店先国	出店年月	売場面積(m²)
1	名鉄	シンガポール	1984.07	145
2	東急	香港	1982.06	7,500
3	東急	タイ	1985.08	14,700
4	東急	タイ	1993.11	17,000
5	東急	シンガポール	1994.06	4,300
6	東急	アメリカ	1972.08	3,561
7	東急	アメリカ	1973.11	1,040
8	東急	アメリカ	1981.04	1,509
9	大丸	香港	1960.11	5,366
10	大丸	香港	1983.12	5,588
11	大丸	フランス	1974.03	744
12	大丸	フランス	1975.09	136
13	大丸	タイ	1980.10	4,652
14	大丸	タイ	1994.03	22,000
15	大丸	シンガポール	1983.11	12,280
16	大丸	シンガポール	1993.11	4,100
17	大丸	オーストラリア	1991.09	21,392
18	西武	中国	1993.11	4,301
19	西武	香港	1989.07	9,554
20	松菱	アメリカ	1990.01	800
21	松坂屋	香港	1975.04	5,200
22	松坂屋	フランス	1978.03	150
23	松坂屋	アメリカ	1980.10	720
24	松坂屋	アメリカ	1989.12	168
25	小田急	フランス	1992.06	72
26	三越	中国	1989.10	277
27	三越	台湾	1991.10	22,400
28	三越	香港	1981.08	5,409
29	三越	フランス	1971.05	1,436
30	三越	ドイツ	1981.11	627
31	三越	ドイツ	1988.10	340
32	三越	スペイン	1990.04	531
33	三越	オランダ	1979.03	1,403
34	三越	イタリア	1975.06	558
35	三越	イギリス	1979.03	1,937
36	三越	アメリカ	1977.08	426
37	三越	アメリカ	1979.06	175
38	三越	アメリカ	1981.10	964
39	三越	アメリカ	1989.04	169
40	三越	アメリカ	1991.10	281
41	阪急	タイ	1989.08	1,471
42	高島屋	台湾	1994.07	38,000
43	高島屋	フランス	1973.04	120
44	高島屋	シンガポール	1993.08	30,000
45	高島屋	オーストラリア	1991.10	870
46	高島屋	イギリス	1989.07	730
47	高島屋	アメリカ	1993.04	1,980
48	近鉄	中国	1991.10	140
49	伊勢丹	中国	1993.06	4,500
50	伊勢丹	中国	1993.12	10,500
51	伊勢丹	台湾	1991.10	19,000
52	伊勢丹	香港	1973.09	2,300
53	伊勢丹	香港	1987.01	2,300
54	伊勢丹	マレーシア	1988.10	328
55	伊勢丹	マレーシア	1990.01	418
56	伊勢丹	マレーシア	1990.10	8,500
57	伊勢丹	マレーシア	1992.04	280
58	伊勢丹	マレーシア	1994.04	124
59	伊勢丹	マレーシア	1995.01	5,500
60	伊勢丹	タイ	1990.03	220

付録資料：総合海外出店リスト

61	伊勢丹	タイ	1992.04	20,000	90	丸久	台湾	1994.07	452
62	伊勢丹	シンガポール	1983.12	4,700	91	丸久	台湾	1995.01	479
					92	いなげや	台湾	1988.07	1,881
63	伊勢丹	シンガポール	1987.07	7,400	93	いなげや	台湾	1989.08	3,201
					94	いなげや	台湾	1991.08	990
64	伊勢丹	シンガポール	1988.11	1,976	95	いなげや	台湾	1991.11	1,155
					96	いなげや	台湾	1992.09	1,155
65	伊勢丹	シンガポール	1988.11	1,400	97	いなげや	台湾	1994.07	1,100
					98	いなげや	台湾	1994.12	1,089
66	伊勢丹	シンガポール	1993.05	8,600	99	ユニー	香港	1987.06	13,000
					100	ヤオハン	中国	1991.09	837
67	伊勢丹	オーストリア	1990.04	380	101	ヤオハン	中国	1994.05	583
					102	ヤオハン	中国	1994.09	480
68	伊勢丹	イギリス	1988.11	650	103	ヤオハン	中国	1994.10	700
69	そごう	台湾	1987.11	35,000	104	ヤオハン	中国	1994.11	470
70	そごう	台湾	1993.09	11,000	105	ヤオハン	台湾	1994.06	36,689
71	そごう	香港	1985.05	13,000	106	ヤオハン	香港	1984.12	12,249
72	そごう	マレーシア	1989.09	11,000	107	ヤオハン	香港	1987.12	22,501
					108	ヤオハン	香港	1988.12	13,122
73	そごう	マレーシア	1994.01	57,900	109	ヤオハン	香港	1991.06	13,745
					110	ヤオハン	香港	1992.07	4,082
74	そごう	タイ	1984.12	10,300	111	ヤオハン	香港	1992.09	17,880
75	そごう	タイ	1990.12	10,500	112	ヤオハン	香港	1993.09	4,045
76	そごう	スペイン	1992.07	3,500	113	ヤオハン	マレーシア	1987.05	19,271
77	そごう	シンガポール	1986.10	12,500	114	ヤオハン	マレーシア	1987.10	7,334
78	そごう	シンガポール	1993.07	5,400	115	ヤオハン	マレーシア	1988.11	12,031
79	そごう	インドネシア	1990.03	13,000	116	ヤオハン	マレーシア	1988.11	8,702
80	そごう	インドネシア	1995.07	10,900	117	ヤオハン	マレーシア	1990.07	9,850
81	そごう	イギリス	1991.04	2,300	118	ヤオハン	マカオ	1992.12	20,540
82	西友	中国	1988.10	115	119	ヤオハン	ブルネイ	1987.03	6,918
83	西友	香港	1990.11	10,400	120	ヤオハン	タイ	1991.04	27,630
84	西友	香港	1995.04	23,000	121	ヤオハン	タイ	1993.12	23,917
85	丸久	台湾	1990.03	591	122	ヤオハン	シンガポール	1974.09	13,670
86	丸久	台湾	1990.08	960					
87	丸久	台湾	1991.05	1,221	123	オヤハン	シンガポール	1979.05	8,844
88	丸久	台湾	1991.12	881					
89	丸久	台湾	1993.06	429					

付録資料：総合海外出店リスト

No.	店名	国	年月	数値	No.	店名	国	年月	数値
124	ヤオハン	シンガポール	1981.08	3,759	156	サミット	台湾	1993.03	686
					157	サミット	台湾	1993.07	578
125	ヤオハン	シンガポール	1983.12	7,255	158	鈴屋	香港	1975.04	64
					159	鈴屋	香港	1982.09	79
126	ヤオハン	コスタリカ	1979.03	2,130	160	鈴屋	香港	1985.06	66
					161	鈴屋	香港	1988.10	129
127	ヤオハン	カナダ	1993.06	8,129	162	鈴屋	香港	1988.12	110
128	ヤオハン	インドネシア	1992.08	9,165	163	鈴屋	香港	1989.03	75
					164	鈴屋	香港	1990.05	97
129	ヤオハン	イギリス	1993.08	9,809	165	鈴屋	香港	1990.09	100
130	ヤオハン	アメリカ	1985.09	5,250	166	鈴屋	香港	1991.04	109
131	ヤオハン	アメリカ	1988.06	1,900	167	鈴屋	香港	1991.05	109
132	ヤオハン	アメリカ	1988.09	6,680	168	鈴屋	香港	1991.06	116
133	ヤオハン	アメリカ	1989.12	2,670	169	鈴屋	香港	1991.06	85
134	ヤオハン	アメリカ	1991.09	520	170	鈴屋	香港	1992.03	117
135	ヤオハン	アメリカ	1991.11	2,920	171	鈴屋	香港	1993.05	98
136	ヤオハン	アメリカ	1992.02	3,580	172	鈴屋	香港	1994.04	107
137	ヤオハン	アメリカ	1992.06	1,625	173	鈴屋	香港	1994.07	65
138	ヤオハン	アメリカ	1993.05	880	174	鈴屋	香港	1994.07	93
139	ハックキミサワ	シンガポール	1992.06	1,284	175	鈴屋	香港	1994.09	46
					176	鈴屋	香港	1994.11	65
140	ジャスコ	香港	1987.11	17,140	177	鈴屋	香港	1995.05	79
141	ジャスコ	香港	1991.04	8,120	178	鈴屋	香港	1995.07	98
142	ジャスコ	香港	1991.06	7,063	179	鈴屋	マカオ	1994.05	76
143	ジャスコ	マレーシア	1985.12	8,589	180	鈴屋	シンガポール	1993.08	100
144	ジャスコ	マレーシア	1989.10	11,000	181	鈴屋	シンガポール	1994.04	49
145	ジャスコ	マレーシア	1991.10	15,000	182	良品計画	香港	1991.11	284
					183	良品計画	香港	1992.04	152
146	ジャスコ	マレーシア	1992.04	32,550	184	良品計画	香港	1993.06	162
					185	良品計画	香港	1993.11	149
147	ジャスコ	タイ	1985.12	12,300	186	良品計画	香港	1994.04	63
148	ジャスコ	タイ	1987.03	1,360	187	良品計画	香港	1994.07	142
149	ジャスコ	タイ	1989.03	10,000	188	良品計画	香港	1994.07	73
150	ジャスコ	タイ	1990.11	4,640	189	良品計画	香港	1994.07	158
151	ジャスコ	タイ	1991.11	41,767	190	良品計画	香港	1995.05	129
152	ジャスコ	タイ	1992.03	2,356	191	良品計画	シンガポール	1995.04	165
153	ジャスコ	タイ	1994.11	3,240					
154	サミット	台湾	1990.10	545	192	良品計画	イギリス	1991.07	149
155	サミット	台湾	1991.08	679	193	良品計画	イギリス	1992.06	158

194	良品計画	イギリス	1992.10	330	234	三　愛	シンガポール	1991.10	36
195	良品計画	イギリス	1994.10	142					
196	青山商事	中　　国	1994.09	1,030	235	三　愛	シンガポール	1992.06	15
197	青山商事	台　　湾	1993.10	523					
198	青山商事	台　　湾	1993.10	372	236	三　愛	シンガポール	1993.05	53
199	青山商事	台　　湾	1994.03	904					
200	青山商事	台　　湾	1994.10	392	237	三　愛	シンガポール	1993.07	26
201	詩仙堂	香　　港	1991.09	89					
202	詩仙堂	香　　港	1991.12	32	238	銀　座山形屋	イギリス	1990.01	102
203	詩仙堂	フランス	1993.03	93					
204	詩仙堂	アメリカ	1992.03	75	239	レリアン	台　　湾	1990.04	99
205	三　　峰	台　　湾	1992.06	33	240	レリアン	台　　湾	1991.10	99
206	三　　峰	台　　湾	1994.07	59	241	レリアン	台　　湾	1994.07	101
207	三　　峰	台　　湾	1994.10	33	242	マルショウ	シンガポール	1983.12	132
208	三　　峰	台　　湾	1995.04	33					
209	三　　峰	台　　湾	1995.04	33	243	マルショウ	シンガポール	1986.09	330
210	三　　峰	台　　湾	1995.06	33					
211	三　愛	香　　港	1986.09	60	244	マルショウ	シンガポール	1990.05	165
212	三　愛	香　　港	1987.12	103					
213	三　愛	香　　港	1989.03	70	245	マルショウ	シンガポール	1993.08	33
214	三　愛	香　　港	1989.09	55					
215	三　愛	香　　港	1989.10	74	246	マルショウ	シンガポール	1995.04	33
216	三　愛	香　　港	1990.04	63					
217	三　愛	香　　港	1990.09	59	247	ハルヤマ商事	フランス	1990.11	72
218	三　愛	香　　港	1991.04	94					
219	三　愛	香　　港	1991.06	122	248	ハルヤマチェーン	香　　港	1989.09	64
220	三　愛	香　　港	1991.06	93					
221	三　愛	香　　港	1991.10	70	249	タカキュー	中　　国	1993.10	2,561
222	三　愛	香　　港	1992.04	50					
223	三　愛	香　　港	1992.09	61	250	タカキュー	香　　港	1987.10	330
224	三　愛	香　　港	1992.11	71					
225	三　愛	香　　港	1992.12	48	251	タカキュー	香　　港	1989.02	59
226	三　愛	香　　港	1992.12	91					
227	三　愛	香　　港	1993.09	38	252	タカキュー	香　　港	1989.10	198
228	三　愛	香　　港	1993.12	55					
229	三　愛	香　　港	1994.04	70	253	スリーエム	中　　国	1992.12	50
230	三　愛	香　　港	1994.09	65					
231	三　愛	香　　港	1994.12	61	254	スリーエム	中　　国	1993.04	105
232	三　愛	マカオ	1992.12	28					
233	三　愛	シンガポール	1991.05	53	255	スリーエム	中　　国	1993.06	500

256	スリーエム	中国	1993.08	198	276	スリーエム	台湾	1991.10	66
257	スリーエム	中国	1993.09	462	277	スリーエム	台湾	1991.10	40
258	スリーエム	中国	1993.09	561	278	スリーエム	台湾	1993.04	59
259	スリーエム	中国	1993.12	105	279	スリーエム	台湾	1993.07	314
260	スリーエム	中国	1993.12	171	280	スリーエム	台湾	1993.09	40
261	スリーエム	中国	1993.12	143	281	スリーエム	台湾	1993.10	26
262	スリーエム	中国	1993.12	99	282	スリーエム	台湾	1993.12	26
263	スリーエム	中国	1994.01	165	283	スリーエム	台湾	1993.12	46
264	スリーエム	中国	1994.04	51	284	スリーエム	台湾	1994.11	59
265	スリーエム	中国	1994.04	96	285	キャビン	中国	1993.06	72
266	スリーエム	中国	1994.04	94	286	キャビン	中国	1993.12	70
267	スリーエム	中国	1994.05	108	287	キャビン	中国	1994.07	72
268	スリーエム	中国	1994.05	120	288	キャビン	中国	1994.09	80
269	スリーエム	中国	1994.08	296	289	アイマリオ	香港	1992.09	59
270	スリーエム	中国	1994.09	120	290	アイマリオ	香港	1992.10	42
271	スリーエム	台湾	1987.11	46	291	アイマリオ	香港	1993.09	78
272	スリーエム	台湾	1989.12	50	292	アイマリオ	マカオ	1992.12	59
273	スリーエム	台湾	1989.12	26					
274	スリーエム	台湾	1991.09	40					
275	スリーエム	台湾	1991.10	33					

〈著者紹介〉

向山雅夫（むこやま　まさお）

流通科学大学商学部教授
1955年，大阪府生まれ。1979年，和歌山大学経済学部卒業。1985年，神戸大学大学院経営学研究科博士後期課程単位修得。武蔵大学経済学部専任講師，流通科学大学商学部助教授を経て，1995年より現職。1996年，博士（商学）神戸大学。専攻は流通システム論，マーケティング論。
主要業績に"The Internationalisation of Retailing in Asia"（共編著），Routledge Curzon, 2003. "Strategic Issues in International Retailing"（共編著），Routledge, 2006.『小売業の業態革新』（共編著），『小売企業の国際展開』（共編著）（ともに中央経済社，2009年）などがある。

新装版　ピュア・グローバルへの着地
——もの作りの深化プロセス探求——

1996年11月1日　初版発行
2009年7月27日　新版1刷

著　者　Ⓒ　向　山　雅　夫

《検印省略》　　発行者　　千　倉　成　示

発行所　株式会社　千倉書房
〒104-0031　東京都中央区京橋2-4-12
電　話・03（3273）3931（代）
http://www.chikura.co.jp

印刷・株式会社 シナノ／製本・井上製本所

ISBN978-4-8051-0932-8

JCOPY 〈(社)出版者著作権管理機構 委託出版物〉
本書の無断複写は著作権法上での例外を除き禁じられています。
複写される場合は，そのつど事前に，(社)出版者著作権管理機構（電話 03-3513-6969，FAX 03-3513-6979，e-mail: info@jcopy.or.jp）の許諾を得てください。